传承经典 融入现代

柴松岳 丙戌年初春

●本书献给关心、支持杭州老字号发展的社会各界人士●

◎杭州老字号系列丛书◎

医药篇

□丛书主编 吴德隆

□路峰 陈婉丽 徐敏 编

□杭州老字号企业协会
□杭州老字号丛书编辑委员会

浙江大学出版社
ZHEJIANG UNIVERSITY PRESS

○杭州老字号系列丛书○

序　言

“东南形胜，三吴都会，钱塘自古繁华。”杭州有8000年前的跨湖桥文化、2200多年的建城历史，是国务院首批命名的国家历史文化名城，也是“中国七大古都之一”。

在杭州城市的发展演进中，有一批与这座城市水乳交融、不可分割的历史文化遗产，有一群演绎了一段段美丽动人、可歌可泣传奇故事的知名自主品牌，这就是“老字号”。这些有着几十年甚至上百年历史的“老字号”，蕴涵着丰富的文化积淀，承载着厚重的历史传统。它们在历史长河、传统文化的孕育和洗礼中生成、发展、传承、创新，谱写着开拓者筚路蓝缕的创业诗篇，演奏着承继者与时俱进的创新乐章，诠释着先贤达人诚信公平的经营之道。它们是杭州这座城市的“胎记”和“名片”，也是杭州这座城市的“根”与“魂”。

“老字号”是经济和文化的结晶。它们既具有经济价值，更具有文化价值。“江南药王”胡庆余堂、“剪刀之冠”张小泉、“杭菜一绝”楼外楼、“闻香下马”知味观……一家家“老字号”，凭借别具一格的绝活技艺、独树一帜的经营理念，打造了经久不衰的名店名号，成为杭州工商业发展史的参与者和见证者。与此同时，这些“老字号”又以其悠久的历史、厚重的文化承担起历史文化承载者和体现者的使命，成为杭州地域特色及文化传统的表征与注脚。如果从历史和文化演进的时空背景来衡量“老字号”，它们本质上是一种文化形态，是江南地域文化在杭州工商业领域的经典范例和有形载体。

“老字号”是传承与创新的典范。传承谋生存，创新图发展，是“老字号”永续经营、青春永驻的成功秘诀。在杭州，“老字号”凤凰涅磐般与时俱进、重获新生的故事不胜枚举：胡庆余堂传承人冯根生禀承祖辈诚信之遗训谱就“戒欺”新篇章；“王星记扇子”承继百载依旧清风播翰香；“楼外楼”、“知味观”以其传承与创新的完美结合门庭若如市、闻香竞停车……

“老字号”既是一份厚重的物质文化遗产和非物质文化遗产，也是一份宝贵的文化传统和精神财富。传承“老字号”的传统技艺，保护“老字号”的金字招牌，弘扬“老字号”的特色文化，推动“老字号”的创新发展，杭州市委、市政府责无旁贷，当代杭州人责无旁贷。《杭州老字号系列丛书》向我们全面展示了杭州的百年品牌、商业文化和人文风情，向我们讲述了一个个创业创新的感人故事，也使我们进一步增强了保护好、传承好、发展好杭州“老字号”的责任感和紧迫感。我们一定要下最大决心、花最大力气、出最优政策，把杭州“老字号”保护好、传承好、发展好，使之真正成为城市的“金名片”、人民的“摇钱树”。

是为序。

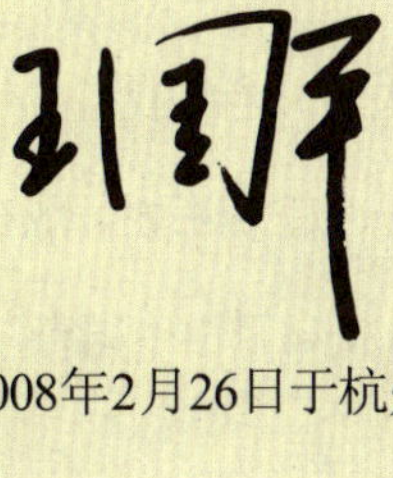

2008年2月26日于杭州

王国平 现任中国共产党浙江省委员会常委，中国共产党杭州市委员会书记，杭州市人民代表大会常务委员会主任

序 言 二

杭州是国内外著名的大古都。上世纪80年代以后，由于不少在历史文化上获有声名的城市，都有争取成为“古都”甚至“大古都”的愿望，因此，我主编《中国都城词典》（江西教育出版社1999年出版），词条中把“古都”和“大古都”做了明确的解释：所谓“古都”，第一是历史上曾经成为一个独立政权的首都；第二是可以称为古都的现代城市，在地理位置上是与当年的古都重合，或部分重合。所谓“大古都”，就是历史上公认的传统王朝的首都，上起夏、商、周、秦、汉、晋，下至隋、唐、宋、元、明、清，都是中国历史上公认的传统王朝。这中间，晋室曾经东渡，但西晋、东晋原是一晋；宋朝虽然南迁，但北宋、南宋都是一宋。杭州从吴越宝正元年（926）成为吴越国的首都，从此就进入“古都”之列。从绍兴八年（1138）成为南宋的“行在所”，实际上的首都，从此就成为“大古都”。

关于杭州这座城市被列为“大古都”的事，是我亲身所经历的。1980年春天，“文革”结束之后不久，我们见到由王恢编著、台北学生书局1976年出版的《中国五大古都》（西安、北京、洛阳、开封、南京），大陆也拟编一本，有关方面嘱我主事。当时我想杭州毕竟是南宋的“行在所”，虽然半壁江山，但还算作是一个正统王朝。现在由我主编而仍称“五都”，这使我有愧于杭州。所以1983年4月由中国青年出版社出版的《中国六大古都》便有了杭州。当年我还带了这本书100册赴日本讲学分赠东瀛友好。后来流入台湾。台湾锦绣出版社骤见《六都》，如获至宝，便筹划出版《雄都耀光华：中国六大古都》，内容当然参照我们大陆的《六都》，但它是大16开本，由溥杰题字，卷首请我做序，且照片全为彩色，装帧极为精美，其中《杭州》开首的小标题“从海湾、泻湖到西湖”就是我的原话。此书于1989年出版（1989年大陆又有《中国七大古都》电视片，向国庆四十周年献礼，增加了河南安阳），获得很好的反响，一再重版。

我的老家是绍兴，但在杭州工作了五十多年，而且至今虽届耄耋之年，离期颐之年也已不远，但仍在职（应国务院之聘为终身教授），所以对这个城市的热爱当然是不言而喻的。在这些年里，是我第一次把杭州作为大古都落实于正式出版的书中。

南宋定都杭州以后，都城随即繁荣，而首先就是人口剧增。据美国著名汉学家施坚雅（G.W.Skinner）在其名著《中华帝国晚期的城市》（中译本，叶光庭等译，陈桥驿校，中华书局2000年出版）书中对几个“大古都”的人口统计：八世纪的长安（今西安）人口达一百万；北宋的东京（今开封），在其最后年代，人口为八十五万；南宋的临安（今杭州），在其最后年代，人口为一百二十万。杭州是人口最早攀登高峰的“大古都”。与人口增加同时出现的，当然就是商业繁荣。当时的杭州，商铺林立，生意兴隆。据南宋当代人吴自牧所撰的《梦粱录》卷十六中所记，杭州的商铺，主要可分“茶肆、酒肆、分茶酒店、面食店、荤素从食店、米铺、肉铺、鲞铺”八大类。有的商铺规模很大，象“分茶酒店”（相当于今酒菜馆）中有各类菜肴三百多种；“荤素从食店”（相当于今糖果店）中有各种点心一百二十多种；“鲞铺”（相当于今海味店）有各种鱼鲞海味六十八种。随着商业繁荣，必然出现商业竞争。许多商铺之中，兴衰交替，自属常事。而其中管理有方、经营得法的，就能在同行中独占鳌头，并且长期兴隆，这样的商铺，就是当时的老字号。以“酒肆”为例，在《梦粱录》中，象中瓦子前的武林园，南瓦子的熙春楼，都是著名的老字号。

“老字号”是商业领域中的一种重要事物。在各行各业中，“老字号”的数量众多和持续长久，这不仅是商业兴隆的标志，在某种意义上，也是经济繁荣和生意发展的标志。从《梦粱录》时代到今天，为时已近千年，杭州仍然是一个商业繁荣、“老字号”林立的城市，这确实是值得令人高兴的，同时，也让我们意识到对“老字号”宣传和保护的重要。

作为一个在杭州居住了半个多世纪的人，引以为豪的是，在2006年商务部重新认定的第一批420家“中华老字号”中，杭州占了相当的比例。50年前的世界500强，现在70%已经被淘汰出局，但是世界500强排名在前的百年历史的公司却一直表现很优秀。从英国《金融时报》和普华会计事务所联合进行的世界最受尊重的公司排行榜，可以看出这种趋势。它们的宝贵经验是把继承创新看作是基业常青的保证。这套《杭州老字号系列丛书》的编纂出版，便是老字号创新发展的一种精彩展示。内容详实、记叙简洁、图照精美、版式新颖是它的显著特点。尤其可贵的是它的创业理念与理财方略、经营招数，至今仍可借鉴和采用。 这是一宗巨大的文化遗产与精神财富，不仅具有保护、弘扬的价值，而且还具振兴、利用和在此基础上创新、发展的意义。谨以此小序聊表贺忱。

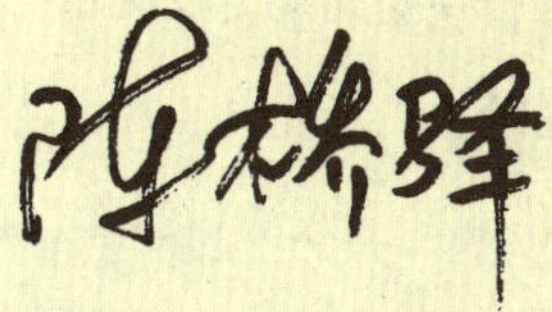

2007年11月29日于浙江大学

陈桥驿 浙江大学终身教授、著名历史地理学家。任中国地理学会历史地理专业委员会主任，国际地理学会历史地理专业委员会咨询委员，日本关西大学、大阪大学、广岛大学客座教授。国务院授予的“为发展我国高等教育事业作出突出贡献”的著名专家，在中国乃至世界地理学界享有崇高声誉。

写在前面

“钱塘自古繁华”，杭州商业历史悠久。这里人杰地灵、物华天宝，能工巧匠云集、传统名产丰盛、名点佳肴繁多，一大批老字号应运而生。《杭州老字号系列丛书》，正是为了对杭州老字号整个过去和今天做番回顾与梳理，先从城区着手，再视条件许可逐步扩大到各区、县（市）。

杭州老字号历经沧桑，有过骄人辉煌，也有过坎坷曲折……可以说，老字号见证了杭州城市工商业历史的发展，是历史留给我们宝贵的文化遗产和丰厚的物质财富，也是中华民族工商业的瑰宝。张小泉、王星记、都锦生、高义泰、胡庆余堂、孔凤春、楼外楼、知味观……杭州老字号都有属于自己独特的鲜明特征。像胡庆余堂、方回春堂和张同泰药号，其建筑气势恢宏，完整地保留了当年明清建筑的原形态，这在全国也是罕见的。老字号以其独特的文化基因，传承着杭州这座历史文化名城的人文脉搏，犹如一颗颗熠熠发光的明珠，把西湖装点得更加灿烂。

这套丛书作者以极大的热情，经过广泛挖掘、搜索、整理，比较系统地介绍了杭州老字号的峥嵘岁月和辉煌历程，本意在于追溯老字号的渊源，发掘老字号的创业历程，讲述老字号操守百年的诚信经营之道，使大家获得对杭州老字号的理性认识和形象化体验。这里有鲜为人知的历史故事，更有首次披露弥足珍贵的历史老照片。在叙述方式上，不求体例一致、形式统一、辞章华丽，但求史料详实、自得一见，文字明畅、图文并茂。这套丛书既是对昨天的总结和传承，更是对今天的鞭策、对明天的引领。

最后要说明一点：所谓“老字号”，本来是指具有50年以上历史的商业老字号，但因过去的商业老字号大多是“前店后坊”的模式，生产、营销同时并举，颇具现代概念中的“企业”性质。所以我们这里，也包括一些有影响的，特别是品质优良，经营有方和信誉卓越的一些企事业、单位与部门，其中不乏外来而在杭州开花结果者。这对于全面了解杭州社会的经济发展、各行各业特别是关乎于民众生活的林林总总，都是会有帮助的。

2007年6月18日于丁亥年初夏

吴德隆 曾任共青团杭州市委书记、中共杭州江干区委副书记、杭州市下城区委书记、杭州市贸易办主任、杭州市贸易局局长。
现任杭州市商业总会会长。

目 录

西医·西药卷 /191

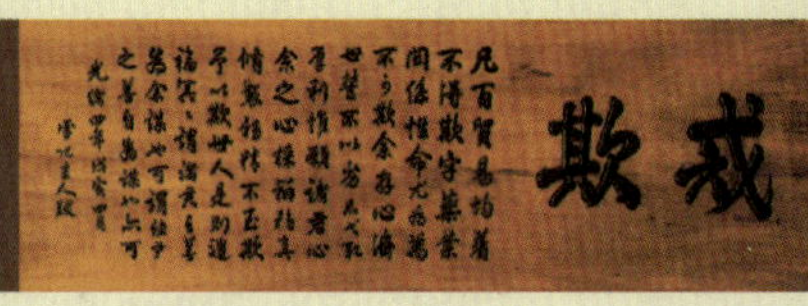

消失的历史 /283

是乃仁术

杭州老字号系列丛书

医药篇

CHINESE 医药篇 MEDICINE

◎杭州医药发展历史沿革◎

壹

○南宋（1127－1279）○

宋朝时期国药盛况

南宋建炎三年（1129），杭州升为临安府，绍兴八年（1138）正式定都临安（杭州），时称“行在所”，于是一跃成为全国的政治、经济、文化中心，可谓“辇毂驻跸，衣冠纷集，民物阜藩，尤非昔比”。当时的杭州不仅是“东南第一州”，而且是全国第一个大都会，即使在世界上也是最繁华的大都市之一。

定都后的杭州，随着宋皇室和官府的迁入，以及北方人口的纷纷南迁，人口急剧增长，据《咸淳临安志》记载，南宋咸淳间，临安府人口（包括临安府所属九县人口）已达到124万之多，从而极大地刺激了消费，为在吴越、北宋时期已崭露头角的国药业迎来了空前的发展机遇。国药在这一时期出现了前所未有的繁荣局面。随着时局的逐步稳定，北宋旧制在杭州开始得到逐一恢复，据史书记载和考证，中药当时的格局主要由“御药院”、“官办药局”和“民间药铺”三个方面组成。

皇宫大内“御药院”

太医看病，也需配药。“御药院”主要负责皇宫大内中的制药和配药任务，是专门为帝王后妃等服务的，有全国最好的药材和制药工具，机构设在大内，现凤凰山东麓。《宋会要·职官》19《御药院》记载：“勾当官无常员，以入内内侍官充，常按验秘方，以时剂和药品，以进御及供奉禁中之用。”勾当官指“御药院”的行政长官，入内内侍官指入内内侍省的宦官，一般都由皇帝的亲信担任，直接服务于内宫。“御药院”曾于崇宁二年（1103）二月与殿中省尚药局合并，改名“内药局”，但在南宋时仍称“御药院”，而行政长官的称呼由勾当官改为干办官。

官办药局

臣民看病配药，由太医局所属的“熟药所”负责。“熟药所”，又名买药所，专门按太医局的配方制成丸散等出售，其后归太府寺管辖。随着中药规模的不断扩大，买药和制药开始分开，卖药者叫“买药所”，制药者叫“修合药所”。政和四年（1114）四月，根据尚书省建议，宋徽宗命令把“修合药所”改名为“医药和剂局”，“买药所”改名为“医药惠民局”。

“熟药所”的制药、售药，专由太府寺官员监督，生药（原药）由户部设“收买药材所”负责供应。“熟药所”，除日常卖药，为各地方批发、调剂药品外，还在病疫流行时，按朝廷旨意，向民间免费提供药品，作为救灾的重要工作之一。《宋史》卷一六五《职官志·太府寺》记载：“和剂局、惠民局，掌修合（制造）良药，出卖以济民疾。”南宋时期，和剂局、惠民局的建置不变，首先在行都临安（杭州）恢复。

绍兴六年(1136)正月四日,朝廷接受户部侍郎王俣的请求,设太医局东西南北熟药所,其中一所以和剂局为名,制药以给。绍兴十八年（1148）闰八月二十三日，改熟药所为太平惠民局。绍兴二十一年（1151）二月，宋高宗诏令“诸州置惠民局，官给药书”（《宋史》卷三〇《高宗纪》）。同年二月二十七日向全国颁发《太平惠民和剂局方》，内载方近八百，所收录的处方都是各地献上来的，复经太医局熟药所验证后颁发全国，并作为成药制剂的规范，这是我国历史上第一部由国家政府从杭州向全国颁发的药方典。绍兴二十三年（1153）三月，高宗对尚书左仆射沈该说：“近闻民间春夏中多是热病，如服热药及消风散之类，往往害人，唯小柴胡汤为宜。令医官揭榜通衢，令人预知。颇闻服此得效，所治者甚众。”（《宋会要辑稿》食货59《恤灾》）从此以后，和剂局又增加一项任务，负责每年配制夏药，以供暑天给散之用。

和剂惠民局的设置对军民的确起到了较大的作用。如，乾道元年（1165）四月，因水涝引起疫病传染，间有死亡，朝廷令翰林院差医人八员，遍旨临安城内外巡门看诊，合用之药令和剂局发给。又如，淳熙十四年（1187）正月廿七日，孝宗诏令说：“军民多有疾病之人，可令和剂局取拨合用汤药，分下三衙并临安府，各就本处医人巡门俵散。”同年二月初八，浙西提举官罗点奏说：“本路州县，疫气大作，居民转染，多是全家病患，臣罗点遂就（和剂）局修制汤剂给散，选官监督各州职医巡门，置历抄病患人数，逐一医治，日具痊可人数，供中本司。”孝宗阅后下诏令执行。

行都临安府（杭州）各药局的分布据吴自牧《梦粱录》卷九《监当诸局》记载：“惠民和剂局，在太府寺之右，制药以给。惠民局，合暑腊药以备宣赐。太平惠民局，置五局，以藏熟药，价贷以惠民也。南局在三省

前，西局在众安桥北，北局市西坊南，南外局浙江亭，北外局以北郭税务兼领惠民药局收赎。”当时惠民和剂局不仅担负各局的制药任务，同时合暑药、腊药以备皇帝宣赐大臣，其位置在太府寺内右侧保民坊内，现址通江桥东。太平惠民南局在三省衙门之前，即现六部桥北侧、杭州卷烟厂对面。太平惠民西局在众安桥北面，原《浙江日报》馆旧址附近。太平惠民北局在市西坊南，市西坊南宋时俗呼坝头，今名羊坝头，其南面为现在惠

资料链接·宋朝

■北宋开国后，通过收兵权、削相权及制钱谷等等措施，进一步强化中央集权统治。同时，科举制度获得极大发展。北宋中期，朝政日益萎靡，形成积贫积弱的局面。宋仁宗时，出现短暂的“庆历新政”。熙宁时，产生了影响巨大的王安石变法。北宋末，统治极度腐朽，终于酿成“靖康之难”。南宋时期，当权者长期执行求和政策，压制军民抗金斗争，甚至不惜惨杀爱国将领。南宋后期，抗蒙战争连年，偏安王朝虽最终覆灭，却产生了文天祥等民族英雄。

■两宋时期，在技术改进与租佃制的推动下，农业生产获得显著发展；手工业分工细密，工艺先进，产品闻名于世；商品经济水平超越以往，城市、市镇繁荣，货币流通扩大，诞生了最早的纸币。

■宋代文化空前进步，理学、文学、史学、艺术以及科学技术领域硕果累累，二程、朱熹、欧阳修、苏轼、司马光及沈括等优秀人物，享誉千古；而活字印刷、指南针及火药的发明和应用，更对人类作出了杰出的贡献。

民路一带。以上三局均在城中，城郊还设南北二局，南外局在浙江亭（钱塘江边），北外局在北郭税务所内，今约武林门北面。以上五局逢单双日轮流营业或休业，营业时出售成药或汤药，休业时结算前一天卖药钱，并将卖得药钱五日一次送纳药材所购买药材，剩下的现钱缴纳杂买务。各局出售的药品上都印有“和剂药局”标记。如有撰合假药，伪造印记作官药货买者，依伪造条法处理；各局监专公吏轮流留宿值夜，遇民间疾病赎药，不及时出售者杖一百；并规定药局作匠，不得利用职权贪图便宜买取药品，如违杖一百。和剂局设修合官，杂买务辨验药材官，如辨验药材伪监，修合粗弱不依法，经检点依法罢官。官办药局虽然为数不多，但其管理比较严格，规模均宏大，在当时影响和作用是显而易见的。

民间药铺遍布杭城

南宋时，杭州民间药铺不仅是大行业之一，而且其特色为医药合一，既看病又售药，并出现分工细致的如骨、妇产、口齿咽喉、童类等专科药铺，十分发达。民间药铺遍布杭城大街小巷，但以纵贯京城的御街（中山路）两旁最为集中，多为医家、医丞开设，也有退伍将领和防御虞衔的军人开设。据吴自牧《梦粱录》卷一三《铺席》记载，南宋淳祐年间（1241—1252）著名药铺不下数十家，如猫儿桥潘节干熟药铺、五间楼前张家生药铺、狮子巷口观复丹室、保佑坊前讷庵丹砂熟药铺、中瓦子前陈直翁药铺、梁道实药铺、金子巷口杨将领药铺、官巷前仁爱堂熟药铺、修义坊三不欺药铺、官巷北金药臼楼太丞药铺、漆器墙下李官人双行解毒丸、外沙皮巷口双葫芦眼药铺、大佛寺疳药铺、保和大师乌梅药铺、三桥街毛家生药铺、石榴园张省干金马杓小儿药铺、沿桥下郭医产药铺等。同时，药市、药摊、药贩以及药膳供应更是比比皆是，在诸行市中，有炭桥药市、川广生药市。天晓出市，有浮铺早卖汤药：二陈汤及调气降气并丸剂安养元气者；夜市有赏新楼前仙姑卖食药，太平坊卖麝香糖，庙前口卖杏仁膏、薄荷膏；小经记有卖药焙、香袋、画眉七香丸、稳步膏、手皴药、凉药、香药、膏药、药线、老鼠药；酒肆下酒品件，有以法制青皮、杏仁、半夏、缩砂、豆蔻、小蜡茶、香药、韵姜、砌茶、橄榄、薄荷等食药香药“分茶”，不问要与不要，至酒阁散与座客得钱，谓之“撒暂”；茶肆暑天，添卖雪泡梅花酒，或缩脾饮暑药之类，由砂仁、草果、乌梅、甘草、扁豆、葛根六味配制成饮；在荤素食品店，有卖金银炙焦牡丹饼、枣箍荷叶饼、芙蓉饼、菊花饼等诸色药膳点心；有香药灌肺、爊木瓜、楂条、橘红膏、蜜豆鼓、韵姜糖、乌梅糖、薄荷蜜、木瓜汁、沉香水、雪泡缩脾饮、梅花酒、香薷饮、五苓大顺散、紫苏饮等市食供应或沿街叫卖。迎春岁旦，席铺百货，以苍术小枣、辟瘟丹相遗。医士亦以馈屠苏袋及诸品汤药，送上主顾第宅，以辟邪气，各坊巷叫卖苍术、小枣不绝。重九，杭人习俗饮新酒，以菊花、茱萸浮于酒饮之，名茱萸为“辟邪翁”，菊花为“延寿客”，以菊糕为馈；又以苏子微渍梅卤，杂和蔗霜梨橙玉榴小颗，名为“春兰秋菊”。年终腊月，医家多合药剂，侑以虎头丹、八神、屠苏，贮以绛囊，馈赠大家，谓之“腊药”。

南宋期间，杭州中药飞速发展和出现鼎盛的局面，是建都近140余年

南宋时期做工考究的瓷器碾药船

□此物现存张同泰国药号博物馆

■碾药船是一种专门用来粉碎中草药的器械，旧时中药铺子里不少，有铁器也有瓷器和石器，但今天已经很难见到了。

■该碾药船的船体外面是青花图案，绘有山水，画风粗犷，船体内有黑色痕迹。碾药船内有一个带轴的轮子，从船头推到船尾，反复碾，轮子就把药草碾碎了。

太平惠民医药南局旧址

■这里现在是上城区紫阳街道察院前住宅小区，此地原为南宋三省六部衙门和太平惠民医药南局的旧址，小区左边是南宋皇帝祭祀祖先的太庙遗址，其背后就是被世人称为“大内”的南宋皇城遗址。

特定的历史条件下形成的。虽然在元灭南宋后，杭城屡遭战火和兵扰，户口疏散，经济衰落，著名药铺逐渐冷落，药业一度不振，但南宋的鼎盛对以后中药业的复兴与发展产生了深远的影响和不可磨灭的作用。

到了明清时代，杭州的国药业又有一定的发展，但已远不如南宋时期兴旺和发达。在清朝后期，中国发生了根本性的变化，李鸿章开展洋务运动，西药也逐渐进入中国，形成了中、西药的对垒与结合。

大运河
艮山门
余杭门
仁和县厅
西大街
西河
御街
小河
茅山河
钱塘门
钱塘县厅
东青门
大河
西湖
涌金门
崇新门
后市街
临安府治
清波门
新开门
钱潮门
三省
枢密院
六部
候潮门
和宁门
皇宫
丽正门
嘉庆门
钱塘江
1 市西坊南太平惠民北局
2 坝头榜亭安抚司惠民坊熟药局
3 猫儿桥潘节干熟药铺
4 狮子巷口观复丹室
5 保佑坊前讷庵丹砂熟药铺
6 中瓦子前陈直翁药铺
7 中瓦子前梁道实药铺
8 金子巷口杨将领药铺
9 官巷前仁爱堂熟药铺
10 修义坊三不欺药铺
11 官巷北金药臼楼太丞药铺
12 漆器墙下李官人双行解毒丸
13 太庙前陈妈妈泥面具风药铺
14 大佛寺疳药铺
15 大佛寺保和大师乌梅药铺
16 三桥街毛家生药铺
17 沿桥下郭医产药铺
18 外沙皮巷口双葫芦眼药铺
19 石榴园张省干金马杓小儿药铺
20 五间楼前张家生药铺
21 赏新楼前仙姑卖食药
22 太平坊卖麝香糖
23 临安府治后和剂局
24 众安桥北太平惠民西局
25 三省前太平惠民南局
26 炭桥药市
27 戒子桥西施药局

【南宋都城临安主要药铺分布示意图】

○ 1280—至今○

元朝之后的杭州中药业

元朝灭南宋，杭城屡遭兵燹骚扰，户口疏散，经济衰退，著名药铺逐渐冷落。后有杭州金玉总管府大使夏应祥，于寿安坊开设寿安堂药室，采办殊方异壤药材，按古方书制为丸散发卖，并施给病贫不能自存者。夏应祥制药不计价值，贵重药材宁以千金购之，从不作假，其药剂号称精绝，服者辄效。

明代 政府劝农耕耘，鼓励生产，杭州经济、文化又渐复苏。此时医和药分工日趋明显，医师专事诊病处方，药物则由商人、贵族或豪绅所掌握。相传，明嘉靖三年（1524），有朝廷御医许某卸任后，在杭州靴儿河下新宫桥堍开设许广和国药号，规模宏大，延续300余年，直至晚清衰败。许广和精致丸散膏丹，大多是宫廷秘方，分内科、妇科、儿科、喉科、眼科、外科，凡补虚损、调理气血、化痰消滞、六气类和膏药、花露等本堂成药380余种。后有少数秘方由叶种德堂等所传抄配制。明万历年间(1573－1619)，有余姚人朱养心，流寓杭州，专事外科，手到疾愈，成名以后，在大井巷口创置朱养心药室，制售眼药与膏药，闻名于世，世代相传已有400余年。

清代 杭州中药业日盛，生产经营更趋完善。在望仙桥、清河坊一带闹市区，名店辈出。顺治六年（1649），方回春堂国药号创建，主营丸散饮片，兼营拆兑批发，直至1956年并入国营企业。清嘉庆十年 (1805)，张梅创建张同泰国药号，内店拆兑香料药材，外店精选道地法制饮片，虔修丸散膏丹，刊刻有《丹丸全录》，自产各种成药12门、358种，每逢春蚕香市，顾客盈门，名扬杭嘉湖地区。嘉庆十三年(1808)，宁波人叶谱山在望仙桥直街购地七亩，创设叶种德堂国药号，前店后场，设备完善，跃居杭城各大药店之首。叶谱山原在刑部任职，精通医术，离职后在杭挂牌行医，有贫病求治，慷慨施助，深得民心。开业后，广选道地药材，按照历代宫廷和家传验方，精心配制各门成药不下400余种。故《杭俗遗风·名铺》载："清道光、咸丰年间，杭城药店，生意极盛者，数种德堂、许广和、碧苏斋。"此外，尚有存仁堂药店(今红星药店)开设于嘉庆二十三年(1818)，天禄堂药店(今保健药店)开设于道光二十九年(1849)，汤养元药店(今长春药店)开设于同治八年(1869)等，都各具特色。同治年间，瘟疫四起，民不聊生。"红顶商人"胡雪岩，邀请良医处方，配制胡氏辟瘟丹、诸葛行军散、红灵丹等痧药，在清军和民间舍施，远近闻名。后于同治十三年(1874)胡雪岩聘请松江余天成药号经理余修初筹建胡庆馀堂雪记国药号，在大井巷购得"黄金之地"十余亩，建成气派非凡的大药号，于光绪四年(1878)春正式开业。店内经营管理机构完备，进货、制造、储藏、营业各部各尽其良。自制传统成药470余种，选料精良、加工考究，闻名全国。时称全国药店"两家半"，一家是北京同仁堂，另一家就是

灸艾图 台北故宫博物院藏

■此幅《灸艾图》是一幅极为生动有趣的风俗画，淋漓尽致地表现了日常生活中人们治疗小病小灾的一个情景，这也是当时中医常用的治疗方法。

杭州胡庆馀堂，广州敬济堂只能算半家。故《杭俗遗风》在民国初年又补辑述：杭州药店“就其最著称者有胡庆馀堂。种德堂之药材、承志堂之药酒，皆誉称一时矣”。

清末，杭州中药业购销业务活跃，专业经营趋向分细。早期开设的有阜泰药行 (后改为恒大药行)，传至民国初年已是第六代孙戎谷襄。同治元年（1862）始，益元参店 (1862年)、老一元(1901年)、广大药行 (1904年)、久康参店 (1906年)、三慎泰药行 (1912年)等相继开设，至民国元年（1912）已有国药号、药材行40家，参茸字号8家。

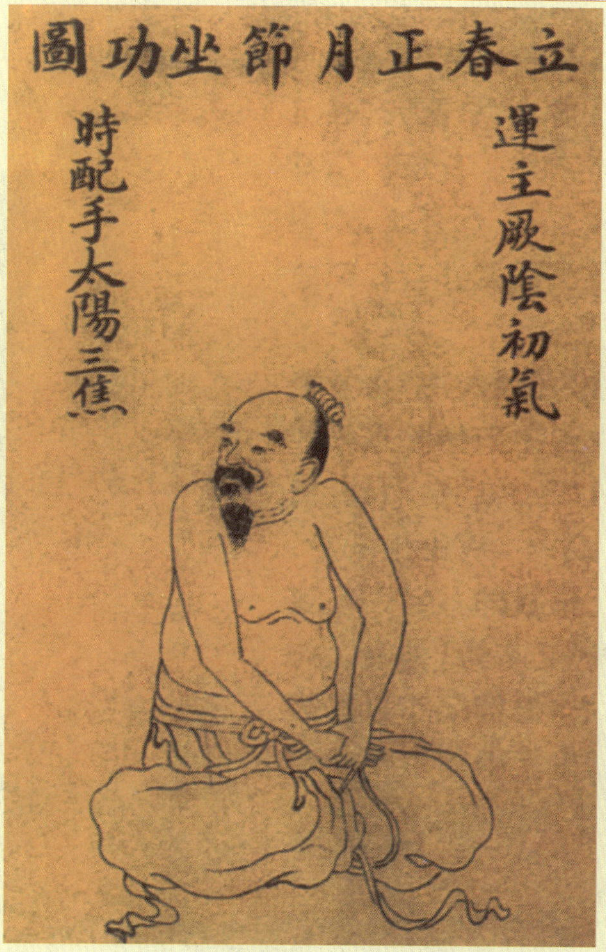

立春正月節坐功圖
運主厥陰初氣
時配手太陽三焦

■著名道家隐士陈西夷，根据一年二十四节气的气运以及人体经脉的对应关系，自创了一套“二十四节气坐功导治病”功法，以此可以养生治病。图为功法中的“立春正月节坐功”，主治风气积滞等病。

民国时期　杭州中药业又有新的发展。民国二十年(1931)，杭州市有大中小型中药店行151家，分布在市区88家、笕桥27家、湖墅20家、江干11家、西湖区5家。全业资金39.5万元，营业额291万元。全年营业额在2万元以上者有：胡庆馀、方回春、万承志、叶种德、泰山、大元、天德、同春堂、德昌药料号以及恒丰、三慎、义成、元大、阜泰、五昌、广大药行等19家。

抗日战争期间　杭州不少药店内迁县镇或停业，药市一度萧条。至1943年，仅存药店59家、药材商行16家、参店12家。至1945年全市中药参燕业又增至112家。

■像这幅老照片中的中药馆在建国前还遍布杭州的大街小巷。建国以来，历经几次运动后，这类私人中医馆已经绝迹。（摄于20世纪30－40年代，图片/赵大川）

民国后期　国民政府走向崩溃，通货膨胀，物价一日数涨，杭州中药业在经济动荡中挣扎。到1949年5月杭州解放时，有药店99家、参燕店13家、药材行11家。

1949至1955年底　杭州中药业也在恢复中，有能力的都恢复了经营。1956年国家对私营中药店、参燕店和药材批发商行进行国有化改造。

药材商行9家（广大、五丰、大丰和、恒丰和、恒大庆、协丰、三慎永、方回春等8户及个体药商鲍周文，市郊源盛药行在改造前已转入零售）由省供销社中药材经营管理处杭州采购批发站全部接收安排。全市89家私营零售国药店和9家私营参茸店实行公私合营，由杭州市中药公司负责归口领导与管理；郊区药店归基层供销社组织合作店（组）。

1956年至改革开放　杭州所有的中药店、中药厂基本都已是国有和集体企业。“文革”十年，对于老字号来说是一场浩劫，所有的老字号药店、药厂全部更名，如张同泰国药号更名为春光药店、胡庆馀堂改为杭州中药厂、朱养心改为光明药室等，直到改革开放后，才陆续恢复原名，但是由于时间长所遭受的破坏和损失巨大，原有的传统格局已不复存在。为了更好地光大国药传统，政府和各中药老字号为此作了巨大的努力。在民国时期就闻名于杭城的“六大家”现已恢复五家，并保存有完好的明清建筑群，有的已经成为旅游观光点，胡庆馀堂是其中最好的一家。

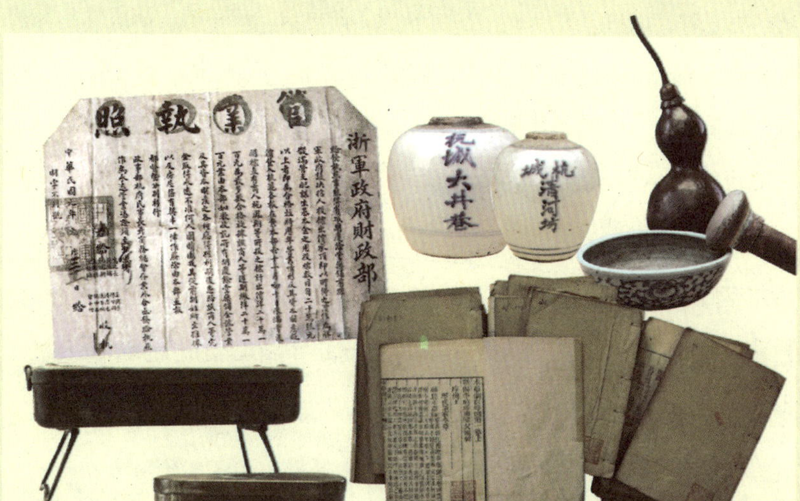

■杭城国药老字号保留收藏的一些药书、药罐等历史遗存

○制作加工工艺历史悠久○

中药加工与炮制

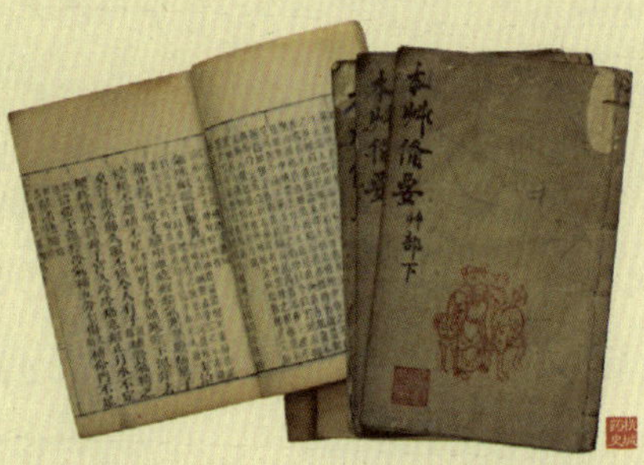

饮泛

明清时代，杭州许广和、方回春堂、张同泰、叶种德、胡庆馀堂等药号，加工炮制讲究质优形美，精工细制。将原药通过拣、簸、筛、刷、括、淘等方法，清除非药用部位和泥沙杂质，然后水泛、漂净、蒸煮，使其柔软适度，便于切制。

1957年，中药切片工场采用大缸、小水池或用竹箩淘洗饮泛药材。1958年后逐步扩建大小池130立方米，净选工具亦不断改进。1965年制成杷叶刷毛机，1966年改用大铁丝捞斗翻清洗，1970年制成晃动式筛药机，1982年试制成功滚筒式洗药机。拣、簸、筛、洗手工操作逐渐用机器替代。饮泛主要工艺有：

水泛 对怀山药、白芍、白术、大黄、首乌、香附等坚实的根块及果实药材，经过淘洗水浸后，按气温高低，加盖淋润或凉阴湿润，使药材潮软适度。对于疏软茎块和草类药材一般采取润泛或淋润，一日水淋1－3次，上下均匀，至根茎润软为止。对于泥沙杂质粘结牢固的络石藤之类药材，则采用水浸润后切片，再用洗药机复洗，效果良好。

漂净 对具有腥臭盐味的海螵蛸、海藻、昆布、盐苁蓉等药材，用一定时间浸漂、换水，待漂去异味后，经洗药机冲洗至洁净为止。

热饮 1987年新饮泛方法实验成功，能使黄芩酶保甙不变色。即先把黄芩蒸20－25分钟，然后在洗药机中洗净，在竹箩中湿润即成。

饮泛产量 1958年饮泛200种，每月6000公斤。1964年饮泛228种，每月1.5万公斤。1970年饮泛300种，每月4万公斤。1979年每月5万公斤，1985年每月5.4公斤，1987年全年饮泛60万公斤。

切　制

建国前，杭州药店均设置刀房（刀床）。胡庆馀堂、叶种德堂各有六七把刀，中型店三五把刀，小药店一两把不等。按切制技术，大店有头刀至末刀之分，片型按不同品种、不同切制要求确定。一般头刀师傅切名贵及难度较大的如鹿茸血片、天麻、法半夏亮光片等，二刀师傅具有一粒槟榔切108片、附子一片能够“飞上天”的技艺；切顶头片如当归头、前胡头，眉毛片如厚朴，方块型片如茯苓、天花粉、杜仲等则由三刀、四刀师傅切制；末刀专切草药料片。此外，尚有薄片刀平劈橘红片、橘白片和用刨刀刨成长条形的羚羊、犀角、鹿角、檀香片等，片形都必须符合规定要求。

【古代炮制中药的场景】

资料链接·关于中药炮制历史

几千年以来，中国不仅积累了丰富的炮制方法与技术，而且也形成了一套传统的炮制加工工具。炮制是中药传统制药技术的集中体现和核心，“饮片入药，生熟异治”是中药的鲜明特色和一大优势。中药饮片炮制技术是中国所特有的，是中国几千年传统文化的结晶，是中华文化的瑰宝。

中药炮制历史久远，相传起源于神农时代。远古时候，人们为使药物清洁和服用方便，采取了洗净、劈块等简单的加工方法，这就是中药最早的炮制。当人类发现火以后，受到用火加工食物的启示，便用火来加工药物，因此对药物的毒性降低和调整药性起到了良好的效果。到了夏禹时代，由于酿酒的出现，为以后的酒制开辟了广阔的道路，后来出现的盐制、醋制、炮制方法，更丰富了中药的炮制内容，且较好地适应了临床的需要。

中药炮制的发展大约可分为四个时期：春秋战国至宋代（公元前722年至公元1279年）是中药炮制技术的起始和形成时期；金、元、明时期（公元1280年至1644年）是炮制理论的形成时期；清代（公元1644年至1912年）是炮制品种和技术的扩大应用时期；现代（1912年以后）是炮制振兴、发展时期。

最早的医书《黄帝内经》已经对炮制中药有了一定的介绍，如“半夏露”的炮制等。南北朝时期，我国第一部炮制专著《雷公炮炙论》问世。该书记载了300种药物的炮制方法与技术，在总结前人炮制技术的基础上，又将整个中药炮制的技术水平大大提高。宋朝政府颁行的《太平惠民和剂局方》，设有炮制技术专章，提出对药物要“依法炮制”、“修制合度”，将炮制列为法定的制药技术，对保证药品的质量起到了很大的作用。中药的炮制在明代发展较为全面。在理论方面，陈嘉谟在《本草蒙筌》中曾系统地论述了若干炮制辅料的作用原理，明代李时珍的《本草纲目》设有炮制专项，缪希雍的《炮炙大法》总结中药炮制大法17种。清代专论炮制的书籍首推《修事指南》，是由张仲岩将历代各家有关的炮制记载综合归纳而成。该书详细记载了232种炮制方法，系统地叙述了各种炮制方法，条目清晰，较为醒目。

1957年4月，从各药店中抽调25名切制人员，设立中药切片工场，首次购入旧式烟丝器。切制长根类药材，以手工和机器相结合开始集中切片，每月产量约5000公斤，供应市内药店配方。

1962年，先后制成鹿角刨片机、硬性藤木切片机和橘红、橘白切片等机器。1967年试制成功100毫米圆盘切片机，转速达到480圈/分，片形好，速度快，工效提高近一倍。1968年制成大块矿物类药材撞碎机，此后370多种药材切制已趋半机械化。1971年试制出立式斜切机，速度达到450转/分，平均日产量80公斤，比烟丝机提高3倍，以后又改进了传送装置，成为定型机台。1987年机切年产量达到50.2万公斤，日产量比1957年提高13倍。

机械切片形态固定，不能与手工可按不同药物切成美观片形相比。在不影响质量的提前下，要求斜片、链条片、超长片，厚块片内控不超过5%。

干燥

自古以来，药店制作饮片，主要靠太阳晒干，逢到连绵雨天，才用焙箱。切片后不能用火烘的生晒术片、于术片等，只能等晴天切片晒干。

切片工场建立初期，饮片干燥仍用烘、晒处理，唯烘干设备改用烧煤地灶。1965年改为通道地轨式火泥烘房，用铁架行轨车，每辆可放38只方匾，进烘房鼓风送热驱潮。1976年换用1.25吨卧式快装手烧炉，增大锅炉吨位，加快烘干速度，提高产量。1982年自制远红外翻板烘药机，温度和时间可以调节，烘药质量好、效率高，但耗电量大、兼用性差，后淘汰。1983年购进茶叶烘干翻板机，供草药和无黏性的薄形饮片烘干用。1987年，实行“切烘一条龙”连续生产，日产干燥机切片2500－3000公斤。人均180－200公斤，比1957年手工切片提高10余倍。

潮片进烘，对含水量、厚度、时间和恒温四项数据内控为：（1）散枝长梗草药片（段）。含水量25%－45%，厚度3－5厘米，烘时2－3小时，恒温60－80℃；（2）块根长茎片：含水量40%－60%，上匾进烘厚度为3－5厘米，烘时3－4小时，恒温80℃；（3）海产类（昆布、海藻）；含水量90%，上匾进烘厚度3－5厘米，烘时8－10小时以上，恒温50－70℃；（4）芳香及油性类（薄荷、香薷、玉果等）：含水量40%左右，厚度3厘米，烘时1－2小时，恒温50－60℃；（5）黏性药片（制熟地、制玉竹、制黄精等）：含水量85%左右，上匾进烘厚度3－5厘米，烘时2小时半，恒温80℃左右；（6）酵制类（神曲、淡豆豉等）：含水量85%左右，上匾厚度3－5厘米（淡豆豉0.5－1厘米），烘时6－8小时，恒温控制在85℃左右；（7）鲜切药片（紫菀、浙贝等）；含水量90%左右，上药厚度3－5厘米，烘时8－9小时，恒温80℃左右；（8）孵芽类（谷芽、麦芽、淡豆卷）：含水量80%左右，上匾进烘厚度为1－2厘米，烘时4－7小时，恒温80－85℃左右。

复　制

复制，俗称遵古炮制。常用传统炮制方法分为：清炒、炒黄、炒焦、炒炭、土炒、麸炒、米炒、蜜炙、酒炙、醋炙、盐水炙、煅、煨、蒸、淬

【中药加工与炮制的用具】

飞等，目的是缓和药物性能，消除毒性，引导药物归经，提高治疗效果。

中药饮片厂复制工艺，按省颁炮制规范，历年有所改进，具体分为；

手法之一：煅淬。1957年用小铁炉烧煅，明火冲天，火烤日晒；1960年使用小炉煅烧代赭石，灵磁石、自然铜等少量产品；1975年开始，采用耐火砖砌堆成冲天圆柱式煅烧地灶，在灶内炉栅上分层隔放药物和炭料，逐层渐小，依次堆砌，上盖炭糠厚层，烧炭引火，煅至红透，拆灶取药，淬醋。1987年开始按新版规范，改为铁桶内盛醋，趁煅石旺火，钳药物入桶，进行煅淬。

手法之二：炒。1957年用铁锅翻炒，烟熏浓烈,1973年开始用炒药机滚炒。炒又可分为：（1）炒黄，如酒炒白芍，过去是边炒边淋，费力费时，酒淋不匀，质量欠佳。1986年按省版要求，改为喷淋酒液，拌匀、稍闷，待酒液吸尽后，再用蜜汁麸皮拌炒，至表面黄色，取出摊凉，筛出麸

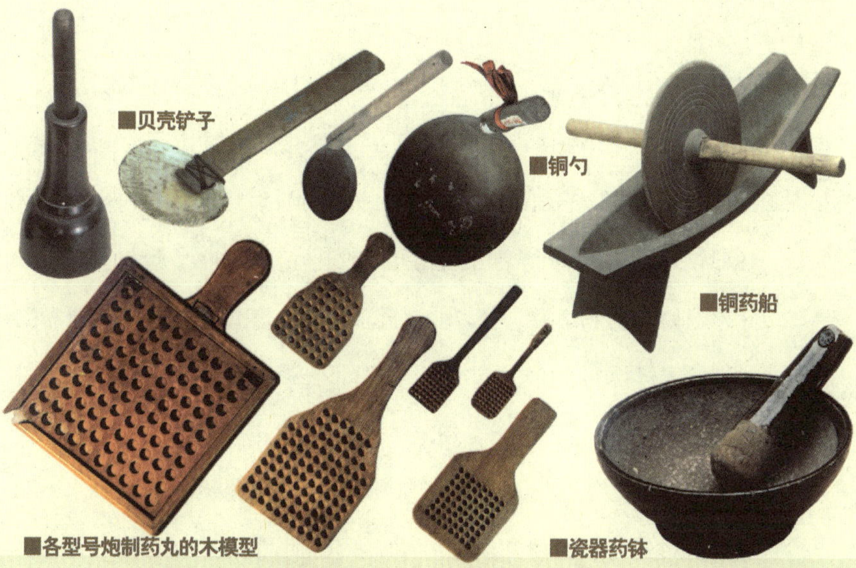

皮。（2）炒焦，如焦六神曲，在炒药机中炒制，用武火滚炒，至外焦内黄，及时退出摊凉。（3）炒炭，如地榆炭，在炒药机中用武火滚炒，外呈炭黑色，内呈焦褐色，炒炭存性，及时倒出摊凉，防止燃烧失性。

手法之三：蒸。1957年在大铁锅中少量蒸制，1970年用蒸汽大锅冲蒸。如女贞子，在拌药机中用酒和女贞子拌匀，入蒸锅内冲蒸2－3小时，闷20小时左右，取出烘燥。

手法之四：炒制。如炒制乳香、没药，由于胶质硬韧，一直是手工打碎后，在铁锅内用铁铲旺火翻炒，待油去净，晾至半干，做成条块状。初期，为避免浓烟呛刺，防止药脂燃烧，在露天场地搭地灶进行炒制。1964年改进操作条件，加高灶围，增设吸烟尘罩，鼓风除烟尘，在高棚内进行炒制。1965年新建高屋顶、高烟道的复制车间，加强防火，改善劳动保护条件。1987年试用打粉机，粉碎脂类药成功，减轻了劳动强度。但仍用铁锅铁铲，由人工炒制，随时掌握火候，及时起锅、摊凉、制块。

手法之五：轧碎。如磁石、牡蛎等轧碎成颗粒状。1957年初期，用人工敲碎。1961年，自制简易轧碎机，后对部件改进，颗粒大小可以调节。1982年开始先将原药洗净，再用轧碎机轧碎，劳力省、产量高。

手法之六：打粉。1957年，少量配制粉剂，使用铁船、石磨研粉；1958年开始置打粉机；1983年改进主要部件，实行机器打粉至今。如午时茶曲料粉、香料粉、甘草粉等，粉末粒子按筛目数确定，如打三七粉先用60目筛打成粗粉，再用120目筛打成细粉。1980年增设球磨机，加水研制珍珠粉、珠砂粉等，细粉要求达到入口即化的程度。1985年置高速粉碎机，打三七粉可以一次完成。

手法之七：煨。如煨玉果。先用麦麸皮在炒锅中炒至冒烟，将玉果放入热麸皮中煨热，至黄色，趁热切片，烘燥。

手法之八：蒸洗。如板、鳖甲，在炙炒前必须漂洗清净。经改进用蒸洗法，即在水中浸4－5天，然后在蒸锅中蒸半小时，再加热水搅拌至鳖甲全部散开成条块状，在洗药机中猛水冲洗，在清水池中漂净取出，日晒夜露一周即成。

手法之九：炙。如将净鳖甲、板用热砂拌炒至中黄色，筛去砂子，趁热醋淬，至药物酥脆，呈老黄色，再在轧碎机中轧成小片干燥。

手法之十：发酵。建场初期，沿用老旧工艺，如生产六神曲，以麦粉为基质，用杏仁、赤豆、鲜青蒿、鲜辣蓼草、鲜苍耳草等5种打粉，切断，掺水共捣取汁，与麦粉拌和，做成糕块，摊置竹匾上，覆盖鲜青蒿草，加叠至7－8匾高。室内地上冷水浇湿，匾四周围上麻布，让其自然升温发酵，5－7天后遍生黄花，取出烘燥即可。1961年麦粉紧缺，六神曲市场需求量增大，经老药师会同老药工研究商定，在保持酵霉药效的前提下，基质麦粉减半，补以麸皮，既节约原料又增进药效。由于大量生产，鲜草无法及时取得，改用干品浸汁拌粉，同样取得酵制效果。1964年，按上海经验，取消上盖发酵草料，接种黄曲精粉，拌和曲糕表面，简化工艺，保证质量。1985年，利用蒸汽余热，改进发酵间的控温条件和控湿条件，在2－3天内即完成发酵工艺，由季节性产品转为常年产品，平均日产1000公斤。

手法之十一：孵芽。如谷芽、麦芽、淡豆卷等。1957年初期，产量较多，大多在气温20－30℃之间投产。采用水浸、装箩、水淋保湿、加盖、保温和适当翻动等工艺，待芽头长至5毫米左右即可。后逐年扩大生产，改用大池水浸，保湿、保温，或平摊湿地，活水流动、加盖麻袋水淋等措施。要求叶芽清净，长度均匀，出芽率95%左右。

手法之十二：炼升药。1965年接受炼红升、黄升的任务。主要原料是水银、明矾、硝按比例配制。使用工具是小煤炉、小铁锅，大瓷碗做盖，用黄沙密封四周，用黑刚炭火炼，控制一定时间，使升华结晶而成。覆盖的瓷碗中心是黄升，周围是红升，由于火候高低，分出红、黄不同颜色，现已不再生产。

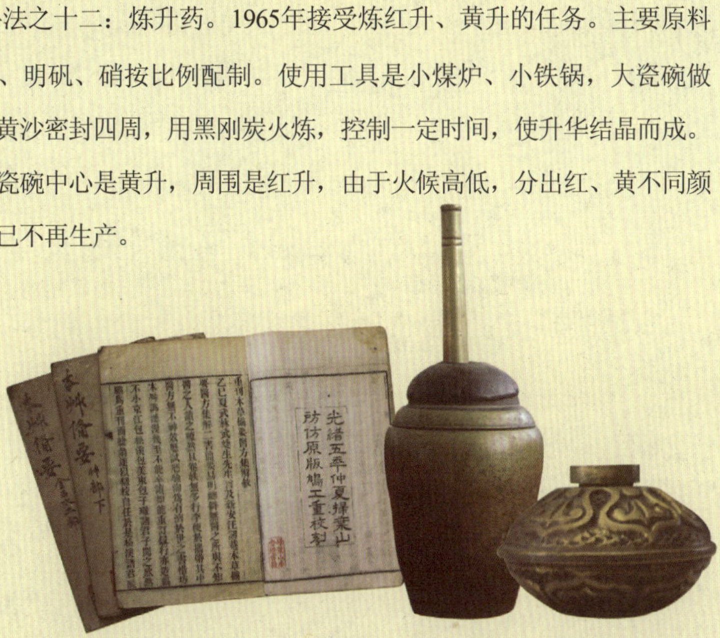

杭州老字号系列丛书

医药篇

CHINESE 医药篇 MEDICINE

◎国医·国药卷◎

贰

○创建于明 · 万历年间（1573－1620）○

朱养心

每到香市，朱养心药室门庭若市，购者如云，信誉远及杭、嘉、湖、金、衢等地。清同治年间钱塘人范祖述在《杭俗遗风》中写道："朱养心膏药店……所选膏药，亦著灵验，因之四处驰名，每逢春季时日可售钱多至百数十千文。"

先人养心 名不虚传

创始于明万历年间的朱养心药室历经400多年而不衰，是杭州历史上最悠久的老字号，真可谓四百年历史，四百年文化。历史总是那么迷人，岁月轮回，沧桑可辨，老祖宗留下的是一笔厚厚的文化财产，盛誉依旧，传说倍增光彩，企业文化在历史光环照耀下名扬五洲，流传万年。

“朱养心药室”，坐落在古杭州商业中心的城隍山北麓，大井巷东首。若论它的历史，称得上是杭州最古老的“金字招牌”了。据成书于清乾隆四十九年（1784）的《杭州府志·方技》记载：“明朝朱养心，余姚人，徙于杭，幼入山，得方书，专门外科，手到疾愈，迄今子孙皆世其业。”

创始人朱养心，名志七，浙江余姚人，后迁徙来杭，在后期的医药实践中，朱氏形成了以膏、丹为主的外治法特色，并亲自创建了精制膏丹的药室，几近“手到疾愈”的水平。自制眼药，闻名于世。晚清时许多曾受惠“朱养心”的病家出于感激之情，集资在大井巷内重建朱养心药室，后一度迁址。1982年，朱养心药室改建为朱养心药厂。1984年，朱养心药室迁回大井巷原址。朱氏的传统产品有万灵五香膏、阿魏狗皮膏、碧玉膏、珍珠八宝眼药等，至今仍深受海内外同胞的青睐。

几个世纪的悠远岁月，在民间留下了许多有关朱养心的美丽传说。其中最为有名和感人的是“泼水墨龙”与“和合二仙”的故事以及“良药良医世沾幸福，利人利己天赐吉祥”的佳话。

民间传说——泼水墨龙

相传朱养心大厅中的那幅“泼水墨龙”为八仙中的铁拐李所赠。有一

■泼水墨龙图

天，朱养心药室突然来了一个衣衫破烂、蓬头垢面的老人。他紧锁眉头，赤着双脚，拄着拐棍，膝盖处血肿得十分厉害。朱养心见后，主动收留了老人，亲自去拿饭菜给他吃，而后又用清水将老人腿脚洗净，仔细察看伤处，并为老人配制药粉用白酒调敷于患处。如此这般悉心照料，过了七天，老人的伤已基本痊愈。这天，老人对朱养心说："承蒙你不嫌臭脏，亲自为我治伤痛，又分文不取，实在感激，可我身无一物相谢，真是过意不去。我就以拐杖相赠，还请你在配制治伤药粉时用它再多研磨九九八十一次。另外，我自幼精通丹青之术，我替你画一幅画留作纪念，请勿见笑。"朱养心买来了上好的宣纸，备好笔墨，老人随手抓起一碗墨汁就往六尺长的宣纸上一倒，接着用手在纸上涂抹了一阵，对朱养心说：“献丑，献丑，画得不好！还请妥为保藏！告辞了。”说罢，老人就走出店门，消失在人群之中。这时，还愣在那里的朱养心突然发现那张还没卷起来的画上，原先墨黑一团的图隐隐约约地出现了一条栩栩如生的水墨龙，那条龙正在云海中昂首喷水。朱养心这才醒悟过来，这个自称姓李的老人，必定是八仙中的铁拐李大仙，想到这里，朱养心连忙焚香叩拜。从此以后，铁拐李留下的那根拐棍也用来搅拌药料，制成的膏药药效更佳，朱养心药室的名气也就越传越大。而现代药理研究也证明了对毒性强的药物，提高混合均匀度，能降低其毒副性。

有一年，河坊街大井巷一带发生火灾，朱养心的左邻右舍烧掉了十几家，唯独药室安然无恙。不少人都看见在朱氏的屋顶上，隐隐约约有条墨龙在喷水灭火，大家都说是水墨龙在庇佑朱养心。这事越传越神，后来传到近代驻浙江的一个军阀那里。霸道的军阀一心想占有这幅宝画，便借故查抄朱养心药室。军警进门一看，只见厅上挂着上百幅的水墨龙画，一时难辨真假，无从下手，更怕引起公愤，只好悻悻离去，就此作罢。

■朱氏第十五世孙朱研臣石刻，现存朱养心博物馆

和合二仙

“青囊千古泽，红杏一林春”。这副对子常用来称赞医家的盛誉。据朱氏后裔回忆，晚清时，许多曾受惠“朱养心”的病家出于感激之情，在鼓楼大井巷口集资为朱氏建造了一幢大宅，前为药室，后住家人。初时，药室有五开间门面，宽约20米。后来当政的一位府台出于妒忌，以一般民宅不准开设三个墙门为借口，迫使改为东面两个墙门。大院四周建有风火围墙。营业大厅从东墙门进去，墙门左右雕有水墨龙头各一件，中间为“理学传家”四字横书。堂前悬挂黑字白底的“日升堂”匾额，下置“泼水墨龙”古画一幅。凡制药用水，均取自大厅后的那口水井中。整个建筑巍峨堂皇，与邻近的同行“胡庆馀堂”、“叶种德堂”、“方回春堂”鼎足而立。

当时，每到香市，朱养心药室门庭若市，购者如云，信誉远及杭、嘉、湖、金、衢等地。清同治年间钱塘人范祖述在《杭俗遗风》中写道：“朱养心膏药店……所选膏药，亦著灵验，因之四处驰名，每逢春季时日可售钱多至百数十千文。”

相传中国的爱神——和合二仙，就是手捧一盒的寒山和手持一荷的拾得，这两位蓬头笑面、逗人喜爱的孩童（因“盒”和“合”、“荷”同

■和合二仙木雕

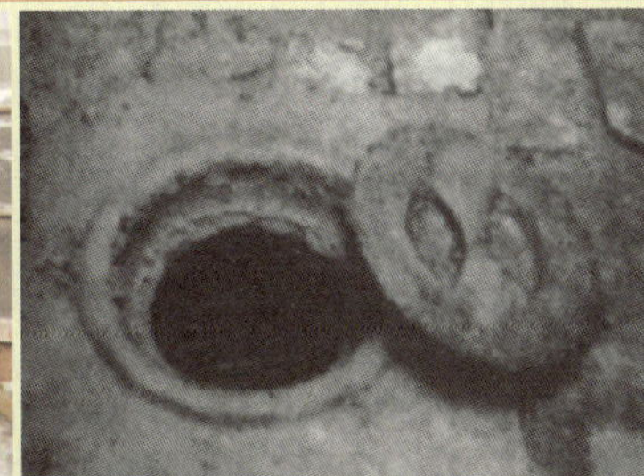

■在大井巷，朱养心的后代现在还居住在祖上留传下来的房屋里，进门的空地上那口传奇的古井还默默地在那里，现已成杭州市文物保护单位（左图）。
■古井坐落在杭州城隍山北麓，大东巷东首（右图）。
有关这口古井，清朝同治年间的杭州人范祖述在他所著的《杭俗遗风》中记述了这样一段故事，说是朱养心膏药店屋后有一口古井，仙人刘海的蟾（即蛤蟆）经常躲藏在古井里。有一日，刘海到朱家取蟾。临别时送给朱氏一幅水墨龙的画，并说此画能避大灾。果然，朱家前后左右邻居屡遭火灾，而朱家独存。又因仙人的蟾在井里呆过，此井得了仙气，所以用此井水所造的膏药特别灵验。“朱养心”的产品也就此闻名遐迩。

“和”谐音，即取“和合”之意，“和合”一词又有同心和睦、顺气等意），也曾光临过“朱养心”。有一天，两个眉目清秀的孩童，来药室求职，朱养心收留了他俩，这两个孩童做事非常勤勉，与大家和睦相处。后来，有人发现他们每天午饭后都去后园山麓嬉游，且寒暑不辍。一日，雨雪交加，两个孩子依然去原处玩耍。朱养心惊讶之余跟踪前往。他俩见朱养心款款而来，便急速相伴翻过山岭，走得无影无踪。朱养心没有找到孩子，倒发现他俩的坐处遗下了一张青荷叶，大感不解，此严寒的日子哪见过青青的荷叶？于是他将荷叶取回家。次日熬制膏药时，久久不能成形，朱养心就将那张青荷叶投入锅中，膏药熬成了，且病人用后疗效更佳。人们传说那青荷叶是“和合二仙”留下的。

■朱养心当年制药用的大铁锅和切制药材的刀具，现存于朱养心博物馆。

发展历程 养心膏药

旧时，从钱塘江上游或对岸来的人，自江干三廊庙一带进城，都要经过吴山脚下的清河坊鼓楼湾大井巷，而“东南佛国”的杭州，那时，只有吴山是城中之山，上山下山极为便捷，种种优越条件，使得吴山景区的寺观祠庙日益增多，民间早有“吴山七十二庙宇”之说。四方香客进香，通常先到天竺、玉皇山、净慈寺等处，最后才到吴山一带。香客们烧完香烛，总要买点东西回去，这样自然形成了清河坊一带的商家店群。而朱养心药室、胡庆馀堂、叶种德堂、方回春堂这四家国药名店是一定要光顾的。朱养心药室的许多外敷药，因价格适中，易带易藏，现摊现卖，所以每到香市，常常是购者如云。

古人云：“自古盛衰如转烛，六朝兴废同棋局。”世事沧桑，物转星移。“朱养心”四百年的历史也同理，晚清以来，屡遭变迁。据志书记载：朱氏后代，袭至十三、十四代，房族日益众多，至民国初年，子孙各房志趣各异，缺乏专人主宰，家业逐渐由兴转衰。至建国前夕，祖业由房族共营改为分房轮流执管，各房自行进货制药，轮流营业，收入归己。由此一直维持到社会主义改造之前。

1956年，朱养心药室实行公私合营，当时从朱氏后代接收过来的私股资金非常有限，生产设备也相当简陋，但技术资料却依靠老职工手抄本得以存世流传。

1966年“文化大革命”开始，朱养心药室数百年积累下来的祖遗成方、实物史料惨遭焚毁，“朱养心”的牌匾也被砸，并一度改称为“光明药室”。原址改为职工宿舍，店址迁至中山中路331号，幸而有老职工将古有成方的手抄本保存下来，为后来的发展留下了种子。

中共十一届三中全会后，党和政府把发掘祖国医药宝库、努力发展传统药品提到了议事日程。1982年7月，朱养心膏药厂正式成立，并在同年着手兴建1600平方米的新厂房。1984年，朱养心膏药店在大井巷原址附近重新开张。1989年，新厂房落成并投入生产。如今的“朱养心”已今非昔比，以前熬膏是几只铁锅几把铁铲，制作全靠老经验，如今则有了比较现代化的生产设备、工艺和检测仪器。

20世纪90年代以来，“朱养心”翻开了发展史上崭新的一页，不再囿于传统膏药产品的生产，在总结传统古方、参照民间验方并结合自身研究的基础上，向胶囊、颗粒、散剂等产品全面发展，同时研究出了许多新产

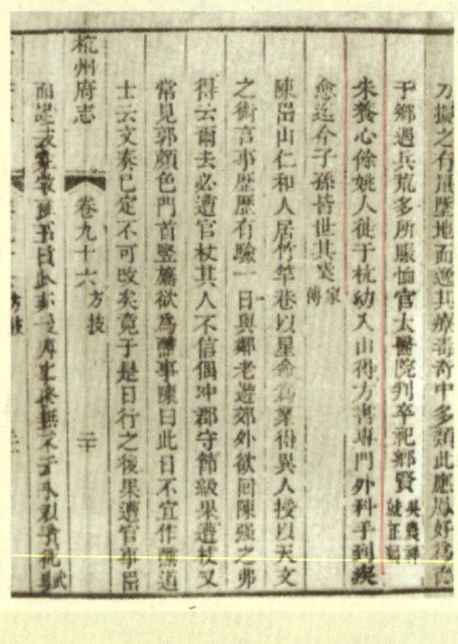

方擬之有蔗壓地而遂其療毒奇中多類此應爲好爲

于鄉遇兵荒多所賑恤官太醫院判卒祀鄉賢

朱養心餘姚人徙于杭幼入山得方書專門外科手到病

愈迄今子孫皆世其業 家傳

陳呂山仁和人居竹竿巷以星命爲業得異人授以天文

之術言事歷歷有驗一日與鄉老遊郊外欲同陳殞之弗

得云爾去必遭官杖其人不信偶沖郡守節鉞果遭杖又

常見郭顏色門首豎旛欲爲齋事陳曰此日不宜作齋道

士云文表已定不可改矣竟于是日行之後果遭官事帰

杭州府志 卷九十六 方技

[illegible]

■朱养心博物馆内保存有关朱养心历史的石碑（上图）
■以双龙环抱为图形的朱养心商标（左下图）
■清朝乾隆年间修订的《杭州府志》记载朱养心的史料原本（右下图）

品。尽管当今社会西药业已经很发达，但朱氏产品仍以它自己的特色和较高的信誉，在中医药业中，争奇斗艳，重放异彩。

继承传统 特色经营

朱养心药室早先自制的传统产品有：朱氏万灵五香膏、朱氏阿魏狗皮膏、朱氏阳和解凝膏、朱氏碧玉膏、朱氏白玉膏、朱氏移心膏、朱氏鸡眼膏，还有朱氏日精月华丹、朱氏鹅毛管等眼药及朱氏八宝神效眼药等五十种之多。朱氏产品都是根据世代相传的秘方调制而成的，并且选料极为讲究，主要成分都是名贵中药材，如万灵五香膏选用麝香、穿山甲、当归等，阿魏狗皮膏选用阿

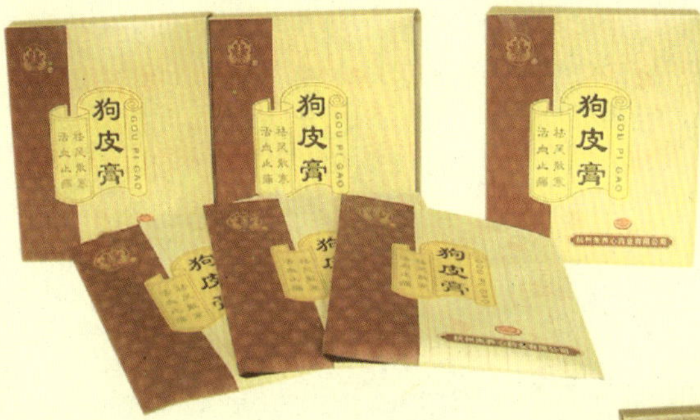

■朱养心狗皮膏药、黄连胶囊

■将祖国传统中药名优产品推入国际市场，是朱养心药室一项明确的工作目标与责任，努力把保留了四百年生命力的朱养心膏药产品打入东南亚市场，并逐步进驻更大的国际中药市场

魏、天麻、麝香等，珍珠八宝眼药选用珍珠粉、牛黄、石蟹等。

据史料记载及近年来的临床验证，朱氏主要传统产品均有独特的疗效。如碧玉膏治疗溃疡生肌拔毒效果最佳；万灵五香膏对跌打损伤、风湿疼痛、四肢麻木、陈伤隐痛、气血凝滞等症均能适用，亦能减轻肝脾肿胀患者的痛苦，缓解症状发展，又可作为肿瘤病的辅助治疗药；珍珠八宝眼药不仅对一般眼疾疗效较好，还对无法进行手术的白内障也能起到防治的作用。

随着西药兴起和建国后医药事业的发展，膏药在城市已较少为人使用，但是朱养心的丹、膏、眼药在广大农村仍有较广的销路。近年来我国实行了对外开放的政策，那些侨居印度尼西亚、加拿大、美国的华人，尽管海外医疗条件优越，可对朱氏丹膏还是十分信赖，常有托亲友捎带或回杭时特意寻访“朱养心”传统产品的旅人。

近年来，朱养心潜心于传统中药产品的质量水平与科技含量的专业研究，特别是通过改进传统膏药剂型、改善用药习惯，对源自日本技术的巴

■建国后，这个作坊式的药店历经艰难曲折，逐步组建成符合现代管理规范的制药企业，1966年，曾更名为光明药室，1982年正式建立朱养心膏药厂，1999年加盟上市企业杭州华东医药集团有限公司，2001年3月改制为有限责任公司，更名为朱养心药业有限公司。

现在公司已通过国家级GMP认证，配备现代化的生产和检测设备，形成年产胶囊2亿粒、膏药1000万张的生产能力。产品销售网络覆盖全国21个省、市、自治区。

布膏剂进行了深入研究与开发，已经取得万灵五香巴布膏、伤痛巴布膏两个品种的临床研究批件；重新开发了原有的特色专科用药——逐淤消肿膏（原名“骨病宁”膏），在完善工艺技术的基础上，进行规模生产，扩大市场份额。朱养心还申报完成了具有提高白细胞和增强免疫力的化学药品——赛伽银耳孢糖肠溶胶囊、保健品百孚胶囊等产品批准证书。治伤胶囊是朱养心在全国独家生产的重点产品，该产品具备各项政策优势，已经培育成一个效益明显、不断扩张的成熟品种，为提高治伤胶囊的成长空间和发展后劲，朱养心加大投入对该产品的临床适应证和剂型进行深度开发。

将祖国传统中药名优产品推入国际市场，是朱养心药室一项明确的工作目标与责任，努力把保留了四百年生命力的朱养心膏药产品打入东南亚市场，并逐步进驻更大的国际中药市场。

保护和发展四百多年的中华老字号，责任重大，意义深远，朱养心药室始终谨记历史的重任，立足于“专注伤科四百年”经营方针，结合自身特色专注于伤科领域，努力发展成为祖国中医药行业的“小巨人”，让朱养心”这块饱经岁月蹉跎的中华老字号发扬光大，焕发出勃勃生机！

■2006年12月，商务部再次重新认定朱养心药业有限公司为首批“中华老字号”，证书编号：11029。

回春堂
杭州方回
杭州方回春堂
117

○创建于清·顺治六年（1649）○

方回春堂

回春堂国药馆为钱塘名医方清怡（字再春）在清顺治六年（1649）创建。再春含义为回春，故以“回春”为店名，以期“逢凶化吉，妙手回春”。走入方回春堂的店堂，一股浓重的中药药香扑面而来，让人觉得是那样的苦涩却又如此的熟悉，那些古色古香的中药药柜，高大的青砖石门，木结构式的小楼，深长窄小的楼梯，让人的思绪渐渐飘回了那个年代……

杭州曾为南宋首都，是著名《太平惠民和剂局方》（古代药典）发祥、颁发之地。朝廷旨办的太平惠民局分布在城区东西南北中五处，城内著名药铺数十家，药摊、药贩、药膳、药饮不计其数。在御街中段的保佑坊、太平坊、中瓦子、市西坊和猫儿桥一带最为集中。由此，历代名医辈出，名店迭起，名药更新，不局于一尊。

稍有名望的医家多自立门户，而一般职医者则多依附于中小药店应诊，名为"坐堂医生"。此外，也有边行医边卖药材的个体医生，靠祖传单方、验方行医配药为生，民间称为"草头郎中"，医和药分家更为明显，促进了此后较大规模的中药铺的不断开设，成为清代杭州国药发展的

■方回春堂店堂内宽敞高雅，楼阁高耸、雕饰精致，具有很高的艺术价值

重要特征。

走在如今的清河坊历史街区上，当年不少赫赫有名的中医药馆都设立在此，经过了百年甚至几百年的风雨沧桑，百转千回，他们就像一个个历史巨人，依然矗立不倒，向众人娓娓道来那不朽的历史传说；他们就像一块块活化石，等着后人为他们一一解密，向世人展示它那段美丽而又沧桑的荣耀史，那是历史的见证，更是自强不息的见证！

走入方回春堂的大堂，一股浓重的中药味道扑面而来，让人觉得是那样的苦涩却又如此的熟悉，古色古香的摆设、高大的青砖石门、木结构式的小楼、深长窄小的楼梯，让人的思绪渐渐飘回了那个年代……

■方回春堂现存建筑面积约为2500平方米，共有三进。它的建筑风格与清河坊“四拐角”一些西洋建筑形成鲜明反差，是典型的明清时期江南传统商业建筑。整个墙门沿南北轴线展开，大门处是一堵高大宏伟的青砖石库门山墙，上有砖雕匾额和花饰。除了高大气派的营业大厅，院内还有制药作坊、方氏主人住房等，现在已改为国医馆和休闲庭院。

方氏儿科　妙手回春

现开设在清河坊“四拐角”西侧的方回春堂国药号，创设于清顺治六年（1649），据传为钱塘名医方清怡（字再春）所创。再春含义为回春，故以“回春”为店名，以期“逢凶化吉，妙手回春”。方清怡出身于中医医药世家，精通药理，悉心研究明代万历年间杭城名医吴元溟的《痘科切要》、《儿科方要》，常以家传秘方研制丸药，使沉痈久病之人得以康复。方回春堂自创立之初，就严谨遵从古代良方，择料讲究，精选各省最好的药材，选工尽善尽美，煎虎鹿龟驴各种补胶，依法炮制各种丸散膏丹。尤其是家传的小儿回春丸，救助幼儿无数，更是名动天下，妇孺皆知，有不少故事传诵。方回春堂至今已有350多年的历史，是一家具有悠久历史和文化底蕴的百年老字号。

追溯其历史还得从方清怡说起。方氏出身于中医世家，十分精通药理，年轻时就跟随父亲学医，且特别擅长于儿科，以祖传秘方精制的小儿回春丸享誉当时的杭城。相传，方清怡尚在新宫河下住处行医时，有一日，两乘小轿在他家门口停下，从轿中走出一老一少两个妇人，老妇人手中怀抱着一个双目紧闭、发着高烧的男孩，跟在少妇后面。并由一老男仆和一小女仆陪同走进门来，少妇神情憔悴，十分紧张的模样，当时他们已经看了杭州的一些名医，吃了药，均未见效，后经人介绍，慕名前来请方清怡诊治。方通过望、问、闻、切及对小孩进行腹部的检查和触摸后，对少妇讲：“小孩是因为消化不良，加上受寒所致，只要好好调治，病会消除的。”随即开了一张小儿驱寒的方子，又给了七粒用蜜蜡封好的药丸，交代了服法。那个生病的孩子服了七天的汤药和药丸后，病消了，精神也好了，少妇一家甚是高兴。

创始人方清怡

■方清怡出身于中医医药世家，精通药理，悉心研究明代万历年间杭城名医吴元溟的《痘科切要》、《儿科方要》，常以家传秘方研制丸药，使沉痾久病之人得以康复。

■家传小儿回春丸秘方，救助幼儿无数，更是名动天下，妇孺皆知，有不少故事传诵。

再说这一家的主人，乃是钱塘县知县，生病的孩子是他的孙子。今见孙子病已消，甚是高兴，忙差人把方清怡请到府上面谢。至府上后，主宾相互客套了一番，随即知县取出五十两银子作为酬谢。方清怡早就听说知县为官廉正，于是婉言谢绝。然后知县问起此药丸何名，方说尚未取名，知县随即在书房的案桌上写了一张“妙手回春”横幅，并对方清怡说：“药丸就叫小儿回春丸吧。”药丸就此得名。

从此以后方清怡名声鹊起，前来求治小孩的病人越来越多，生意也日日渐好。只要有人问起找谁医治小孩的病时，老百姓都会不约而同地说：“当然是方清怡，找他看保证药到病除。”生意好了以后，人手及药材方面的配备都开始显得不足，常常只能顾及一两个病人，其他的病人却无法照顾到，长此下去会直接影响到生意。方氏便萌生开家药店的想法，一边医治病人一边做零售和批发以扩大营业。于是就选址清河坊，建造了方回春堂。开张后的方回春堂生意比以前更好了，大堂里进进出出，十分热闹，而方清怡亲自坐诊大堂为病人看病，不少的病人天一亮便来排队求医。

据传，有一天天刚亮，就有人前来敲门，同时还传来了阵阵哭声，正在熟睡中的方清怡听到后赶忙差人去开门，只见门口有一对夫妻，妻子手中怀抱着一个昏睡的孩子，只是那孩子面无血色、呼吸急促，夫妻俩跪在店门口恳求方清怡救救这孩子。方清怡二话不说，立即把这对夫妻请进了门，并对孩子进行全面诊断，然而孩子确实病得不轻，于是询问了孩子的发病原因，才知道，这户人家比较穷，前几天下大雨孩子淋湿了，当晚就发起高烧，可是由于无钱医治，只能在家熬着，过了三天病情不见好转反而加重了，万不得已才跑来求治。此时方清怡心里很清楚这孩子恐怕已经错过了医治的最佳时期。但是方清怡没有放弃，一边安慰这对年轻夫妇，一边加紧时间研制救小孩的药方，甚至推掉了前来求治的病人，在药房里苦苦思索，尝尽各种药材后，终于把药方配了出来，熬好药为孩子送服下

■“方回春堂”界碑已经默默地在这里矗立了350多年了，时间足以说明了它的价值和珍贵，它是“方回春堂”跌宕起伏、繁荣兴旺的见证，现已被列为杭州市文物保护单位。

■清末民初时的方回春堂

去，孩子苍白的脸色慢慢恢复了血气，呼吸也开始变得平缓。连续服用了两三天后，孩子的病竟然奇迹般地好了。这件事传出后顿时成为佳话，传遍了大街小巷。那对夫妻更是逢人就夸："多亏了方大夫啊，不然我家孩子就没的救了。"更有不少人慕名前来，只是为了目睹方清怡和他的方回春堂。有了好的名声和口碑后，方回春堂的发展一直很兴旺，成为晚清时期操纵杭城药材市场的六家大药铺（胡庆馀堂、叶种德堂、方回春堂、万承志堂、张同泰、泰山堂）之一。

神奇传说——回春古井

由于种种原因，方回春堂的大部分历史缺失掉了，而对此了解的人也甚少。我们只能从上辈的老人口中了解这段不为人知的冗长历史。现居住在杭州上城区的卢连芳老人，年逾古稀，他的小爷爷就是方回春堂的最后一任经理卢裕国，如今在方回春堂的门口有一块匾，正是卢连芳老人为方回春堂写的堂志。

据老人回忆，当时的方回春堂在这一带颇有名气，药店颇具规模，宏伟的青砖石库门墙和宽敞高雅的雕花大厅，大气富丽的中堂摆设和两厢和合柜台，展示了清代杭城大药店的独特建筑风格和特有的文化底蕴。老人比画着说："在方回春堂的店堂内，至今还保留着一口古井，传说的秘制小儿回春丸就是用此井水制成，十分的灵验、有效。"

相传，方回春堂在当时已是名声远播，不少远在千里之外的病人都到杭州找方氏看病，方氏一一热情接待治疗。这事传到了仙界，观音菩萨闻听凡界竟有如此神医，便化作一位衣衫褴褛的老人下凡来看看，经过几日观察，她发现方氏待人诚恳、医术高明，积德行善。于是在半夜的时候托梦给方氏，告诉他，以后用堂中的井水制小儿回春丸会有神奇的效果，然后便消失了。醒来后的方氏恍如还在梦中，半信半疑地来到井边，只见井中正冒着一股仙气，隐约透出清香，回想自己做的梦，方氏不敢怠慢，立即下跪，对天叩拜以谢天恩。随即，方氏吩咐下人以后用此井水制小儿回春丸。从此以后用此井水制成的小儿回春丸有着更加独特的疗效，成了方回春堂的招牌。

虽然这仅仅是个传说，但是表现出老百姓对于方回春堂的信任和美好祝愿。这口古井原来是在大厅中央的，后方回春堂推进了十几米，现此井

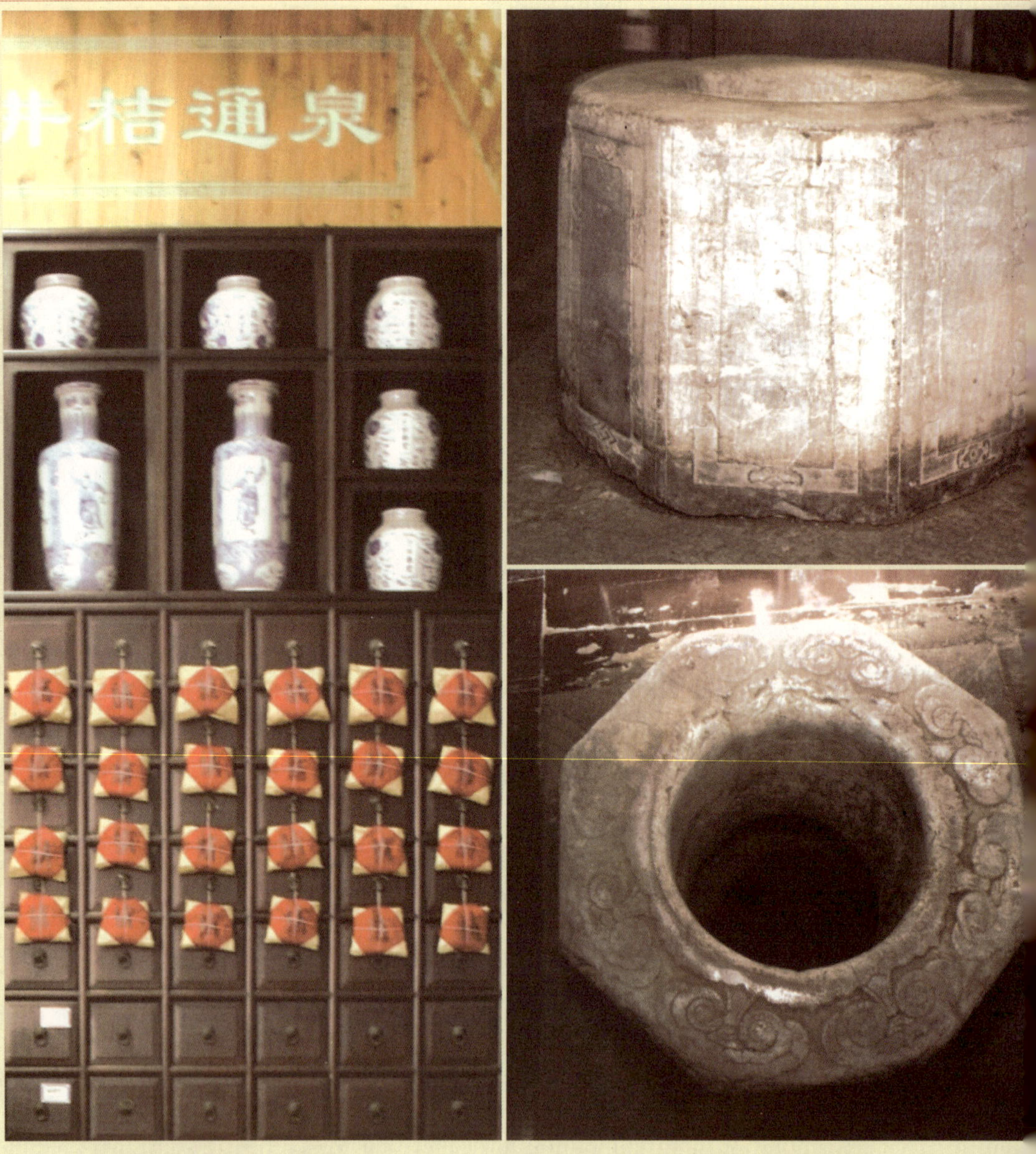

■回春古井原来是在大厅前的天井中，后由于几经道路的扩建以及房屋的修缮，古井现已在国医馆右边的柜台里面，保存还是完好。

在大厅右边的药材柜台下。许多当年的古迹历经三百多年，依然保存完好，不少的木建筑经过修改和加固延存至今，作为药房和办公用，不但全面地展示了当时中药房的建筑风格，还透露着深厚的文化韵味。

资料链接·方回春堂堂志

方回春堂

堂志

方回春堂国药号始创于清顺治六年（公元1649年）。故自立业之日起，悉遵古方精选各省道地药材，依法炮制门市饮片，虔修各类丸散膏丹，杜煎虎鹿龟驴诸胶，择料讲究，选工尽善，尤以秘制小儿回春丸，闻名杭城，老幼皆知，历时百余年矣。迨至民国初年，藉杭城修第一条中山柏油大马路之机，延请能工巧匠，建造恢宏石库墙门，构筑两进二厅雕花楼堂，屋宇深邃，装熠富丽，两厢和合柜台，展示老店气派。且所制丸散饮片，形质精美，气味俱佳，时与庆馀、种德、承志、同泰、泰山诸堂同称杭城药业"六大家"之美誉；与庆馀、种德在清河坊形成三足鼎立，竞争尤烈。是年店主人诚聘卢裕国为经理，杨树棠为账房头儿，调整经营策略，由发卖门市饮片丸散为重点，转为拆兑（批发）、零售并举，服务于本地及外埠顾客和中小药店。所置饮片、丸散、药材，照码七折八扣，深得客户信赖。至民国二十年（1931）销售额近10万元，居同业"六大家"之前列。继而又以拆兑（批发）带动门市，延请本省名老中医坐堂诊脉，重振门市声誉。直至1956年国家对私企实行社会主义改造后，作为批发商行一员并入国营批发企业。

如今政通人和，百业兴旺，重振清河坊古韵，实是今人之重任。为发扬老店这美誉，集资数百万人民币，整修方回春堂店屋，承先辈之仁德，创杭州方回春堂国医馆，冀期存心利济，以为后世之德。

公元贰零零壹年拾月谨志

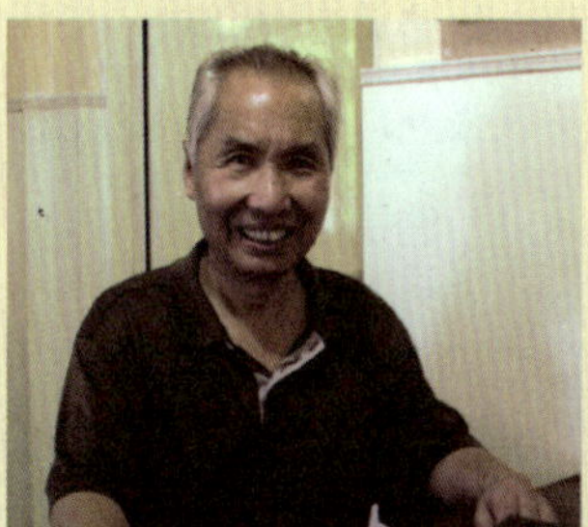

人物档案·堂志撰写人——卢连芳

■卢连芳，现年70多岁，宁波慈溪人，在杭州医药站工作至退休。他13岁时随家人来到杭州，从小在方回春堂玩耍。他的小爷爷是方回春堂最后一任经理，对方回春堂有着比较深的了解，他为我们讲述了许多方回春堂鲜为人知的故事。在方回春堂重新开张之际，他激动不已，满怀深情写下了方回春堂堂志，以传后人。

百年祖训　百年基业

清河坊原先称为竹斋街，自古便是繁华之地。河坊街新宫桥以东，是南宋时期宋高宗的寝宫——德寿宫遗址。南宋时被封为清河郡王的张俊住宅就在当时称之为御街的太平巷，故这一带被命名为清河坊。南宋时期，清河坊商铺林立，酒楼茶肆鳞次栉比，是杭城商贾云集之地。历经元、明、清及民国时期，直至建国初期，这一带仍是杭城商业繁华地带。杭州的百年老店，如王星记、张小泉、万隆火腿栈、胡庆馀堂、方回春堂、叶种德堂、保和堂、状元馆、王润兴、义源金店、景阳观、羊汤饭店等均集中在这一带，可谓是商贾云集、风云变幻之地。

方回春堂一直秉承“许可赚钱不许卖假”的祖训，深知卖药的人要靠自我约束，药店赚的都是良心钱。据说方氏立下这句祖训是有来历的。那时的方回春堂已深得民心，大家有小病小痛的都会跑去方回春堂抓点药熬服，因此生意十分红火，常常有不少药材都卖到缺货为止，使得前来购买的人有时只能败兴而归，或者转去他家购买。当时负责进货的是一位姓王的药师，看到此情景便动起了歪脑筋，心想：再怎样也不能便宜了别家。于是他托熟人运来了一批很次的药材，经过稍微加工整理便以次充好摆上了柜台。然而假的就是假的，纸是包不住火的。这批药材卖出去后很快就有人来反映药材的质量和疗效不好，有的甚至吃了后感觉很不舒服。这事传到了方氏的耳中，令他大为震怒，方回春堂从开张到现在还没出现过这样有损声誉的事，于是亲自出马彻查了此事。结果当然是负责进货的王药师被开除了，此外方氏还亲自上门向那些买到假药的顾客道歉，并把一批好的药材赠送给他们，得到了大家的谅解。这件事情以后，方氏就立下了延续至今的、深深铭刻在一代又一代的员工心中的“许可赚钱不许卖假”

方回春堂
方回春堂

史奎均 ●历史见证人之一

□著名中医

■史奎均的父亲史沛棠，当年与方回春堂有很深的渊源。当时史家开的中医诊所的中药药方全部到回春堂抓药，史沛棠也经常到回春堂坐堂为杭州市民看病。我们采访史奎均医生时，他说他从小就经常跟着父亲到回春堂，回春堂是他少年时期最有影响的记忆，他随父学医也是从回春堂起步，一生受益无穷。他也讲述了一些有关方回春堂的人和事。

的祖训，让他们清楚地认识到，即使赚钱也要赚良心钱，卖药要卖道地药，中药讲究的是纯正道地，是天赐地养的自然精华之物，只有真正的道地之药材才能对病症起到良好的效果。

此外，他们还十分重视对员工能力的培养，让每一个员工都知道要保持信誉，不仅要保证产品的质量，也要注重自身的素质和业务的提高，并由各个部门的老药工担任教师定期对员工进行培训。对于员工的奖惩及工作规章制度也有一套严格的方案，除了基本的工作制度外，还要求员工做到：顾客到店后要主动站立热情招待，绝对不能怠慢，哪怕是再挑剔的顾客也要耐心细致地服务；针对顾客的需求，介绍相应的中药产品，就算顾客没有选中需要的东西，也不能面露不高兴的神情，应以笑脸相送，期待顾客的下次光临；对于那些年老体弱、身有残疾不方便走动的人，坚持送药上门；对于那些生活贫困需要买药的病人，一律以最低的价格卖给他们，甚至有时还会免费提供。方回春堂这样做的目的就是要为自己、为顾客树立一个良好的形象，长此以往，自然赢得百姓信任。

产品质量的好坏，药材是否道地，是买家最为关心的。因此，方回春堂在丸散饮片的生产和制作上更是追求精细，雇佣了一批有经验的师傅来

王传骅 ●历史见证人之二

□回春堂退休员工

■在抗日战争胜利后（1945年末），王传骅来到方回春堂做伙计。王老回忆这是一段艰难的岁月，抗战刚结束，马上陷入内战，店里经营也很不正常，直到建国后才逐渐稳定。他一直做到公私合营后，并入杭州市医药站。王老对方回春堂有着特殊的情感，方回春堂重新开业那天，他还专程前往参观，他和我们娓娓说来很多有关方回春堂的事，讲了他在方回春堂那段令人难忘的岁月。最后他说："现在方回春堂的格局没有什么大变，基本保持了原来的风貌，这样很好，保持了传统和特色。"

管理药材的加工制作，那时候有专门的刀房用来切药，后院一大片都是晒场，用来晒干药材。中药材最讲究的是道地、纯正，一种中药材从种植的时间，到培养、采摘使用，都有严格的标准，有的甚至需要经过几年时间。拿最常见的中草药枸杞为例：枸杞喜冷凉的气候条件，适宜生长的温度白天为20℃－25℃，夜间10℃左右，喜光照；需经常保持土壤湿润，但不耐涝。播种前将枸杞干果放在水中浸泡1－2天，搓去果皮、果肉，在清水中漂洗出种子。捞出种子后晾干，然后与3份细沙拌匀，在室内20℃条件下催芽。而采摘的时间也是非常重要的一个环节，夏天采，子少肉厚，质量好；冬天采，子多肉薄，质量差。一项简单的枸杞种植就需要这么多苛刻的外部条件，可见要保证药材的道地和纯正是多么的不简单，需要花大量的时间和心血。然而这在一定程度上大大保证了药材的质量及药用价值。方回春堂做到了这一点，在药材上面做足了功夫，以"许可赚钱 不许卖假"的祖训树立起了方回春堂的百年历史。在20世纪的暴风雨般的环境中，方回春堂就像一株韧劲十足的草，"野火烧不尽，春风吹又生"。

方回春堂也很注重对中医药的研究和创新。据著名的中医学家史奎均回忆，他很小就跟随父亲史沛棠（中医名家）学医，在建国前就和方回春堂有很深的渊源。当时的史氏开了一家中医诊所，并且十分信任方回春堂，因此诊所所开的方子都拿到方回春堂去抓药，史奎均也经常随父前去方回春堂。有个名叫杨树堂的药师给他留下了深刻的印象。那时，每年过年史奎均的父亲都要带着他去杨树堂家吃饭，久了以后他便知道杨树堂是一个中药师，十分重视现代医学的发展和研究，而这项工作在当时是很少有人涉及的，研究的人也很少。而杨医师却看到了其潜在的发展，在方回春堂设了一个研究所，专门搞中西医相结合的现代医药研究，这在当时中医界是罕见的，而且经常与史沛棠及张石富（后任红会医院院长）共同探讨，并付诸实践，取得了不小的成果。特别是在丸药的制作方面，杨医生经过多次的实践，终于研制出如何使丸药在浸泡的过程中更好地提炼出有效的成分而不使丸药的药性减弱，大大提高了丸药的药用功效。

独辟蹊径　商机无限

对于方回春堂的“方”字，历来还是有些争议的。据了解，方回春堂并不是由方家人代代相传延续下来的，而是按照现在的流行说法聘用“职业经理人”。由于种种原因，后来成了几个人合股经营的药材店，以批发为主兼营零售。说到方回春堂的批发业可算是有特色的，在民国时期，方回春堂与大井巷的胡庆馀堂、中山中路上的叶种德堂“三足鼎立”，成为相互竞争的对手。但是方回春堂在资金和经营规模上又逊于庆馀堂和种德堂。据资料记载，在民国二十年（1931）时胡庆馀堂的资金为100000元，

■方回春堂当年就是用这些"航船"的人为他们来回传送杭州周边小药店需要的药材，而"航船"的人从中赚取一点佣金。这曾是方回春堂的经营特色之一。

叶种德堂为18000元，而方回春堂仅为7280元。该号上任的经理卢裕国于是另辟经营门路，聘用能人跑街，重点拓展本堂生产的丸散饮片的外埠生意，以“拆兑”（即自制饮片、丸散和中药材批给市内市外中小药店）为主，由于方回春堂批发的药材种类多、品种齐全，在当时就有1800多种，并且药材道地，因此远近闻名，周边一些小的药材店都到回春堂来采购药材。当时有一批俗称“航船”的人，所谓“航船”在当时是一种职业，经常来购买药材。那时周边有许多小的药材铺，由于是小本经营，学徒也没有，而来回一趟需要好几天，会耽误生意，因此只能委托那些“航船”的人为他们带回需要的药材，而“航船”的人从中赚取一点佣金。方回春堂靠这些人为他们带来了不少的生意。当时的方回春堂、张同泰和泰山堂同为药业的“三拆兑”。由于方回春堂的良好信誉及产品，其生意远远好于其他两家。

特别是那些聘请来跑街的人，其中有个叫叶滋茂的，特别能干，曾经为方回春堂带来不少的生意。当时中国正处于抗日战争时期，各方面的资源都很紧缺，特别是对于药品的需求更是大，前方战士受伤后都急需大量的药物用来治疗，而这给处于危机中的方回春堂带来了机会。当时以三墩为界，杭州处于日战区，而另一边以瓶窑为界，属于国战区，由于战事，双方都处于物资紧缺的状态中。而在双方的交战中很大一块地区属于“无人管辖”。在这里买卖货物不仅无人来管而且成本极低，转卖到战区后可以获得很大的利润。叶滋茂很快发现了这一商机，他到处跑关系，靠着自己的聪明和能说会道说服了当时负责药材进货的人，很快把药品送到了敌战区，及时填补了前线战士缺药的空白，同时也替方回春堂做成了一笔大生意。叶滋茂十分聪明，他看出了这其中的无限商机，后来自己投资开了一家参店，生意也十分红火。

历经风雨　坎坷崎岖

抗日战争爆发后，中国处于水深火热之中，老百姓过着颠沛流离的生活。由于长期的战争，日军在军事上无法速战速决，使其不得不利用占领区的物资来支持战争，达到“以战养战”的目的。当时，除了工业受损外，杭州的商业也日渐衰落，市面极度萧条。日本士兵更是街头巷尾乱窜，见钱见物拿了就走。方裕和南北货店在柳翠巷栈房内的货物和几千只火腿被抢劫一空。叶种德堂、庆馀堂圈养的数百只关鹿成了日本人腹中之物。

杭州中药业在民国时期颇为发达，有大中小药店百余家，杭州沦陷

■杭州中药业在民国前期颇为发达，有大中小药店百余家。抗日战争爆发后，杭州沦陷，各家药店的药品屡遭抢劫，杭州中药店铺为了抗议日本侵略中国，关门歇业集体罢市达三年之余。开市后，由于战乱不停，大多数只能惨淡经营，一片萧条，杭州市民的生活极其艰苦，这是当年日寇盘踞下的杭州市民的生活写照。（摄于20世纪30-40年代，图片/赵大川）

后，各家药店的药品屡遭抢劫，加上日本药商不平等竞争的影响，药店大多数只能惨淡经营。王传骅现已80多岁了，是方回春堂的老员工。“在那个兵荒马乱的年代，方回春堂生意虽然不好，但还能勉强维持生计。杭州沦陷后，最可怕的就是被抓到日本当劳工。当时我就差点被抓走。”老人眯着眼睛，回忆着当时差点被抓走的情景。杭州城里其他的大小药店，在杭城沦陷的最初几个月里，纷纷关门歇业。到了1938年四五月间，这些药店才重新开门，但都只有一两个学徒留守，原本门庭若市的场景不复存在。

抗日战争胜利后，王老回到了方回春堂。由于杭城中药业在抗战中受到严重的破坏，各家药店经历了很长一段时间的恢复，才慢慢有了生气，但是像叶种德堂，战时被迫停业，后虽复业，也仅能维持职工的最低生计。杭城中药业六大家之一的万承志堂，战后也没能东山再起。然而灾难没有就此结束，接踵而来的是四年的内战，这无疑给已满目疮痍的中药行业又添了一把火，让其更快地被毁灭。人民的生活还没有得到根本恢复，生产还处在停滞状态，而中国却即将陷入另一场生死浩劫之中。几乎所有的行业在这场战争中都被消耗殆尽，倒闭关门的不计其数，而中药行业也受到了重创，几乎都是闭门歇业，就连胡庆余堂也不得不关门躲避战乱。方回春堂此时陷入了自开业以来的最低谷，原本热闹兴旺的场面如今荡然无存，只留着几个学徒苦守着店门。

这种局面一直维持到新中国成立，当全国人民都以极高的热情投入到重建家园的生产中去时，中药行业也开始了新的发展。然而由于之前所受的创伤实在太重，方回春堂无力支撑如此大的一个药行，经过讨论最后决定缩减规模来维持经营。方回春堂以三万元的价格把清河坊的老房子卖给了上城区税务局，把大本营转移到了望仙桥一带（即如今的中山中路）继续进行药材批发的生意。尽管还和不少老主顾保持着往来，但是生意大不如前，资金的短缺使方回春堂无法正常地运转，常常是只能维持职工的基本生活，生意也是十分的清淡。苦苦维持了三年，在1956年公私合营的国有化运动中方回春堂并入了杭州医药站。至此历经三百多年风雨的方回春堂终于退出了历史舞台，暂时画上了句号。

回首这几百年的风风雨雨，在悠悠的历史长河中，个体的和整体的生命永远向着一个未知的终点随波前往。时间是一把无情的尺，既引领着我们一去不回头地走向终极，又残酷地提示我们时光永不回转。时钟的滴答声，是每一个新生命出世的破啼，也是每一个死亡的召唤。在生与死的交替之间，是生命的荣枯和文化的兴衰。一段历史的结束告示着另一段历史的开始，我们总是在这轮回中无休止地前进……

■方回春堂自开业以来，秉承诚信经营的信念，再次赢得了杭州市民的信赖，现在每天来方回春堂配制中药的人络绎不绝。方回春堂的中药道地、药性好，已经深入杭州市民的心中。350多年的品牌盛誉，“许可赚钱 不许卖假”的祖训，托起了方回春堂百年基业的辉煌。

留住历史　再创辉煌

新中国成立后，由于实行计划经济体制，经济建设也曾走了一段弯路。但改革开放以后，中国实行了以经济建设为中心的战略转移，经过二十多年的改革开放和发展，建立了初步的市场经济体系。由此，中华大地发生了翻天覆地的变化，各行各业也慢慢开始恢复生产，人民的生活水平

■站在大堂之中，那些古色古香的中药药柜摆设和高大的青砖石门，木结构式的小楼，深长窄小的楼梯，让人的思绪渐渐飘回了那个年代……

得到了根本提高，而一些老字号的企业也纷纷开始复兴和崛起，抢占市场，重新返回到历史的舞台。他们的回归，给正处在市场经济的工商业以巨大的反响。人们纷纷开始关注中华老字号的保护和发展，这个特殊的群体，代表的不仅仅是一个家族式企业的发展过程，更是一个民族商业文化的演变过程，具有不可忽视的民族文化深藏其中。

的确，历史留给我们太多值得去发掘和保护的物质和文化遗产，它们曾在中国千百年来的历史上留下过辉煌的印记，是华夏文明的组成部分，是我们宝贵的财富之一，作为中华儿女我们有义务把它们延续下去，并且发扬光大。

2001年10月，杭州方回春堂借清河坊历史街区重修之际，集资近千万元人民币，整缮原址店屋，重新开业。又一家百年老字号回到了它自己新的历史起点，开始了新的发展。

方回春堂目前拥有2500余平方米的建筑面积，完整地保留了原有的建筑风格，在布局上亦为典型的明清江南特色，现主要由三大部分构成，即国药馆、国医馆、人参馆。国医馆是省、市定点医疗机构，有诊室二十余间，上百年的红木、铁木家具，古老的诊室，透出中医的神秘气息，隐隐显示国医的博大精深。然而困难还是存在的，开业后的方回春堂，虽然有百年老字号的优势，但没有自己的医生，同时缺乏管理中医院的经验，一切都得从头做起。凭借机制优势，方回春堂严格遵循“许可赚钱 不许卖假”的百年堂训，本着三年内不想赚钱的思想，一个名医一个名医地请，一次不成两次，两年不成三年，有些名医整整请了三年，登门拜访前后不下十几次。很多到方回春堂坐诊的名医，都是最后被方回春堂的真诚打动，推掉其他的门诊时间，到这里来坐诊的。

方回春堂同时也很注重对药材的选购，道地、纯正，是重要标准，也是惟一标准。为此，方回春堂下足了工夫，从他们开的参号就可以略见一二了。在方回春堂的精品参馆里，珍藏着一支最近从长白山引进的具有百余年参龄的镇店山参王，其色金黄，芦长3厘米左右，略有扭曲如雁脖，芦上有密集的碗状疤痕，参龄年久由此可见。由于它的参龄有120多年，主根顶部宽而圆满，皮老呈灰黄色，外皮紧，有纵皱纹，质地坚实，是山参中佳品。70岁的杨其康是方回春堂专门从湖州请来的老中药师，他13岁起就在当地的中药馆参茸柜台做学徒，与参茸打了56年交道，深谙此道。杨药师现在专门负责方回春堂的参茸进货，平时也为顾客讲授一些人参真伪鉴别和服用知识。“方回春堂的每一支人参都要经过我的手。这些东北长白山产的地道人参拿来之前都有省、市药品检验所的质量保证书，但我还要挑选一下，有伤疤或锈疤的一律不准进店。说实话，有些参商都有点怕我。”杨其康说。

为了寻找好的野山参及药材，方回春堂常常派那些资深的药材专家和药师去东北等地实地勘察和购买，以保证野山参的纯正效果。沈春宇师傅就是负责进药材的专家，常年大江南北地奔波，就是为了能找到道地、纯正的中药材。据沈师傅介绍，记得有次他去东北的吉林省找药材商购买好的药材，那些药材商也是久闻方回春堂的大名，纷纷前来推荐自己的药材和野山参，沈师傅凭着其多年的经验，自然是一眼辨好坏。不少药材商都被他一一回绝。但是其中有个姓王的药材商拿来了几只野山参引起了沈师傅的注意，经过反复的验证，他知道这是上等的好货，决定购买了，但是那药材商随后向沈师傅提出了其他要求：这几只野山参可以以稍低的价格出售，但是必须搭上其他几只野山参，并且沈师傅从中还可以拿到好处费。沈师傅当然一眼就看出了其中的奥妙，其他几只野山参个头矮小，参须稀拉，年份明显不足，这显然是违背道义的，沈师傅很坚决地回绝了，

■充满传奇中国国药文化韵味的方回春堂人参馆，放着支支件件严格把关购入的人参、鹿茸、冬虫夏草、灵芝和 药酒等名贵药材，每天来参观的人络绎不绝。

那药材商不死心仍然花言巧语地游说，但是沈师傅还是不为心动。药材商见没有回旋的余地，只好怏怏地走了。尽管沈师傅很痛心那几只上好的野山参，但是出于自己的职业道德和良心，对药材质量的追求，对顾客的负责，他还是放弃了。等到药材进来后，方回春堂还要严把质量关，请来国家级中药师徐锡山负责药材质量的检验，凡有不符合规定的，一律退还并且不准上柜。

对方回春堂来说，请到了名医只是工作的第一步。在方回春堂，很多一辈子做医生的，都在这里真正感受到了被尊重的温暖。第二步，方回春堂引进先进的品牌营销理念，根据医生自身优势和病人就诊情况，分析医生特长，给医生重新进行市场定位，并进行科学的舆论引导，此举开了我省中医界的先河，对方回春堂的迅速崛起起到了四两拨千斤的作用。

除了调动名医、专家的积极性外，方回春堂把前来看病的患者放在首要地位，本着真心为病人服务的原则，实打实地处处为病人着想。几年来，方回春堂已经迅速成为杭州中医界美誉度上升最快、病人就诊人次增长最迅速、工作开展最具活力的中医界新生力量，直接推动了我省中医市场的良性竞争，为我省中医市场如何做得更强更大起到了很好的促进作用。

发扬传统　造福百姓

农历五月初五为端阳节，俗称“端午节”。相传爱国诗人屈原在这一天投汨罗江自尽，后人为纪念他，便用粽子投入江中作为祭品，同时家家户户挂钟馗像、插艾叶、吃粽子，小孩则在额头涂上“王”字，颈上挂香袋以图吉利。早在方清怡创业时就曾有为了报答百姓的信任和喜欢而在端

■开馆后，每年的农历五月初五端午节，方回春堂都要分发香袋等传统物件，有很多市民都是抱着小孩来领香袋，以图吉利。

會館

■杏林会馆是方回春堂国药馆设在杭州湖滨历史街区的会馆，这里不仅是医生休息的地方，也是邀请全国各行知名人士的活动场所。会馆面临西湖美景，湖光山色尽收眼底，方回春堂还不定期邀请全国的知名人士、学者和专家，在此谈医论道，共商方回春堂的兴旺发展之举……

■方回春堂每年冬季都要举行"腊八施粥"活动，每到此时河坊街上万人簇拥，排队品尝，场面热闹壮观，已成河坊街的一大盛事，也是杭州城的一大特色。右图为"腊八施粥"配料和熬粥用的铜质大锅。

午节为孩子们发放香袋的事。如今方回春堂传承民俗文化，在这一天为杭城的小伢儿们发放5000个香袋，让生活在现代的他们感受一下传统的民俗风韵。这些香袋按自家传统方法秘制，内有丁香、檀香、白芷、陈皮等数味道地中药材，具有驱虫除蛀、芳香醒脑等功效。

方回春堂一贯注重杭城传统习俗，每年冬季的"腊八施粥"活动万人拥簇，场面热闹，已成河坊街的一大盛事。施粥的那天一早，天才蒙蒙亮，不少老杭州们就早早地来到方回春堂，不久门口便排起了长队，还有不少人带着孩子一起过来，让他们也感受一下这一老传统、老风俗。更有些人专程从宁波等地赶来，为的就是品尝一下这杭州特有的腊八粥。最早的腊八粥用的是红豆，后来才变得丰盛起来。南宋周密在《武林旧事》里说，"用胡桃、松子、乳蕈（音xun，一种菌）、柿、栗之类作粥，谓之腊八粥"。现今的腊八粥多用糯米、红豆、枣子、花生、莲子、百合、桂

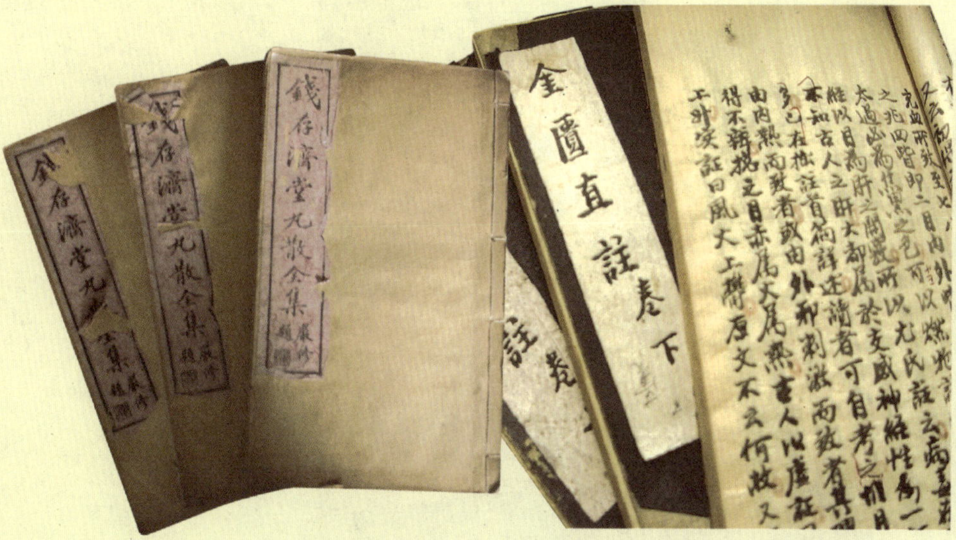

■方回春堂的名医家中都珍藏着这些古籍医书，他们从中吸取先人智慧的精华，造福于杭州市民

圆、蜜饯等煮成。方回春堂的腊八粥与众不同，一是用有百余年历史的黄铜锅来熬，粥会更香稠；二是在腊八粥里加了淮山药、茯苓、枸杞等中药材，使粥更具营养，滋补养生。

方回春堂始终遵循“许可赚钱 不许卖假”的祖训，以善待顾客、善待客商、善待员工为理念，加强企业自身的建设和发展，创造出具有方回春堂特色的中药文化，每年冬季举办的“方回春堂中医膏方节”和“方回春堂参茸节”享誉杭城。

顾客进店能免费喝上一口茶，是传统药铺的待客礼数。方回春堂的“礼数茶”注重保健功效，都是由老中医的经验方调制而成。如秋冬季的“决明子苦丁茶”是用炒决明子和苦丁茶等纯正中草药冲泡，具有清热降火、平肝明目、降血脂和降血压的功效，特别适合老年人服用；而春夏季的“六月神仙茶”则用六一散、青蒿、荷叶等组方，有清热解毒、利湿消

■“六月神仙茶”用六一散、青蒿、荷叶等组方，有清热解毒，利湿消暑的作用，老少皆宜。特别是每年的高温酷暑，更显“六月神仙茶”清凉健身的神奇效果

暑的作用，老少皆宜，特别是每年的高温酷暑，更显“六月神仙茶”清凉健身的神奇效果。

薪火相传　传承百年

走进如今的方回春堂，来往如织的人流映射出百年老店的魅力所在，依然是高高的中药柜台、老式的摆设，却是那样的吸引人。

中华民族自古就对中药有特殊的情结，中医是我们民族所特有的一种医术。现代医学非常发达，但是中药药效缓和、副作用少，经过数千年的医学实践证明确实有效。用中医药治病，不是“头痛医头，脚痛医脚”，而是把全身作为一个整体，综合治疗、全面解决问题，因此具有其特殊性。这也是为什么中药至今仍是治疗疾病的一个重要手段的原因，同时它在一定程度上体现了我国古代劳动人民的伟大智慧。

如今的方回春堂正尽自己最大的努力，维护着350多年的品牌盛誉，传承着中华民族的智慧结晶。350多年过去了，虽然方回春堂的掌门人已换了十多任，但方清怡老先生开创的诚信、行善传统却薪火相传。

“在方回春堂，生命得到最大的尊重，名医良方得到最大的敬重，真材实料得到最大的注重”，此乃方回春堂传承百年的行医济世之方略。

■2006年12月，在北京饭店由商务部再次重新认定杭州方回春堂国药馆有限公司为首批“中华老字号”，证书编号：11017。
■2007年，方回春堂被浙江省文化厅授予“浙江省非物质文化遗产”单位。

中华老字号 China Time-honored Brand

○创建于清·嘉庆五年（1800）○

张同泰

位于中山北路99号孩儿巷口的张同泰药店，曾是杭城六大药店之一，占地1400余平方米，经营中西成药、丸散膏丹、参燕银耳等1900余个品种。零售兼批发，代办邮购，附设中医门诊，盛极一时，以批发中药材为主，生意十分兴隆，在当时颇有名气。

张同泰这个有着两百余年历史的老药店，留下了一座有着悠久历史的老建筑和它的经营智慧。细数杭城的古文物建筑，除胡庆馀堂外，已经找不出保存如此完好的第二家了。

■20世纪20－30年代的平湖秋月（图片提供/赵大川）

艰苦创业 历经沧桑

说到张同泰，我们不得不追溯到它的创始人张梅。张梅出生于一个商人家庭，从小在父母身边，耳濡目染，培养了他商人的精明和管理能力，血液里流淌着宁波商人的气质。清嘉庆五年（1800），张梅怀揣着在宁波一带经商积蓄的五千两白银，只身来到杭州，在新宫桥河下开设了一家茂昌药号，由于经营有方，实力不断增长。五年后，他盘进在同春坊孩儿巷口的“沈同泰国药号”，易名“张同泰国药号”。初始的创业总是艰辛而漫长的，当时的中药业发展已经比较发达和完善，众多的中药铺在杭城兴起，零售、批发、坐堂看病……竞争十分激烈，想在此生存立足自然不是容易之事，如何走出具有自己特色的经营之路，更是困难。然而张梅发现杭城虽然药铺众多，但是大都以零售和坐堂看病为主，鲜有批发药材的，且在同春坊孩儿巷口这带，虽有零星的药铺，但是其规模都较小，且都以零售为主。如需大量药材的时候往往需要跑好多家药铺去进货，在还没先进的交通工具，仍需以人力为主的时代，这也是一件比较辛苦的事。而张同泰恰好抓住了这一机遇，盘下沈同泰后便开始了中药材的批发，俗称“拆兑”，同时也兼营零售。前店后厂式的经营模式给在当时背景下的张同泰带来了极大的方便。一些周边以及外埠的小药铺纷纷托“航船”的人去张同泰进药材、饮片。张梅独到的眼光和正确的经营模式，使张同泰在当时得到了一定的发展。

到了道光年间，张梅已经年迈，管理经营有点力不从心，便把他一手创办起来的张同泰药号传给了儿子张耐先，自己在家休养，但每日里还是习惯性地去药店走走。张耐先从小便跟着父亲在药店跑进跑出，亲眼看着父亲一步步把张同泰经营起来，对药店有着很深的感情。他饱读诗书，曾经中了举人，但为继承父业，让张同泰一直经营、兴盛下去，毅然放弃了仕途转而跟随父亲经商、学医。由于他天资聪颖、经营有道，张同泰的发展一直很顺利。到了咸丰初年，他又购地4亩多把张同泰扩建成杭城一流的大药铺，还在靴儿河下等地增开了益元参店，红极一时，可算是家喻户晓。

张同泰的第三代张舜伯、第四代张宏湘均善经营，使得药店不断得到发展。

至五世孙张鲁庵时，药店进行了大规模翻建，重建了石库门，门额上刻“万象”商标。“张同泰”店名三个金字凸显门楣，两旁均悬挂“张同泰道地药材”铜牌。据传此牌为张大千的老师曾熙之手迹。药铺按清代江南典型的传统药店布局，前店后坊。

经过几代人的努力，张同泰的规模越来越大。在抗日战争前，最多的时候员工达六十余人。

■民国时，张同泰药店内景。精雕细镂的梁柱，忙碌的顾客，可见当年生意兴隆的景象。

(摄于20世纪30年代，图片/赵大川)

民国二十六年（1937）抗日战争爆发后，杭州的医药业也受到了很大的影响。是年12月24日，日本侵略军占领杭州，开始大肆掠夺杭城资源。为了控制杭州的医药业，日本人准备成立所谓药店同业公会，强令各大药店加入。当时张同泰已经关门停止营业，日本人几次三番上门，威逼利诱张鲁庵出任公会会长，甚至以他妻儿的性命作为威胁。张鲁庵一边严辞拒绝，一边偷偷地准备，遣散了全部员工，并于某天半夜秘密带着家眷迁到浙西乡下避祸。自此张同泰关门三年，直到抗战后期，才又开始营业。由于在战争环境下，药店经营十分困难，暂时只做药材挤兑生意。为了支持抗日，张鲁庵好几次派人运送药材到前线支援抗日部队。

抗日战争结束后，颇有雄心的张鲁庵本想继续扩大张同泰的规模，并决定在上海十里洋场开设“张同泰上海分号”，甚至举家迁移至上海，打算大展鸿图。可遗憾的是，抗日战争结束后，国共两党和谈失败，解放战争随即爆发。在国统区，物质匮乏，物价飞涨，可想而知，在那个战火纷飞的时期，张同泰上海分号的发展也大受打击。张鲁庵实业报国的爱国之心，在这战乱纷纷的年代里，被现实击得粉碎。

■据传，张同泰创始人张梅在睡梦中时，仙人托梦于他：家兴旺必有镇店之宝，要得到镇店之宝，明天上午去药王庙。张梅醒来，觉得事有蹊跷，第二天一早循着梦中仙人的指示，来到杭城的药王庙。到了庙门口，果见一个和尚，手捧一药碗和药船。张梅一见此景，果然与梦中场景相同，于是便重金购回，作为镇店之宝一直传沿至今。“文革”之时，这两件古物从店内流落民间，由杭城胡先生收藏，今天重返张同泰国药号，并在大厅展示。

■清末民初，为发扬医德，秉承祖训，张同泰在当时同春坊孩儿巷口设摊行医，为过路行人求医问诊。（摄于20世纪30年代，图片提供/赵大川）

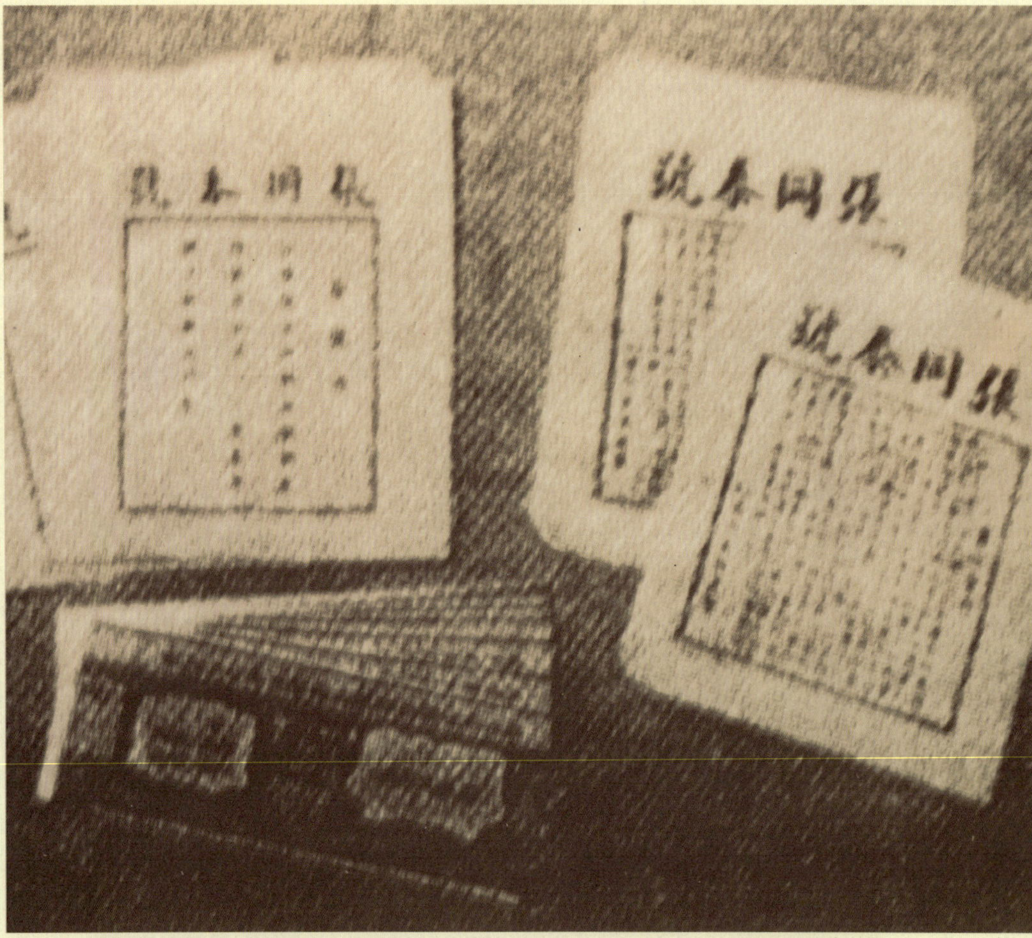

■张同泰旧时使用的包装纸。其使用的包装独具特色——一药一包，每一种药都有固定的包装，并在包装纸上标明此药的成分和特性，使用药者一目了然。

纵观张同泰药店两百年的经营史，家族历传五代。张梅创业，其子张耐仙读书中举，后为继父业弃仕经商，实为儒商。张舜伯（第三代）、张宏湘（第四代）均长袖善舞，经营有道，药店相继发扬光大，至五世孙张鲁庵时，药店逐步形成了以商崇文的转变，鲁庵志在舒展印谱、摩挲于印章之中，后来终究走了昌明文化的途径。

从创始人张梅开始到如今的张同泰国药号，整整两百年的历史，张同泰经历了数次的成功和失败。在其最为鼎盛的时候却遇到了连绵的战火，使得其停业两年，损失达三百万旧币，之后在1948年，金元券贬值，物价飞涨，企业难以为继，药品被一抢而空。建国后，1956年公私合营，同益堂、大生祥、孙泰和、美华等四店先后并入。1966年，“文化大革命”开始了，在破“四旧”的号召下，张同泰的匾额、铺面雕花等一些古迹都被查封，并更名为“春光药店”。直到80年代末，为了继承传统的经营特色，保护和充分利用好“老字号”的品牌，张同泰新掌门人对营业店堂按原貌进行了较大规模的修缮，并恢复沿用了“张同泰”原店名，一直经营至今。

同泰掌故　行善积德

关于张同泰的创始人张梅为何要开药号行医，还流传着一个小故事：张梅出生儒商家庭，自小身患怪症，父母带他遍访各地名医，均未治愈。一天，有位游方医僧突然造访张家，并当众夸口说自己的药丸能治好张梅的怪病，但要求张梅病愈后开家药铺行善积德、治病救人。张梅家人救儿心切，一口答应。于是游方医僧拿出一粒药丸让张梅服下。张梅服药后，顿觉神清气爽，病体已愈大半，等其回过神来准备叩谢恩人时，恩人却不见踪影，只留下两粒药丸和一张药方。张梅家人颇感事情蹊跷，便拿着物品去讨教术士。术士看后激动地说：“这真是你张家的造化，他是上天的药王菩萨下凡来救你孩儿性命的！”此后数天，张梅怪病痊愈，一家人便来到药王庙拜神还愿，大礼祭拜药王。出来时在庙门口遇见一位老者在卖古董，其中的一件物品引起了张梅的注意，随即上前询问老者此为何物，老者说：“这是南宋龙泉官窑烧制的碾钵，是药店用于碾药的器物，已有上百年的历史。不知先生是否想要，我在此地摆摊三日，无人问津，我看先生与我有缘，此物我分文不收，愿奉送先生。”张梅双手接过这件古物，连声道谢。据说用此碾钵碾制的药丸，格外灵验。此物后来成了张同

泰的镇店之宝。此后，张梅对岐黄之术愈发感兴趣了，一边熟读医书、刻苦钻研，一边积攒资本准备开店，这为他日后获得成功也奠定了一定的基础。

务尽其良　货真价实

“悉遵古法务尽其良，货真价实存心利济”，这副现在还挂在张同泰大堂最显眼处的对联，便是张同泰自创始人张梅开始一直留传下来的祖训。

张梅深知，药材的好坏、用药的精准关系着病人的身体健康乃至性命安危，同时也是药店信誉的保证和长久经营的基础，因此从开设药店之初，就亲自把关，务求药材“道地”，并严格要求店内的伙计诚信待客。后来张同泰的生意日益兴旺，规模扩大，张梅便专门聘请了一位经理来管理。有一次，经理匆忙之中把一批有点受潮的药材混在好的药材里卖给了一位客人，张梅得知后，亲自前往找到那位客人，追回所有的药材，把上好的药材补给他，并再三道歉。此事之后，为了让所有员工牢记“道地”和“诚信”，张梅亲笔写了“悉遵古法务尽其良，货真价实存心利济”的对联，作为店训，悬挂在店内最显眼的地方，一来为了警戒员工，二来也在无形中为张同泰做了宣传。

此后张同泰几代传人都恪守这条祖训，延续至今，成为张同泰经历风雨、发展壮大的经营理念，也是其一直以来大获人心、盛名不衰的缘由。

道地药材　悉遵古法

两百年来，张同泰国药号一直秉承“悉遵古法务尽其良，货真价实

■这幅老照片据考证是在民国初年拍摄的，照片展示了张同泰店铺经过大规模翻修后的景象。重建了石砌墙，上刻“万象”商标，悬“张同泰”镀金大字，大门两旁挂“张同泰道地药材”铜牌。（图片提供/赵大川）

■张同泰重修前店内柜台场景

存心利济"的祖训，十分注重药品的质量管理，严格把好每一道工序。

民国时期，张同泰与胡庆馀堂、叶种德堂、万承志堂、泰山堂、方回春堂并称药业"六大家"，彼此竞争十分激烈。在同行竞争中，张同泰不惜重资，精心采购各省道地药材，尤以药材产新旺季，经理亲自赴产地和本埠药行界，看样订货，择优选购，以求"品种齐全，质量道地"。中药饮片上柜，同行攀比严峻，张同泰以"货真价实，存心利济"取信于市。各种饮片悉遵古法炮制，按不同的药性规范，务尽其良，不得妄加增减。饮片贮藏，采用封闭、隔热、通风方法，一到霉季，轮番烘晒，对近期不用饮片，经干燥后，按药性要求分别装入缸、甏、箱之中，上灰密封，不使透气吸潮。

张同泰自制传统成药360余种，屡经效验，自成格局。虔制各色丸散

膏丹，坚持自产自销，从不转售其他厂店产品。

中药材讲究道地纯正，张同泰一直以此为标准，在药材的工艺和选材上力求完美，并把祖训立匾告诫员工，以此取信于市。

张同泰制作的丸散膏丹，以门销为主，兼营批发。其中以羊胆丸为著名，是杭城著名的老中医叶熙春提供验方，以羊胆、象贝为主料，对治疗肺结核病安全有效，产品行销全国，年销10万余瓶，受到当时百姓的欢迎。还有苏合香丸，每粒仅重一分，小而湿润，香气浓郁，即使在黄梅季节存放日久，也不长霉花。

尤其特别的是，在其著名的全鹿丸制作前，店中张灯结彩，遍告街坊；次日鸣锣击鼓，将鹿抬出，绕街一圈，然后将其缢死，剥皮放血，与当归、肉桂、补骨脂等原料拌匀，再制成大颗蜜丸。这样，一来在街邻面

■"悉遵古法务尽其良，货真价实存心利济"，这副现在还挂在张同泰大堂最显眼处的对联，便是张同泰自创始人张梅开始一直留传下来的祖训。下面是张同泰博物馆内收藏的部分珍贵展品，以供消费者前来参观。

前证明其货真价实；二来也扩大了药店的影响力，吸引了更多的顾客。

张同泰的另一种名药驴皮膏，也很受百姓欢迎。驴皮膏的制作工艺十分繁杂，需采办上等驴皮，上半年浸润刨毛，除去杂质，漂至秋时晒干收藏，立冬以后开炉煎胶。制药所用之水也十分要紧，直接影响膏药的药效，按祖传制法，需上好的自然泉水，以保持膏药的药力和效果。张同泰每年专程去西湖名泉白沙泉取水运回店中制药，此时雇请郊区农民十数人，成队挑西湖水，每副担桶用红漆写上“张同泰”字样，桶内浮有木牌一块，上书“胶水”两字，从湖滨码头涉水，到永福寺巷张同泰后门，全程三里。挑行时吆喝劳动号子，煊赫于市，引人注目。驴皮煎煮24小时后，将水胶倒出过滤，再用大铜锅文火收“老胶”，需68小时，然后倒入胶盘冷却，12小时后切成扁方块，各色荤胶，一律保存三年出售。

“道地”、“诚信”的古训，使得张同泰自创始以来便声誉极好，盛名不衰，深受杭城百姓喜爱。这也是张同泰在今天新的环境中能够重现昔日辉煌的内在根本。

张同泰不但自制药丸，还聘请名医坐堂看病，而且将这些心得体会和从中收集的资料整理编书，以留传后世。张同泰出版的书有《同泰养生方道》、《张同泰药方集》等，至今还有些在民间流传收藏。

资料链接·白沙泉

■从岳庙西边小径翻栖霞岭，过紫云洞下行，便可到白沙泉。白沙泉也是西湖名泉，白沙泉四周环境清幽，纤尘不染，市嚣不闻，而山水极佳，康有为曾亲笔题名“白沙泉”三字。白沙泉水清澈，可鉴人面，泉味甘冽，是沏茗饮用的上乘好水，也是张同泰药号制作阿胶季节的取水源。

以诚待客 经营有方

在药店的管理上，张同泰多年来也摸索出了一套系统的管理方法，其几代经营者均深知人才的重要性，重金聘请精明能干的经理和专业员工，以诚待客，形成了极好的声誉。

张同泰的药店倌（营业员）被尊称为“先生”，穿大衫马褂，神态自若，彬彬有礼，对外不直呼姓名，冠以“采仙芝”、“以济事”、“借圣道”等雅号。病家一张药方送上柜台，就视为“衣食父母”不敢怠慢。不论单方、验方、秘方或者名医独特医嘱，都能循规蹈矩、立即配给，颇为民间所传扬，远近咸知。在配方繁忙时，伙计往往误了午餐，“阿大”（经理）即刻派人送上小笼包，以示关心。撮药做到递减分秤，每种药味分帖附上说明书，对容易粘纸的三七粉、玉桂粉等还衬上乌金纸。

药店管理亦自有一套制度，职责分明，采取“三大仙”、“四柱子”、“八根档”管理形式。“三大仙”即指主任、饮片主任、药房主任；“四柱子”是谓拆兑主任、货房主任、丸散主任、饮片主任；“八根档”即谓刀房头儿，丸散二柜、饮片二柜、副账房、料房头儿、片子房头儿、细货房头儿、改制房头儿。

张同泰旧时店规森严，讲究大店风度，既要“和气生财”，又不落俗套。大宗买主进店，立即让座，递烟献茶，多由经理、主任陪座，有的还备酒待饭、店中留宿。内厅张贴红纸《店规》，规定：上柜时间，面朝顾客，两手轻搭柜台；顾客买药，先问病情，付药时交代主治、服法。不准自欺欺人，不准败坏风俗，不准酗酒吆喝，不准聚众赌博。晚上九点以后熄灯。经理时而回店查夜，如有违章，轻则教训，重则在端午、中秋、年三十时将其“回报生意”（即辞退）。因此，伙计视“三节”为“鬼门关”，自知有过错时，便将“包裹雨伞放在门角落头”，准备听候解雇。

秦招弟 ●历史见证人

□张同泰退休员工

■现年60多岁的秦招弟师傅，16岁就进入张同泰做学徒，一直在药店工作到退休。秦师傅的一生都与张同泰紧密相连，在几十年的工作时间里，目睹了张同泰的跌宕起伏。

16岁就进入张同泰做学徒，一直在药店工作到退休的秦招弟师傅，怀着深情回忆起难忘的岁月。

秦师傅1959年进入张同泰药店，是张同泰药店建国后招收的第一批学徒。张同泰药店很注意员工的职业道德和业务能力的培养，在职业道德上牢记祖训和以诚待客的风尚，在业务上采取一人一师傅的点式培养。秦师傅说："我进入药店后，被分配在参燕组，带我的是一个有着丰富经验的师傅，名叫叶邦桃。他带我时，从认药开始，每天认两种。到师傅认为合格，再记每味药的药性，将药放在嘴里，尝试药味，分辨是凉性还是热性；然后再是认药方，学习怎样按方抓配药材。当时我们一共有十多个年轻的小学徒，都认真地学习，为了尽快熟悉药材，都是早出晚归。后来我又调入中药组，带我的师傅叫俞运润，也是一位终生从事这个行业的老师傅。他们都有着良好的医德和精湛的业务能力。"

秦师傅的一生都与张同泰紧密相连，目睹了张同泰的跌宕起伏。

"我16岁那年第一次进入张同泰时，感到很威严，里面明清风格的建筑很气派，比现在要大得多，前厅是卖药的，后厅是批发的，还有一些很

■1965年药店改了名字叫做春光药店，“文革”的时候，有很多有价值的东西都在这次政治运动中被毁掉了，直到1988年才又恢复了张同泰的名号。
■从建国后直到改革开放，张同泰国药号有很多坐堂名医。周风春、陈雪华等著名老中医都曾在此为患者治病，吸引了众多求医问药者，也传下了许多绝门秘方。

（摄于20世纪70－80年代）

有成就的中药医师和药师。后面还有一个很大的后院作为养鹿的场地，还有仓库、种药的庭院，那里现在已经变成杭州医药站的宿舍楼了。1965年药店改了名字叫做春光药店，到‘文革’的时候，有很多有价值的东西都被毁掉了，直到1988年才又恢复了张同泰的名号。”

从建国后直到改革开放这段时间里，张同泰有许多坐堂名医。周风春、陈雪华等著名老中医都曾在此为病人把脉，不仅吸引了众多求医问药者，更是传下了许多秘方。

在20世纪60年代初，张同泰店中员工达到120多人，负责抓药的有近20人。由于生意兴隆，每天秦招弟和她的同事都不停地忙碌，往往从早上7点半一直工作到晚上11点半，直到最后一位客人拿到药，才会关门休息。

虽然生意兴旺，但那时候的张同泰，仍然延续着创立初始立下的“道地”、“诚信”宗旨，所提供的“道地药材”赢得人们信赖。秦师傅回忆说，那时候每到入冬时分，店内的名老中医必定为京剧名家盖叫天先生开一帖补方，店里细细抓来，再派人送到盖叫天家中，多年如此。

秦师傅印象十分深刻的，是店里为病人熬制“鲜竹沥”。鲜竹沥是清热解毒、去痰化咳的良药，但制作却十分麻烦。但若有病人需要此药，张同泰必会派人寻来新鲜毛竹，再通过蒸、煮、烤等工艺制作出来，专门送到病人家中。

张同泰有一味药叫“羊胆丸”，是一位名叫徐文达的老中医研发出来的。在当时，患上肺结核是无法医治的，只有等死，在世界范围内都没有良药可以治愈，直到欧洲出现抗生素后，才能根治其病。徐文达老中医当年凭着行医多年的经验和对中药的领悟，经过很多次的试验，终于研制成了羊胆丸，这是利用中药原理医治肺结核的一味好药，当年张同泰每天向

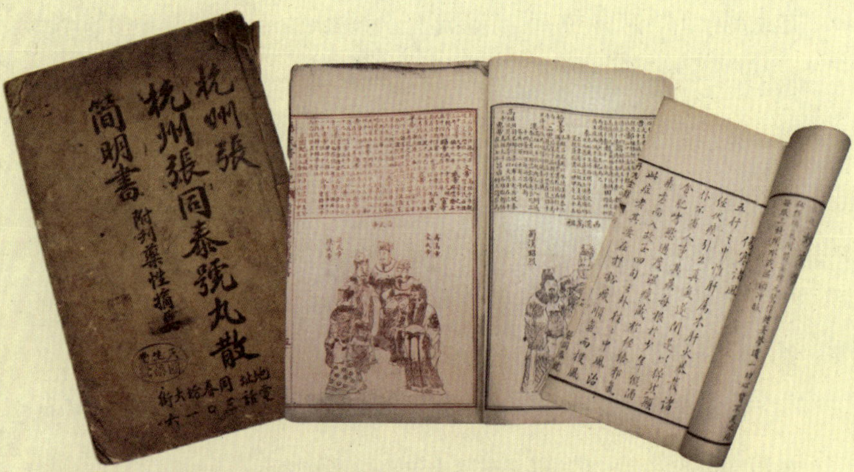

■这是后来张同泰国药号陆续找到的流散在民间的张同泰医书。

全国各地邮发的羊胆丸就有两、三辆三轮车的量。

制作羊胆丸很讲究，这味药用的羊胆，一定要是生活在青藏高原上的羊，而且羊胆要活取功效才好。当时张同泰就有一个药师常年在那里收购羊胆，采购回来后再进行泡制，还要加入其他名贵药材与其搭配，其他药材也要很道地，经过30多道手工工序，才能完成。

秦师傅说，记得是1962年，东北有一个肺结核病人，由于经济困难，耽误了治疗，已经在死亡的边缘。后来他的亲人不知从什么渠道打听到了杭州张同泰药号出产的羊胆丸治疗此病的特殊效果，就和药店联系。药店用航空托运寄去了羊胆丸。之后奇迹发生了，病人服用了羊胆丸后，身体居然渐渐地康复了，肺结核也治好了，张同泰的良药把他从死亡线上救了回来。这位病人痊愈后特地从东北赶到杭州张同泰药店，送上锦旗，以感谢张同泰的良医好药。秦师傅介绍说，张同泰还有许多独家的偏方、秘方，专门医治一些疑难杂症，具有很好的效果……

我们的采访快结束时，秦师傅笑着说："我现在也基本上会天天去张同泰一趟。我的青春都献给了张同泰，今天我看着张同泰的发展，感到由衷的高兴啊！"

人物传奇——儒商鲁庵

1910年，张梅的五世孙张鲁庵继业，此为张同泰生意兴隆的鼎盛时期。药店进行了大规模翻造，重建了石库墙门，门额上刻"万象"商标。"张同泰"店名三个金字凸显门楣，两旁均悬挂"张同泰道地药材"铜牌，据传此牌为张大千老师曾熙之手迹。药铺按清代江南典型的传统药店布局，前店后厂，十分气派。由于张鲁庵本身极好诗文篆刻，张同泰药店在他的影响下也逐渐发生了以商养文的嬗变。

张鲁庵，原名诚，字咀英，虽承父业但志风雅，工诗文，尤嗜篆刻。27岁师从赵叔儒，在继承传统的篆刻艺术中，尤喜邓石如，数载后，艺事精进，风格工秀隽雅。他精心研制的"鲁庵印泥"可与"潜泉印泥"媲美；所监制的刻刀亦被行家视为精品。鲁庵先生聪慧好学，精研篆艺，对

■这是张同泰药店当年用于上下楼之间递送药方、药材等的传送装置，利用滑轮原理，方便快捷，至今已有上百年的历史，也是目前杭城药店中唯一保存下来的一个。

■张鲁庵（1901—1962），浙江慈溪人。西泠印社社员。精篆刻又以善制印泥名驰遐迩。■其时北京有徐正庵者，亦善印泥著闻，两庵并峙，曾有“南张北徐”之雅誉。鲁庵先生癖嗜历代名家印谱，广收博集，积有四百余家，可谓集印谱之大成，颇少可与之抗衡者。

（摄于约20世纪50年代，图片提供/赵大川）

后辈也不吝指教、提携，在印学领域有较全面的才华，这在圈内是有口皆碑的。

张鲁庵是个爱国之士，本身极爱篆刻艺术，他看到在连年战乱中，很多珍贵的国宝都流落民间，甚至在战争中被外国侵略者搜刮掠夺，感到心痛不已。他不惜代价致力于搜集历代印章、印谱及有关资料，时称“海内第一家”，辑有《秦汉小私印选》、《鲁庵仿完白山人印谱》等多种印谱传世。

1959年秋，西泠印社处在恢复阶段，为庆祝建国十周年，印社决定举办古代书画展览，由张宗祥等七人组成筹委会，并委派韩登安、王树勋两人遍访浙、沪两地社员，商借书画展品。韩、王两人到上海走访的第一人

■2005年，杭州市政府投入大笔资金，坚持以旧修旧原则，完整地修缮了张同泰国药号的古建筑群，保持了历经200多年的风貌，经过修缮后的张同泰国药号已被杭州市人民政府列入市级文物保护单位。

就是张鲁庵。是年张鲁庵58岁，经历了沧桑变化的他，此时体质虚弱，面容清瘦，戴副阔边眼镜，蓄有短须，且嘴不离烟斗。对于百花齐放，繁荣民族文化，他感触颇多，并希望西泠印社能早日恢复活动，为振兴中国传统的印学艺术肩负担起时代重任。谈及印社需要商借、收集历代金石书画，为展览提供实物时，鲁庵先生颇为感慨，他快人快语地说：收藏的印章、印谱需要整理，并表示身后将全部捐赠给西泠印社。此后，鲁庵先生即尽心尽力整理藏品，准备捐献，不料命运乖蹇，就在庆祝西泠印社60周年筹备会议即将召开的时候，鲁庵先生过早地病逝了。遵其遗嘱，是年12月下旬，《人民日报》及浙江、上海等地省市报纸相继登载了西泠印社社员张鲁庵的家属遵照遗嘱，捐献历代印章1500余方、印谱493部的要闻。这是西泠印社自创社以来，所接受的最丰富、最珍贵的文化遗产之

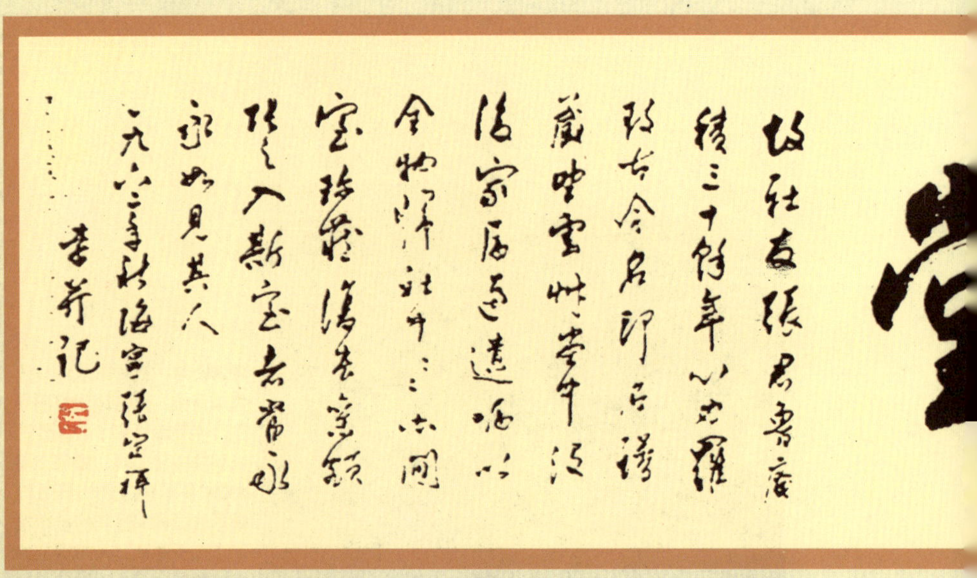

■西泠印社为了感念张鲁庵先生的无私奉献，特辟专室保存，斋名“望云草堂”，并由张宗祥先生书额和跋，以示永志。

一。西泠印社为了感念张鲁庵先生的无私奉献，特辟专室保存，斋名“望云草堂”，并由著名书法家、西泠印社社长张宗祥先生书额和跋，以示永志。杭州市政协副主席、中国美术学院博士生导师、西泠印社副社长、浙江书法家协会副主席陈振濂教授看了西泠印社的库房后说：“感触最深的是前辈张鲁庵先生捐献了这么多的印谱、印章，几乎占了藏品的大半，都是无偿捐赠的。他是建国前的一个富家子，搞收藏、做印泥，没有人像他那样收藏了490多部印谱，所以我在《中国印谱史图典》里写道，张鲁庵是印谱收藏的里程碑。”

张鲁庵经营张同泰国药号，为宏扬祖国中医药文化作出了贡献；张鲁庵以商养文，精研印艺，又为繁荣中华印学文化作出了贡献；在庆贺西泠印社百年华诞之际，人们对这位西泠前辈更充满了敬慕怀念之情。

二张结情　文坛佳话

与张同泰有着深厚渊源的，还有著名的国画大师张大千先生。

张大千是具有世界影响的国画大师。他在创作上的卓越成就，与他的渊博的学术修养、深厚的生活积累以及他广结师友、取长补短密不可分。除绘画艺术外，他对诗词、古文、戏剧、音乐以及书法、篆刻，无不涉猎。他先后与齐白石、徐悲鸿、黄宾虹等国内名家及外国大师毕加索交游切磋，艺术成就登峰造极，是20世纪国画中最具影响人物之一。张大千，名爰，又名季、季蝯，字大千，别号大千居士，或迳署“蜀人张大千”。

张大千幼年受擅长绘画的母亲和以画虎著称、自号“虎痴”的二哥张善子的熏陶指引，并从名师曾农髯（曾熙）、李梅庵学诗文、书法和绘画。除临摹历代名迹外，又遍游名山大川，以造化为师，经过刻苦钻研，获得了卓越的艺术成就。

張

■由张大千的师傅曾熙题写的“张同泰”，如今依然悬挂于张同泰正门。（上图）

■这张照片是原浙江省交通厅的干部蒋豫生先生于20世纪70年代末拍摄的张同泰的照片，当时虽然店名还没有恢复，但是遮住“张同泰”三字的招牌已经拿掉，张同泰的招牌还是那么的夺目。（左图）

当时颇有名望的张鲁庵，不仅是张同泰国药号的第五代传人，同时也是西冷印社的社员。张大千先生的深厚绘画功底和渊博的学问让张鲁庵十分佩服，两人结交为好友，经常探讨和研究绘画、篆刻的艺术。那时的张同泰正值大规模翻修，以全新的面貌展现出来。而张鲁庵最为关注的是“张同泰”这三个字该请哪位书法大家提笔，思来想去也没想好，便把这个问题告诉了张大千，谁知张大千听后立即说：此人非我老师曾熙莫属也！

曾熙，字嗣元，晚号农髯，湖南衡阳人，光绪二十九年（1903）进士，并主讲石鼓书院。1915年始于上海卖字，书法得夏承碑及张黑女神髓，与李瑞清齐名，并称 “南曾北李”。曾熙年六十始作画，自谓作画师万物，山水、松石，在程嘉燧、戴本孝之间，能用隶意笔意为之，不求形似，别有逸致。

张大千（1899—1983）

■名爰，又名季、季蝯，号大千居士，四川省内江市人，名噪中外的一代绘画大师。 张大千的艺术传统功力之深，技法画路之宽，题材风格之广，成就影响之大，实为世所罕见，被誉为一代绘画大师。他兼能书法、篆刻，对诗词、鉴赏、画史、画论亦有精湛的研究。他画荷花、海棠及工笔人物，独树一帜，俱臻妙境。他与齐白石齐名，有“南张北齐”之誉，被徐悲鸿誉为“五百年来第一人”。

■2005年，因道路扩建，经杭州市文保部门等单位批准，耗资300多万元，对张同泰的原貌进行大规模的修缮，全新改造后的张同泰分为国医馆、国药馆和养生馆，使张同泰国药号以国药、国医和养生三位一体，互为补充，互为连动地全面发展。

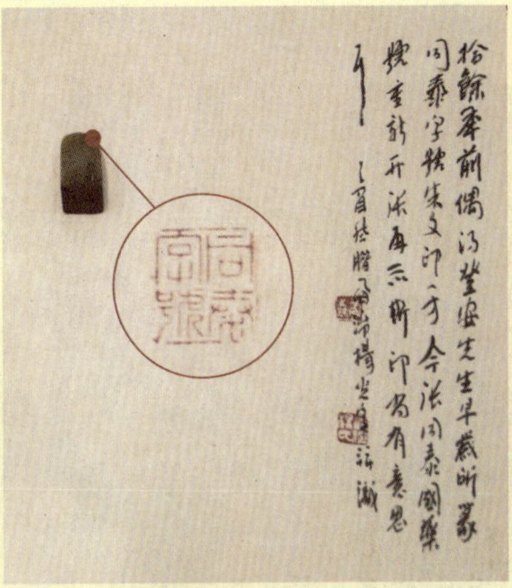

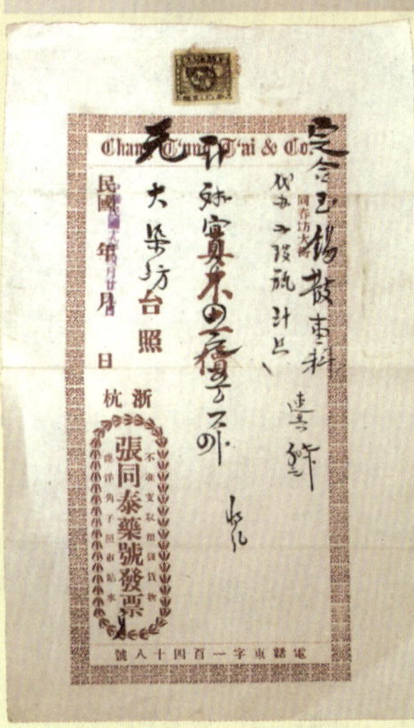

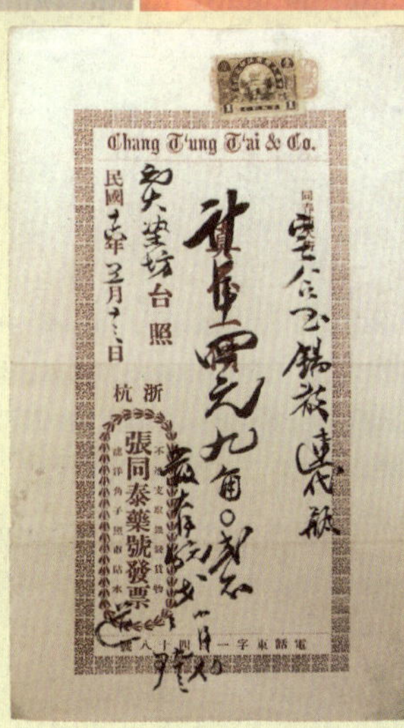

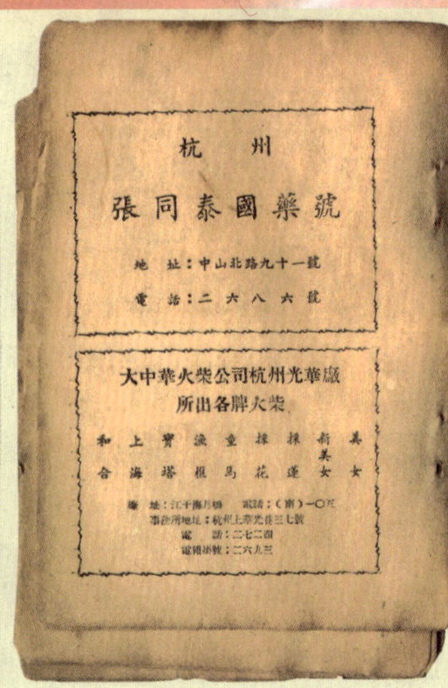

■有近百年历史的“同泰药号”珍贵印章，是由张同泰第五代传人张鲁庵请著名篆刻大师韩登安先生所刻。（上左）

■珍奇的张同泰锡管眼药小而精致，以至要看清上面的字不得不用放大镜，其正面印有“杭州张同泰”，反面印有“赛空青眼药”。透过这套稀罕的锡管眼药品，可见当年的张同泰国药号对产品精益求精的精神。这也是杭城老的国药号中罕见的珍品，由杭州市民王振耀收藏。（上右）

■在征集过程中找到的张同泰民国时期的发票及广告。（下图）

同泰基业　熠熠生辉

如今悬挂在张同泰国药号正门的“张同泰”的金字招牌出自曾熙先生之手笔，大气而富有神韵，笔力雄厚，经过百年的历史依然散发着其独特的魅力，安静地屹立在喧嚣的都市之中。

■2006年3月25日，张同泰国药号创建200周年之际，修缮一新的张同泰国药号再次复馆开张。（上图）
■重新开馆的张同泰国药号，人头涌动，前来看病、抓药的人络绎不绝。（下图）

2006年,是张同泰开店200周年的纪念之年。作为旧时杭城六大药店之一的张同泰，经历了两百年的沧桑，特别是近几十年来的动荡变故后，与胡庆馀堂、叶种德堂、方回春堂等相比较，已渐处劣势，到20世纪90年代末，更是到了低谷。值得庆幸的是，张同泰200周年大庆之时，在杭州市政府领导的关心支持下，张同泰迎来了焕发新生的契机。2005年，因道路扩建，经市文保部门等单位批准，耗资300多万元，对张同泰的原貌进行了大规模的修缮，全新改造后的张同泰分为国医馆、国药馆和养生馆。

如今的张同泰正在一步步朝着良好的方向发展，前进的每一步都是在进行着张同泰百年老字号品牌的深度挖掘。两百多年的沧桑岁月，一路走来，张同泰历经了兴衰浮沉，也见证了历史的动荡曲折，不变的是它“道地”、“诚信”的古训，是它积淀了信誉和辉煌的金字招牌，和那静静伫立在岁月河流中的石库门墙。然而，要怎样使张同泰在新的时代环境中重拾昔日的辉煌，则需要现代经营者们更多的探索和努力。

历史注定张同泰不会远离人们的视线，相反，随着张同泰品牌的复兴，将逐步唤醒人们心中尘封的记忆，让那块满载两百多年声誉的金字招牌再次熠熠生辉。

■2006年12月，在北京饭店由商务部再次重新认定杭州华东大药房连锁有限公司·张同泰国药号为首批“中华老字号”，证书编号：11024。

■位于杭州中山中路49号的叶种德堂，已经有200年的历史

○创建于清·嘉庆十三年（1808）○

叶种德堂

杭州叶种德堂国药号始创于清嘉庆十三年（1808），为杭州规模最大的药店之一，并自制丸散膏丹，是经营道地药材的一家国药老字号，也是杭州国药六大家之一，现隶属于杭州胡庆馀堂集团有限公司。

叶谱山——叶种德堂创始人

创号种德　行医济世

叶种德堂创始人叶谱山，系浙江宁波慈溪人。当时任职刑部,素来精通药理,对中药有着一定的研究,经常在民间广泛采集药方、验方，选药十分的慎重、道地，讲究精诚修合。离职后悬牌行医，声誉渐著，择杭城望仙桥直街购建房产，占地七亩多，创建叶种德堂国药号。叶种德堂与胡庆馀堂、万承志堂、张同泰、泰山堂、方回春堂并称为杭城“六大家”。

药铺取北宋诗人苏东坡《种德亭》诗“名随市人隐，德与佳木长”意，以期宣扬乐行善事，不期名利风气，并以“刘仙”为记，店内中堂挂“刘海戏金蟾”画，店后设工场，按古方、宫廷秘方及祖传验方，精制多种丸散膏丹及药酒，药效甚佳，求医撮药者甚多。

■叶种德堂店后设工场，按古方、宫廷秘方及祖传验方，精制多种丸散膏丹及药酒，药效甚佳，求医撮药者甚多。

杭州老字号系列丛书 医药篇

■沉寂了约半个世纪的叶种德堂，经胡庆馀堂斥资1000万修复旧貌，重现富丽堂皇。

叶种德堂进料严格，炮制精心，中药材越做越精良，名气日益增大，其所制丸、散、膏、丹和虎、鹿、龟、驴胶等高档补品畅销全国，受到百姓的欢迎和肯定。叶种德堂一直坚守堂规和道德，从不欺瞒顾客，药材道地，分量充足，在顾客中建立起了良好的信誉，成为当时杭城国药业中老店之翘楚。

叶谱山之后，由其子叶筱兰继承药铺。叶筱兰精心规划，力图扩充业务，陆续增设丸散膏丹成药专柜，并派专人跑到东北添购大量的关鹿进行圈养，又在店后布置花圃，培养各种药用动植物，以选取道地中药材。当时关鹿属于珍贵动物，南方更是罕见，因此轰动远近，前来参观的老百姓和购药的人络绎不绝，尤其在春秋香市旺季，更为兴盛。

民间佳话　药号度厄

叶谱山怀着一颗仁慈的济世之心，每每遇到身患疾病却又无钱医治的穷人，常常慷慨施助，因此没过几年，已是远近闻名，受人尊敬。

民间传闻当时的叶种德堂不知何故几

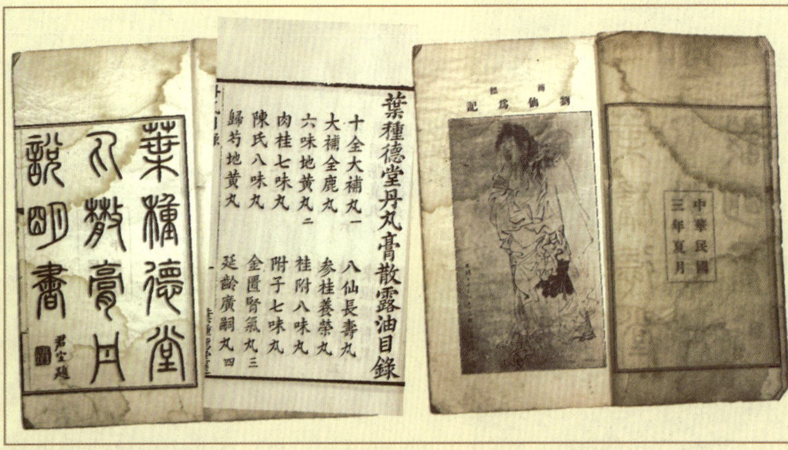

■叶种德堂国药馆内藏书——丹丸膏散露油和其他药书。

次差点遭到火灾的厄运。有天晚上风大雨疾，路上行人也甚少，家家户户避而不出，突然听闻有人喊叫："快来救火，叶种德堂着火了！"周围街坊听后纷纷赶去救火。这时，只见一道光照亮"种德"二字，风势突然变小，只见周围俱已烧尽，惟独只剩下这块招牌得以巍然独存，此事在民间传开，至今仍被传为佳话。

由盛转衰　老店更新

种德堂自创设以后，虽迭经沧桑变乱，由于该店经营坚守医药道德信誉，对药材精心拣选，并根据古方博采医家实验而修合丸散成药，因此能平安稳度，信誉远著，营业历久不衰。

光绪年间，叶谱山第四代孙叶鸿年负责经营，这时种德堂已成为杭州国药老店之翘楚，基础稳固，资力雄厚，叶鸿年便安然自得，不再在业务上求发展，但图名求荣，广交官府，挥霍巨金。在他经管仅数年间，先后

■修缮一新的叶种德堂的回廊，步入店堂里仿佛又回到了那个时代。

■叶种德堂国药馆的膏方节每年都要举行，许多杭州市民都会慕名前来。

花去近10万资金，以致店内资金空虚、周转失灵，面临倒闭之境。由此宗族股东责难纷纭，叶鸿年被迫离店回乡。而后由股东决定，聘请沈吉庆为经理。此人精明干练，接手以后，兴利除弊，勉维残局。自沈吉庆任经理后，店务虽略趋稳定，但终因家底空虚，且时局多变，欲图恢复当年的盛况，已属无望。

民国初年，改由毛松林任经理。由于资金短缺，不能大量引购珍贵药品，无力竞争。虽属名牌老店，也只能维持一般业务。1926年，北伐战争以后，改由陈新福任经理，并由族人叶本生任总会计，掌握店内财权。但终因外强内虚，开支庞大，积年累月，负债累累，形成难以支撑的局面。

民国二十二年（1933），当时叶家最大的老四房一系，又分成六房，此时叶鸿年已故，本族房户之间情况极为复杂，望仙桥一带地段，亦渐趋冷落，业务缩小，当时全店职工共有百余人，开支浩大，向各钱庄长期贷款，无法还清。嗣后杭市各钱庄组成债权团，催逼欠款；同时所欠宁波各钱庄债款，亦催索甚急，因此逼使叶家只得将店里全部资财，招人投资出盘，抵还债款。

当时杭州总商会会长王芗泉鉴于叶种德堂系名牌老店，基础巩固，信誉久著，如能充实资金，前途大有可为，因此由他发起征集新股向叶姓受盘。新股集资约二十余万元，余姚大户张谷香投资占百分之四十。此后叶种德堂由过去的叶姓独资变为合伙经营，并成立董事会，推选王芗泉为董事长、张谷香等为董事，聘请原湖墅天禄堂药店经理柴梅生为经理。当时因望仙桥直街原店所在地段，已不能适应市场地区转变的新形势，因此在清河坊另置基地，临街建筑新址。从民国二十三年（1934）开始，费时近两年，占地数亩，耗资将近十万元建成新店，内场仍设有鹿舍，饲养部分关鹿，供人参观。

民国二十五年（1936），新屋落成，即将望仙桥直街旧店搬入，先行交易，择吉开张。望仙桥原店房则改为仓库和制药工场，大批关鹿及有关药用动植物，仍在原地养殖。新址开业后，因地处清河坊闹市，又为南区及浙赣沿线以及宁绍等地区进入杭城的要道，因此营业量不断上升，日趋兴盛，每逢香市，更显拥挤。

妥善经营　严格管理

叶种德堂从叶谱山创始到他的第四代孙叶鸿年时期，历由店主掌权，但均为熟悉医药的内行。叶鸿年在嵊县（今嵊州）逢春堂药号当过三年学徒，颇有经验。自叶鸿年以后，才由经理掌权总揽店务。由于业务不断扩大，部门繁多，当时全店员工共有百余人，在旧社会，这样大的商店组织，确不多见。叶种德堂由于多年的经营实践，形成了一套严格的组织和经营管理制度，全店组成十五个专业部门，如饮片部、丸散部、参燕部、配制部等，每部门人数多则十余人，少则二三人。各部均有主管人员（通称头儿）负责，在冬季煎胶繁忙时节，各部门均可抽调人员协作，并添雇临时工帮忙。职工待遇除固定工资外，膳宿均由店里供应，并每月发月规费补贴零用，每次分配“花红”，均由经理按级别名次及各种繁简分配，因此职工生活安定，均能守职尽责，这也符合生产责任制和奖励先进的科学原则。

除以上各部门外，还设有“瞭高先生”一职，其权力可以监督各部门，检查仓库，监督领料配制。除领料外，一般员工平时均不能随便进入细货房内，门市各部专柜，均有“头柜”负责管理一切，“头柜”不在时，“瞭高先生”亦常临察看柜上情况。各专柜均有专职会计，另有总会计负责掌管全店财务出入。旧时商业规定，每年正月初三，为新进和辞退职工之期，对于辞退职工，店主和经理均须事先征询“头柜”和各专业部“头儿”意见后，才作出留与辞的最后决定。

屡经变乱　重现旧貌

1937年，抗日战争爆发，杭城各业相继停顿，居民大批逃亡。在战争紧张阶段，杭州几乎成为空城，叶种德堂被迫停业，全店近百职工，均遣散回籍，仅留两人看守店屋。不久杭州沦陷，店内所养关鹿大小两百余头，尽被日寇屠杀，幸店屋未遭毁损。1938年下半年，杭城情势略告稳

■杭州市民在叶种德堂国药馆大厅等候配药和看病。

定，各业商店逼于生计，陆续恢复营业。叶种德堂经理柴梅生亦回杭，职工回店不及十人。由于市上缺医少药，柴梅生决定先行开门复业，但因资源缺乏，业务甚差，以后虽略有好转，亦仅能维持在店职工的最低生活。

抗战胜利后，各股东陆续回杭，决定重振旗鼓，增添资金，并采购大批关鹿，使业务逐步恢复到战前水平。但由于时局混乱，国民党法币一再贬值，物价飞涨，特别在伪金元券瘫痪时期，每日店门一开，即人流拥挤，抢购各种名贵药材，以致供不应求，又面临重重困难。直到杭州解放后，才逐渐有所好转。

1956年，叶种德堂经过公私合营，在清河坊原店门市部继续营业，柴梅生仍任私方经理；1958年经市中药公司决定并入胡庆馀堂国药号。

21世纪初，沉寂了约半个世纪的老字号叶种德堂，经胡庆余堂斥资1000万修复旧貌，重现当年富丽堂皇之景象，继续行医济世，造福百姓。

■清·同治十三年（1874）胡雪岩在杭州吴山脚下创办胡庆馀堂药局，现为全国重点文物保护单位、国家非物质文化遗产保护单位。

○创建于清·同治十三年（1874）○

胡庆馀堂

一个企业有一个企业的收藏；当一个老字号企业穿越了历史的时空，她所寓意的不仅是昔日的辉煌，更是一份厚重的收藏。

创建于1874年的胡庆馀堂，跨过了两个世纪的门槛，她的建筑、她的产业，以及她自身积蕴而成的文化，都孕育着岁月的痕迹和时代的脉搏；正是这份罕见的收藏，为一种行将消逝的文化传统提供了独特的见证。

慧眼起家　创业药号

12世纪初叶，宋室南渡，建都临安，杭州成了“古代药典”的发祥之地。

公元1874年（清同治十三年），一代豪商胡雪岩斥资十八万两白银，特邀京、杭两地著名建筑师尹芝、魏实甫等人精心设计建造了一座别具一格的徽式建筑药铺，地点就选在商业繁华的河坊街，以及上城隍山进香农民必经之路的大井巷。按照常规，店铺营业店堂应与顾客直接见面，但精明干练的胡雪岩却不这样想，而是独辟蹊径。大门筑起“神农氏”青砖高墙，一进门，跃然入目是四个金光灿灿的镏金大字：“进内交易”，近看字字凹进，不愧是能工巧匠之作。整座建筑宛入“仙鹤栖息”在吴山脚下，进大门经过“鹤首”门庭拐角拾级而上，转入“鹤颈”长廊，抬头仰望八角石洞门上青砖雕出“高入云”三字，犹如登入仙境，右侧壁挂着38块中药介绍牌。长廊末端是座四角亭，四周挂着古色古香的宫灯，木梁上浮雕众多人物花卉，神态栩栩如生。亭下一排“美人靠”供顾客小憩。右侧大门上高悬“药局”横额，这是沿袭了南宋时在杭州建立的我国最早国家制药管理机构——太平惠民和剂药局的名称。全凭着胡雪岩红顶商人的特殊地位，经过清政府默许，才挂上这块全国绝无仅有的“药局”匾额，故也可称胡庆馀堂药局。

■胡雪岩在事业如日中天之际，斥巨资兴建药局，不是为经济利益，而是为了实现“兼济天下”的理想

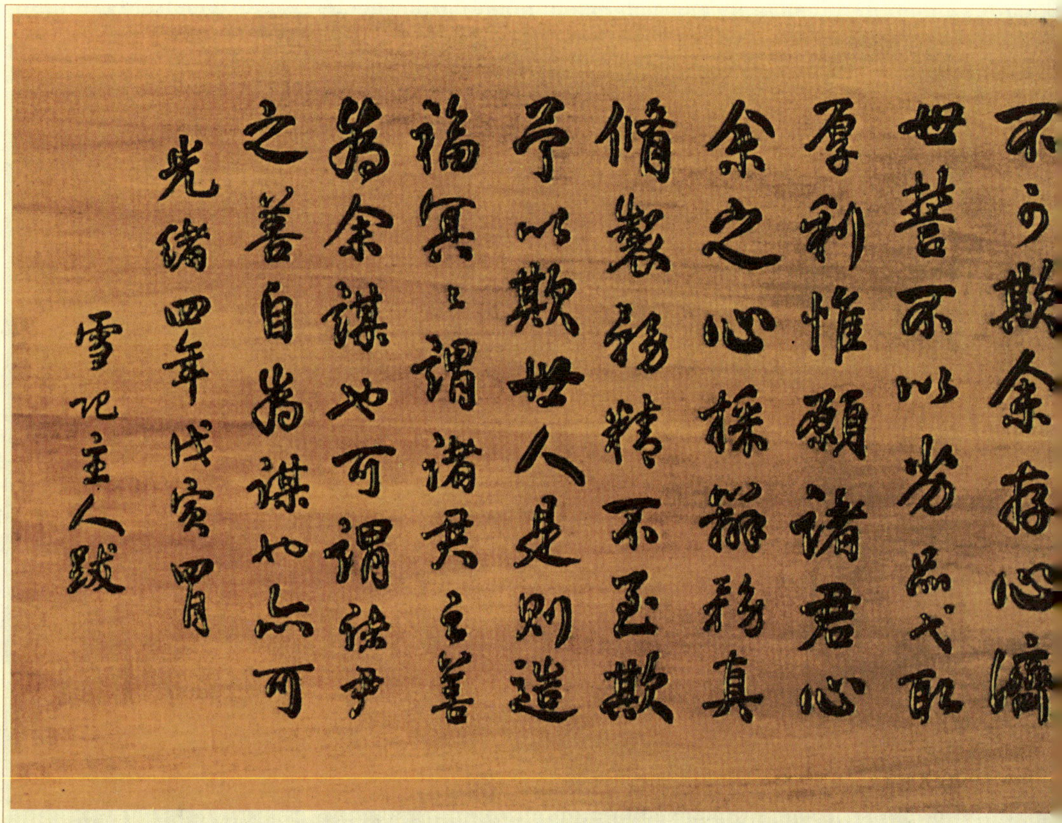

悬匾戒欺　祖训流芳

胡雪岩虽初涉药业，却出手不凡，无论是店堂设计还是店内装潢，都让人耳目一新。这里，堂堂有匾，柱柱有联，高雅脱俗，别具一格。二大门背面，上刻“是乃仁术”四字，这是他开店的宗旨，意思说药业是普济众生的事业。大厅两侧挂有：“益寿引年长生集庆，兼收并蓄待用有馀”及“庆云在霄甘露被野，馀粮访禹本草师农”两副对联。不难看出，两副对联中都暗嵌了“庆馀”二字，一在联首一在联尾。旁则又有“七闽奇珍古称天宝，元霜捣臼玉杵奇功”对联，说明名药的艰辛采集和精细加工的过程。“真不二价”的匾额，既展示了店主的自信，也是对顾客作出的信

■《戒欺匾》是胡雪岩留存世上的惟一墨宝，他亲自跋文告诫经理：“凡百贸易，均着不得欺字，药业关系性命，尤为万不可欺……”胡庆馀堂历久弥新的神奇答案尽在其中。

誉承诺。这所有的牌匾、对联都是供顾客观赏的，一律朝外悬挂着。然而，有一块匾却与众不同，它面朝里挂，不为顾客所知。那么，这是一块什么样的匾呢？

这块匾额，上书“戒欺”二字，笔力非凡，却朝里而挂，面向药房和经理室。有人问胡雪岩为何如此？胡雪岩道：“药业关系性命，万不可欺。余存心济世，誓不以劣品谋厚利，要每一职工都明此理，抬头即见此二字。”听者无不感叹；胡雪岩又在店堂内设了一只大香炉，名“焚药炉”，平时供顾客点吸旱烟，如顾客发现不满意的药品，均投炉焚烧，另换新药。一次，有位香客来买避瘟丹，他闻药后觉得气味不正，皱起了眉头。刚好被胡雪岩看到，当即向顾客道歉，并将药扔进炉中，避瘟丹恰好卖完脱货，胡雪岩知顾客路远，留他住下，保证三天将药赶制出来，他还亲自款待顾客，向他了解当地情况。三天后顾客拿到赶制的新药，得知接待他的就是大名鼎鼎的胡大老板，感激涕零，他回乡后便四处宣传胡庆馀堂买药不欺客，一时传为美谈。

《戒欺匾》是胡雪岩留存世上的惟一墨宝，他亲自跋文告诫经理："凡百贸易，均着不得欺字，药业关系性命，尤为万不可欺……"胡庆馀堂历久弥新的神奇答案尽在其中。

采办务真　修制务精

一百多年来，"采办务真，修制务精"的教诲深深地印刻在每一个员工的心底。中药讲究的是道地，天赐地与的自然之物，因道地的不同，药效会大相径庭。那何谓"道地"呢？

中医历来讲究药材的来路。清代名医吴鞠通在其所著的《吴鞠通医案》中，记载了这样一个故事：在治疗一位水肿病人时他发现，所用的药方非常对证，配伍恰当，疗效却总是不佳。仔细检查后发现是由于药方中的桂枝质量不佳。于是他求购产于岭南的上好桂枝，患者再服此方剂，很快就痊愈了。由此可见道地药材与一般药材的差异。

从古到今，但凡正规的中药店，都会派人到特定的地区去采购药材。道地药材最通俗的理解，就是指特定产区的优质正品药材，例如东北长白山的人参、宁夏的枸杞、四川的黄连，等等。在某种意义上，道地药材代表着药材的优异品质，也就是药材中的名牌了。

还有一些药材，因为产地在同一"道"而被人们起了新的名字，例如

■老照片真实记录了当年胡庆馀堂作坊式的传统制药工场。

四大怀药是指古代怀庆府地区（今河南武陵、沁阳等地）出产的地黄、山药、牛膝、菊花这四味中药。类似的还有浙八味：玄参、麦冬、白术、浙贝母、延胡索、白芍、郁金、杭白菊。

道地药材一词最早可见于明代后期汤显祖所著的戏剧《牡丹亭》中，但这一概念却早已有之。由于我国的自然地理条件十分复杂，植物种类繁多，为了保证用药有效、安全，避免错用、误用药物，古代医家经过长期观察比较和临床实践，逐渐建立了道地药材这一概念。其中，“道”是古代中国相当于现代省区一级的行政区划单位，“地”是“道”以下的具体产地。这种提法一直延续到今天，并且成了一个不可分割的名词术语。

为什么道地药材与其他产地的药材在功效上会有差异？

任何生物的生长、发育和繁殖，都与其生活环境密切相关，特定的生态环境条件是道地药材形成的重要外因。植物如果对某一特定的生态环境

药局 · 鲁(参) 劳 高 · 本 草 師 纂(篆)

■轩昂、肃穆的药店大堂，常年生意兴隆，顾客如流。这张摄于1940年的店员合影，冯根生的父亲也在其中。

能够很好地适应，就会产生获得性遗传的种内变异，从而产生品质差异。我国地跨寒温带、温带、亚热带和热带，不同地域的地形、土壤、水分、气温、光照和生物分布等生态环境各不相同，甚至差别很大，从而造成了某些种属相同的药材，因为生长环境的不同，最终品质也有高低。因此，药材的道地一直以来都被认为是鉴别药材好坏的重要标准之一。

悬壶济世　传奇一方

金铲银锅　江南药王胡庆馀堂有一套制药工具——金铲银锅。这套工具足足用了133克（十六两制）黄金和1835克（十六两制）白银打制，被药界同仁奉为“国宝”。相传，胡庆馀堂生产一种叫“局方紫金丹”的镇惊通窍良药，原先用的是铁铲铁锅，药效一直不够理想，常常有顾客前来退货，大大影响了药店的声誉。胡雪岩邀请了杭城众多名医、药家前来研究，查过配方，均找不出个中原因。为此事，胡雪岩心急火燎，彻夜难眠。有一天，他顿觉胸闷难受，便早早地睡了。晚上，他做了个奇怪的梦，梦见从墙角窜出一对猫鼠来，只见那猫全身雪白，好像是银子铸成，那老鼠浑身金光，像是黄金打就。这金鼠银猫，一个在前面逃，一个在后面追，不知怎么一来，竟全都窜进了胡雪岩的口中，吓得他从梦里惊醒过来。这时，他觉得神清气爽，胸口也不闷了，回过头来他细细一琢磨，便悟出了其中道理。原来大凡惊厥痰迷病人多是受了风邪，而金银可以避邪压惊。第二天，胡雪岩马上派人请来工匠，用金银制造了一套金铲银锅，用来煎熬“局方紫金丹”，果然药效大大提高，深受病家欢迎，从此胡庆馀堂的声誉也越来越好了。

钱江义渡　过去，钱江南北没有码头，自从胡雪岩办了义渡之后，才有了码头。有年秋天，胡雪岩办事去萧山，过江的时候，渡船上人很

■关于金铲银锅的来历，还有一种说法：局方紫金丹是一味镇惊通窍的急救药，胡雪岩着手研制，投入不少名贵药材，却均效果欠佳，无一对策。有一位老药工，欲言又止，胡雪岩见状虚心讨教，老药工怵怵而言，他祖父相传，做紫金丹须用金铲银锅。胡雪岩当场拍板，遂召金银巧匠耗黄金133克，白银1835克，打成金铲银锅，现被列为国家一级文物、中药第一国宝。其实物存放在"胡庆馀堂中药博物馆"。

挤。胡雪岩一不小心，把一个孩子拎着的竹篮给撞翻了，篮里的豆腐全部泼在船头上。那小孩拉住胡雪岩的衣服，哭着要他赔钱。胡雪岩边安慰小孩边从衣袋中摸出一小块银子交到小孩手中。小孩说："先生，不用这么多，只要六文钱足矣。"可胡雪岩身边没有零钱，正在犯愁，这时身后有个人说："先生如有不便，我可借于先生。"胡雪岩回头一看，原来是个小叫化子。胡雪岩便笑嘻嘻地接过了钱，交给小孩，然后写了张借据递给小叫化子，说："借条上有我的地址，请你随时来我家做客。"月圆转缺，月缺又圆，一晃数年，胡雪岩早把这件事忘得干干净净了。原来这个小叫

■这是在过去沟通杭州与萧山的钱塘江边的浙江第一码头。（图片提供/赵大川）

化子名叫俞小毛，是萧山西兴人。他长大以后，到杭州做了船匠陈三九的徒弟。小毛机灵好学，师徒俩感情很好，后来就娶了师傅的女儿秀娥为妻。有一天，秀娥在整理丈夫的衣箱时，发现了一张只有六文钱的借据，借钱的竟是大名鼎鼎的胡雪岩老板，觉得很奇怪。俞小毛就把故事的原委讲给妻子听。秀娥听说大老板向小叫化子借钱，乐得哈哈大笑。夫妻两人嘻嘻哈哈的谈笑声，被隔壁邻居陈老汉听到了。陈老汉当过钱店倌，他看了借据说："这张借条用处很大，你快去找胡雪岩，如此如此，看他怎么说。"这一天，俞小毛带了借据去见胡老板，胡雪岩正在账房间和协理们商量店务，见到俞小毛的借据，陡地想起了数年前在钱塘江渡船上的一幕，就对账房先生说："请你把本息一起算给他。"账房一看借据，上面写着："借钱六文，本息隔日加倍奉还。"就拉起算盘哗哗卜卜地拨了起来，算到第三十天上，已经是六十四亿四千二百四十四万五千八百二十四文。账房先生吓了一跳，就把胡雪岩拉过一旁，悄悄耳语说："这笔账不好算，恐怕把庆馀堂盘给他还不够呢！"胡雪岩大吃一惊，眉头紧皱，陷入沉思。俞小毛见状急忙说道，胡老板，账不用算了。今天我特地来交还借据，顺便求你一件事：钱塘江的渡船太小了，来往行人非常不便，能否请胡老板慷慨出资，多造几条船……"胡雪岩听到这里，眼睛一亮，连声说："好，好！我来办个义渡，一切开支归我支付。"小毛连声说："胡老板，谢谢你，我为大家谢谢你了。"说完，趁胡雪岩点火吸烟时，拿过借据烧了。从此义渡兴办以来，钱江两岸从未发生有覆舟死亡事件，胡雪岩这一善举深得人心，后人立碑为记。

积善行德　一代儒商

咸丰十一年（1861）初夏的一天上午，骄阳似火。一条街上走着一位中年人，他中等的个子，长挂脸，尖下巴，浓眉，细长眼睛，厚实的上唇上方，蓄有"一"字形整齐、漆黑的唇髭。他身着黑色长袍，腰身笔直，步履轻盈。这人就是后来成为历史上著名红顶商人的胡雪岩。

胡雪岩，原名胡光墉，祖籍安徽绩溪。从小随父在杭州，聪明好学，靠自学而粗通文墨。到了当学徒的年龄，经亲戚介绍进了阜康钱庄。三年满师，升为跑街，放钱收款，工作十分辛苦。清政府腐败统治，卖官鬻爵，有钱便能得官，无钱有才的人则只能穷困潦倒。胡雪岩认识的王有龄［清福建侯官，福州人，字雪轩。初以捐纳为浙江盐大使，后擢知县，任职于慈溪、鄞县（今宁波）等县。咸丰七年（1857），奉委"整顿上海捐务"，新增捐银约共一百零六万两，升江苏按察使］就是如此。王有龄满

■胡雪岩（1823－1885），名光墉，字雪岩，大名鼎鼎的晚清红顶商人。虽然其已作古一个多世纪，但随着市场经济及旅游业的发展，他的发迹和经营之道，仍对现代商者不无学习与借鉴之处。

腹经纶，却只能穷愁潦倒。胡雪岩自己也只是个穷跑街，勉强温饱，无力资助。这天胡雪岩代钱庄收回500两银子的贷款，就借给王有龄作上京谋官之用。他相信王有龄既诚实，又有才干。老板见胡雪岩将钱借给穷书生，大为恼火，要他立下字据，若王有龄到期不还，要他赔偿。不到半年，王有龄得官归来，而且官运亨通，升到浙江粮台总办，不仅还了银子，而且支持胡雪岩自办新的阜康钱庄。胡雪岩起家，成了老板，杭州商界也到处传扬他慧眼识英才。

胡雪岩开办胡庆馀堂药店的动机至今仍是个谜。据民间流传：胡妾患病，派家人去叶种德堂撮药，带回后发现药已发霉，就派下人去调换，却被叶种德堂的伙计拒绝，并且反讥："要好的药除非你家胡大先生自己去开家药铺。"胡雪岩知后一怒之下，便斗气开了胡庆馀堂，这便是所谓的

人物链接

◎左宗棠（1812—1885），字季高，一字朴存，号上农人，湖南湘阴人。晚清军政重臣，湘军统帅之一，洋务派重要首领。1832年（道光十二年）中举。后三次会试不中，遂绝意考场，潜心专研舆地、兵法。为人多智略，性狂傲。1861年太平军攻克杭州后，由曾国藩疏荐任浙江巡抚，督办军务。1885年病故于福州。著有《楚军营制》（附条规），其奏稿、文牍等辑为《左文襄公全集》。

■光绪四年（1878），左宗棠会陕西巡抚谭中麟在《道员胡光墉请破格奖叙片》的奏折中说："胡光墉之功，实有不可没者"，"破格优奖，赏穿黄马褂"。被赏布政使衔，从二品文官顶戴。按当时的官阶，布政使官仅次于巡抚官衔之下。于是胡雪岩黄马褂加身的殊荣，显赫一时，也就有了"红顶商人"的美名。此物保存在胡庆馀堂中药博物馆中。

"一怒创堂"的传说。但民间传说毕竟不符合历史事实。据胡雪岩曾孙、上海文史研究馆馆员胡亚光在《安定遗闻》中介绍："贼退，公以疮痍满目，惨不忍睹，乃设难民局以安插之，立掩埋局以清理之，安闾阎则练商团以保卫之，救疫疠则施丹药以消弭之……"左宗棠曾寄胡雪岩之信云："师人多病，尊处所寄丸散，希再配寄一份，以便分布。飞龙夺命丹尤为合用，须多见付为要。"又据《活财神胡雪岩之死》一文记载：当洪杨之乱（太平天国运动），死亡惨重，以致疫疠盛行，胡动恻隐之心，便邀请若干著名中医，商量处方，配制红灵丹、辟瘟丹、诸葛行军散等，送呈曾国藩、左宗棠军中，为行军间署令要制，以其成分精粹颇著奇效，外界人

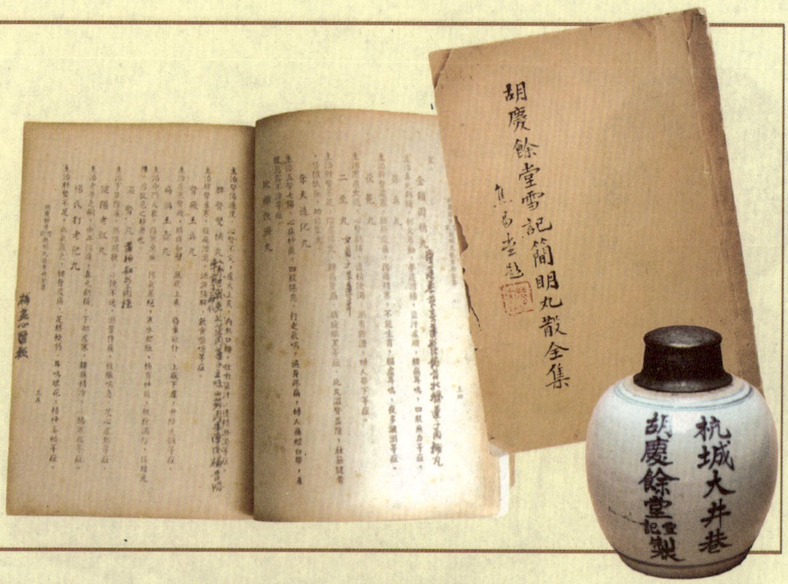

■胡庆馀堂一边卖药一边也很注重名医药方的整理和积累，开业以来，其出的经典药书较多，至今还在发挥着作用，为后人留下了丰富宝贵的经验。

士商购的很多，因此他动了脑筋，于1874年，在杭州直吉祥巷九间头开设胡庆馀堂药铺。胡雪岩施送痧药十余年名声大噪，各地农村上门索药者甚众，而军营中需要量也越来越大，小作坊已无法满足索药者的需要，只有自开大药铺才能省事。其实胡雪岩早有这番雄心。古人云：“穷则独善其身，达则兼济天下”，何不趁此机会开设一家药铺。胡雪岩乃远近闻名的大孝子，他在豪宅中专门为其母（一品诰命夫人）建造了一座佛堂，正在沉思之际，他忽然想起了佛堂中的一副对联：“积善之家，必有馀庆”。便在佛堂自言自语：“有了，不妨取个馀庆堂吧。”胡老夫人在旁听了说：“万万不可，馀庆堂是南宋奸臣秦桧堂名，取了日后被人唾骂。”胡雪岩听了觉得颇有道理，便说：“就恭请母亲取名吧。”“那就叫庆馀堂吧。”胡母脱口而出。“好，好，好，庆馀堂好，既有积善馀庆之意，

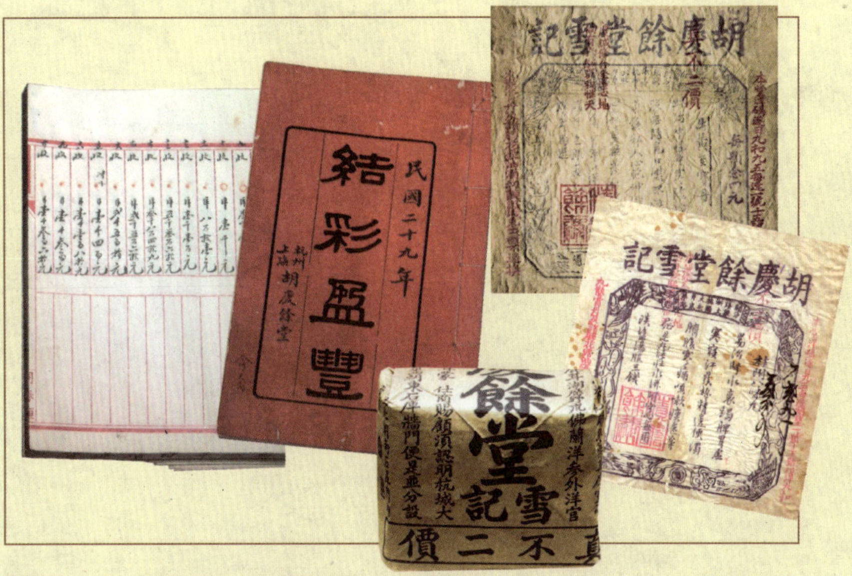

■民国二十年，胡庆馀堂的全体股东的帐本——结彩盈丰。
■胡庆馀堂的药方和包装纸上都有店规堂训——真不二价，也体现当年庆馀堂的经营之道。

又有衍续承庆堂的含义。”胡雪岩连声说了三个好，从此在包装纸和药方上印上了庆馀堂雪记的名字。左宗棠西征，曾委派胡雪岩为上海采运局，替左宗棠筹集军饷，采办武器。胡母笃信佛教，经常教训胡雪岩为人处事要行善积德。胡雪岩虽然是个孝子，但为了事业却不得违母行事，为弥补不孝之名，行善积德，济众博施，开药店是最大的善事，所以萌发了胡雪岩开办胡庆馀堂的缘由。说起“庆馀堂”的招牌还有一段小插曲：店名取好后，胡雪岩想请哪位书法家来题写呢，忽然他想到了秦桧。杭州城里提起秦桧，无人不晓。他是南宋陷害岳飞的奸臣，不过秦桧人品虽然不好，却是一个大书法家。胡雪岩将原来秦相府的“馀庆堂”手迹倒过来为“庆馀堂”所用，除了欣赏秦桧的字外，还隐含从反面利用秦桧的“名人效应”的因素，也可以说是胡雪岩得意的一则广告创意。

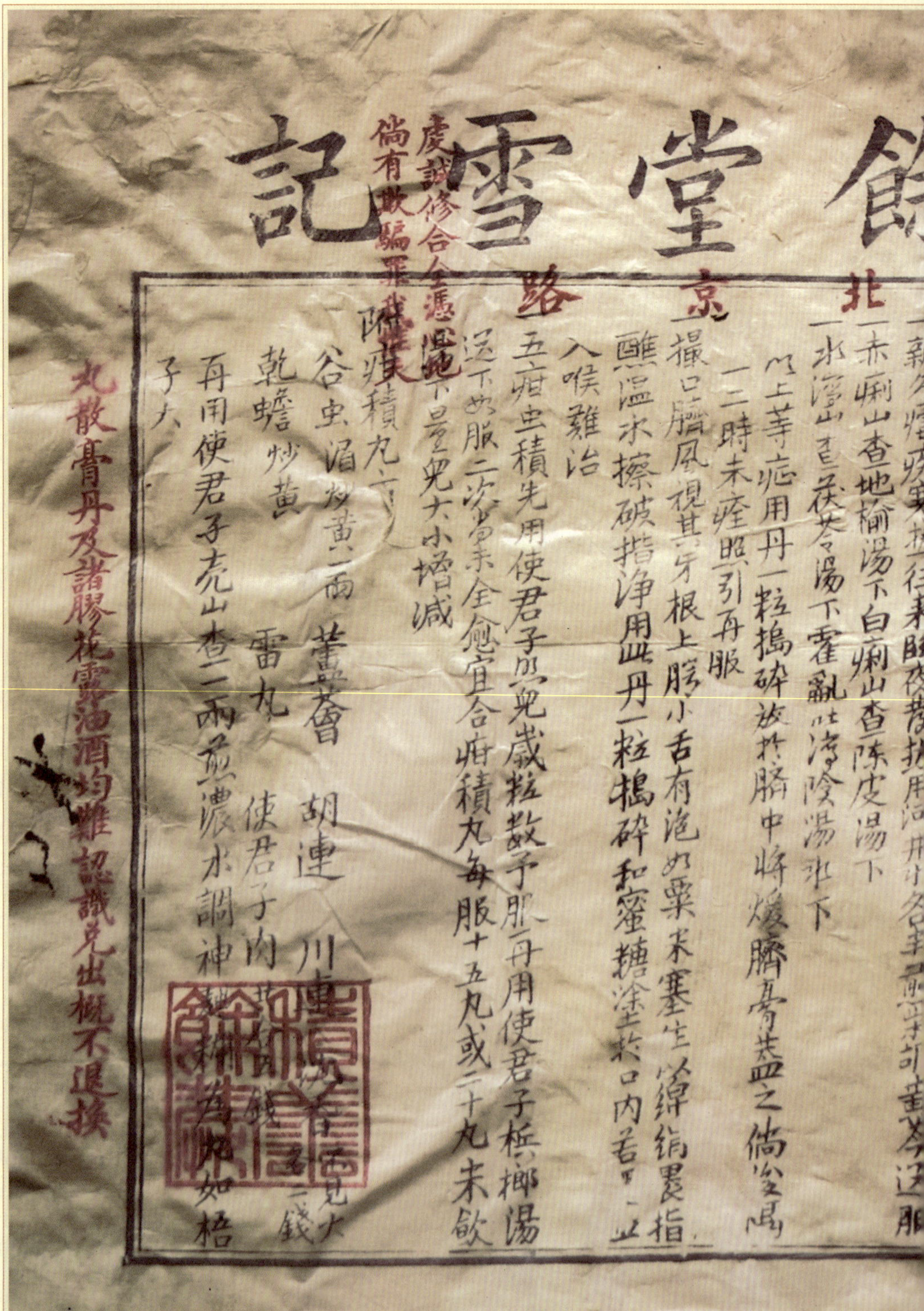
餘堂雪記

北京路

一新久瘧疾[illegible]
一赤痢山查地榆湯下白痢山查陈皮湯下
一水瀉山查茯苓湯下霍亂吐瀉陰陽水下
以上等症用丹一粒搗碎放於臍中[illegible]膏盖之[illegible]
一二時未痊照引再服
撮口臍風視其牙根上腭小舌有泡如粟米塞定以綿絹裹指
蘸温水擦破揩浄用此丹一粒搗碎和蜜糖塗於口内[illegible]
入喉難治
五疳虫積先用使君子與兒歲粒数予服再用使君子[illegible]榔湯
送下如服二次尚未全愈宜合疳積丸每服十五丸或二十丸[illegible]
附疳積丸方 [illegible]下量兒大小增減
谷虫 酒炒黄一兩 蘆薈 胡連 川連 [illegible]
乾蟾 炒黄 雷丸 使君子肉 [illegible]
再用使君子殼山查一兩煎濃汁調神麯[illegible]為丸如梧
子大

慶誠修合全憑良心 倘有欺騙罪我[illegible]

丸散膏丹及諸膠花露油酒均難認識見出概不退换

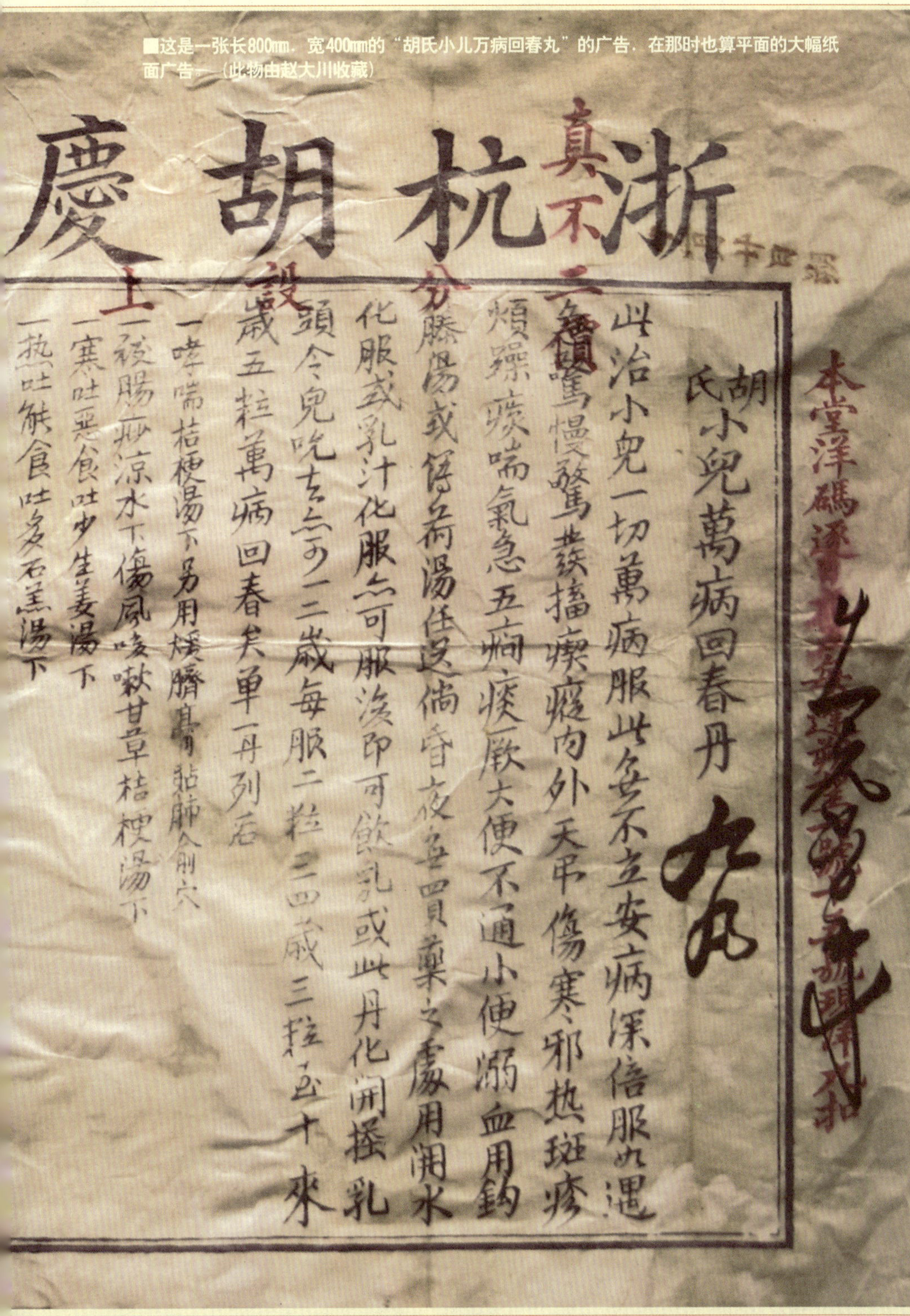

■这是一张长800mm，宽400mm的“胡氏小儿万病回春丸”的广告，在那时也算平面的大幅纸面广告——（此物由赵大川收藏）

商海搏浪　悬壶济世

在胡雪岩所处的那段岁月里，中国屡遭列强的凌辱，为了支持摇摇欲坠的大清王朝，李鸿章等人发起了“洋务运动”，以图挽救危机四起的政权。

胡雪岩当年可算全国首富，他的产业遍及钱庄、当铺、丝绸、船业和军火等，头顶二品顶戴，身着皇帝赐予的黄马褂，被人誉为“红顶商人”。就在他事业鼎盛时期，他毅然撼斥巨资，在杭城风水宝地吴山脚下创建了百年基业——庆馀堂药局。

胡雪岩是个孝子，为了事业不得不违母行事，为弥补不孝之名，行善积德，开胡庆馀堂是最大的善举。他用自家的堂号冠以店名，显然，他是把药店当作百年家业来创建的，希望能子子孙孙传下去。那么，胡雪岩是怎么在激烈竞争中立足的呢？下面一个个流传的故事，恰恰很好地表现了胡雪岩精明的经营之道。

四请账房　药店名称定为胡庆馀堂雪记国药号，谁来出任这家未来江南第一大国药号的经理呢？许多人问胡雪岩，他只是笑笑不语。胡雪岩出身钱庄，不熟悉中药业。但他精于经营，深知这个经理人选十分重要。经朋友推荐，胡雪岩前后接待过三位老先生，每来一位，他总是恭恭敬敬地静听他们对开办药店的高见。这几位账房先生，个个都称得上是精明能干的，算盘珠拨得噼啪响，方案造了一张又一张，全说开张后，一年能为店里获利多少两、多少两的。胡雪岩只是笑着点点头，不露声色，然后客客气气地给他们一一送了丰厚的川资和酬金，婉言辞谢。俗话说：“一二不过三。”胡雪岩连请了三次账房先生都没有成功，引得人们议论纷纷：不知他葫芦里到底卖的什么药。一天，来了个

■这是20世纪50年代初的胡庆馀堂中药大厅

余姚人，自称姓余，愿应聘为账房。胡雪岩照样在客厅上接待了他，还向他详细地介绍了以前三位先生的打算。这位余先生一味地啪嗒啪嗒吸旱烟，半天也不吭声。他烟吸足了，茶喝够了，站起身来，拱拱手就说告辞。胡雪岩诧异地问道：“余先生，我还没有请教你的高见呢？”余先生冷冷地说：“你想在短期内就赚钱翻本，我办不到，还是另请高明。”胡雪岩从这句话里，听出点味道来了，连忙挽留，但他还是故意说：“常言道：‘千做万做，蚀本生意不做。’做买卖嘛，能不为了赚钱吗？”余先生正色地说：“急于赚钱和正当赚钱是两码事，急于赚钱

图一

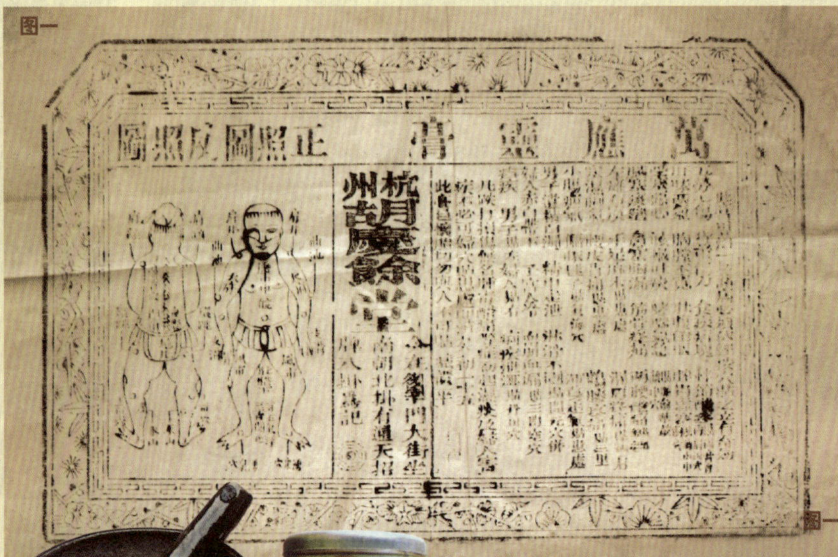

图二

图三

的，见钱眼开，只知道拼命地捞；正当赚钱的，就是重视信誉，细水长流。你看，每家药店门口几乎都写有‘道地药材’四个字，这难道是容易办到的吗？”接着，他滔滔不绝地讲出一番道理来：驴皮非囤三年就不能熬成上好的膏；女贞子要经过五蒸五晒；红花要隔年采聚于西藏；茯苓不来自云南的洱海苍山不能算上品；麝香要当门子；鹿茸要血尖，等等。最后余先生说：“药是治病救命的，所以贵到犀角、羚羊，贱到通草、马勃，都必须精选精挑，不能含糊马虎。不在质量上胜过他家，又怎么能打响牌子？再说开药店总得图个百年大计，归根结底一句话，你要请我做账房，就要准备先蚀三年本，才能慢慢赢利。这叫周瑜打黄盖——双方自

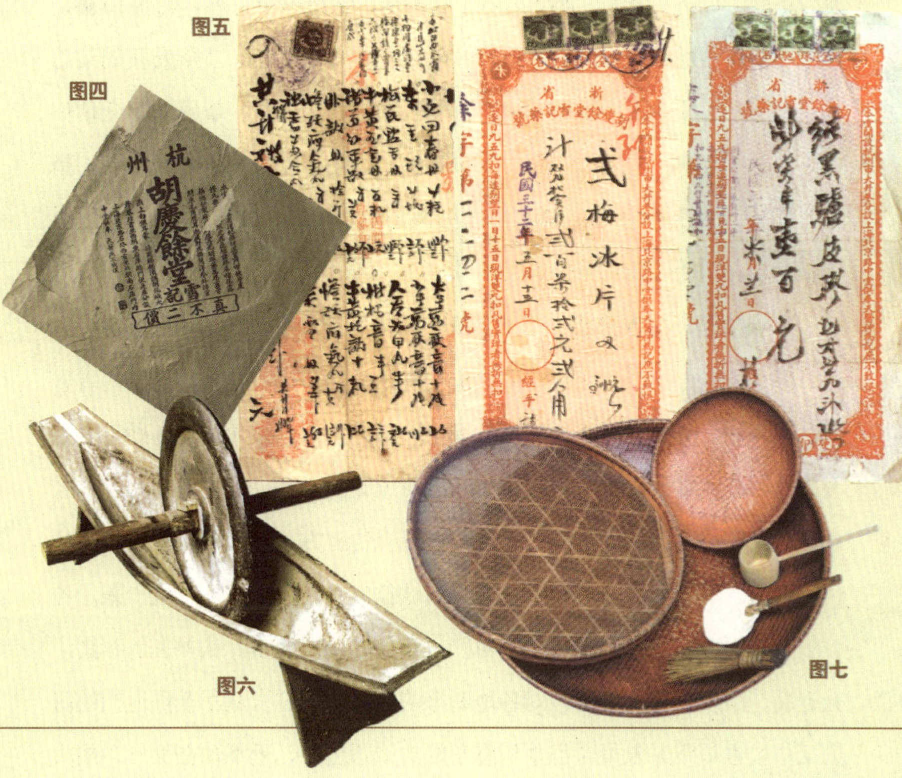

胡庆馀堂历史文化遗存

■图一　胡庆馀堂万应灵膏的广告，上面还有人体穴位图，以便在患者使用时给予正确的指导，真是做得面面俱到。

■图二　这个药钵也是庆馀堂的老工具，现保存在胡庆馀堂中药博物馆。

■图三　制作精美的胡庆馀堂礼品包装的铁皮药罐。

■图四　印有“真不二价”堂训的牛皮包装纸。

■图五　民国三十二年的浙省官印的胡庆馀堂的发票和药方。

■图六、图七　这是保存在胡庆馀堂中药博物馆内的药船和一些制药工具。

愿！不然，另请高贤。”胡雪岩听了这番话，觉得句句有理，心服口服，一个正直的生意人，就该有这种精神。他深深一揖道：“今天我胡某总算请到了一位目光远大、经营有方的好账房。余先生，今后一切全仗你啦。”后来，胡雪岩就取了个“胡庆馀堂”的店名。一般人的解释，是取“积善人家庆有余”。其实，这中间还包含着另一层意思，胡雪岩是为庆幸自己请到了一位洞明练达的好账房余先生哩！

中华古国，名医辈出，验方如山 胡雪岩从一开始就注重高价聘名医，重金求良方。清代末年，西方思想开始传播，报业初兴。当时胡雪岩就利用新闻媒介，在《申报》等报刊上大做广告，延揽人才。各地著名中医慕名而来者甚众。胡雪岩以礼相待，照顾无微不至，使他们安心从事医学研究。有位义乌的民间郎中，献出一本祖传秘方。经名医验证，确为失传的古方。胡雪岩当即奖以重金，并留这位郎中在店中任事。这一来，各地献方者很多，胡雪岩一律认真对待，设专人处理此事，从中去伪存真，为提高药品质量打下基础。对各地邀来的名医，胡雪岩从不干预他们的研究工作，也不限时限量。但他们感于胡的知遇之恩，无不勤奋工作。胡庆馀堂在短时间内正式生产和出售的中成药有14大类。如治疗浮肿的“盆欢散”，治疗妇女病的“玉液金丹”等，疗效显著。为治疗战乱后流行的瘟疫，胡庆馀堂研制的“诸葛行军散”、“八宝红灵丹”等不知救治了多少病人，赢得了一片赞誉。

诚信为本　顾客盈门 胡庆馀堂开业以来，诚信为本，悬壶济世，行善积德，真不二价童叟无欺。随着生意越来越好，胡庆馀堂在杭州地区乃至江浙沪一带名声鹊起，如日中天。近在毗邻的叶种德堂药店生意自然就清淡了，叶种德堂药店老板看在眼里急在心里，左思右想想出了一个办法：低价竞争。叶种德堂药店对进货的药材压低价格，对质量自然放松了

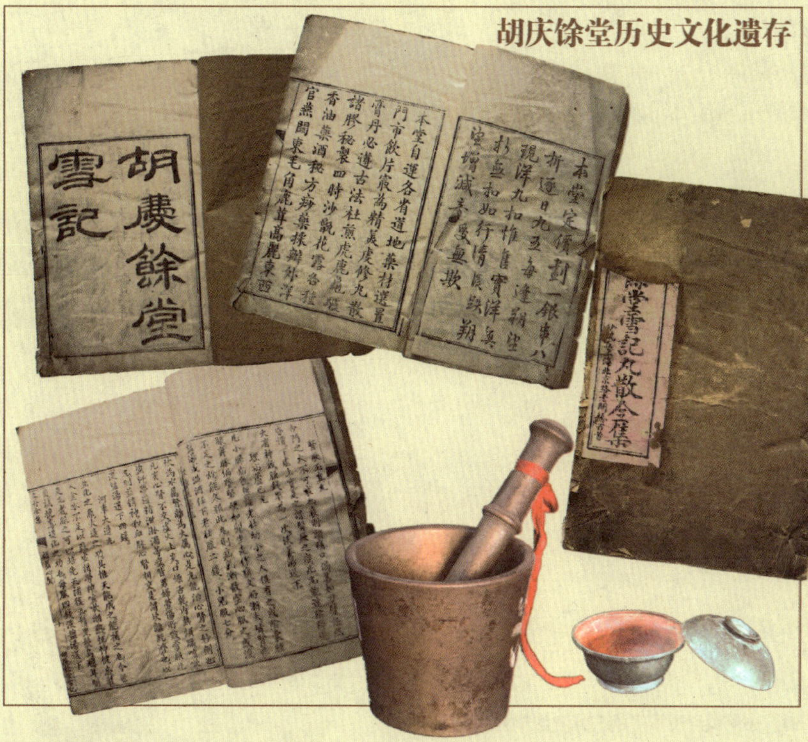

■一段历史就有一个故事，这些实物都保存在胡庆馀堂中药博物馆内，从一件件实物上我们看见了那个岁月的痕迹。

管理，再大做广告，生意似乎好了起来。

一天，经理余修初向胡雪岩汇报，近日营业额有所下降，原因是叶种德药店故意压价。胡雪岩笑笑道：“无妨，我给你讲个故事……”古时候有个医生叫韩康，他不仅医道高明，而且亲自上山采药，精心焙制，生意一直很好。药市上有人要抢他生意，不仅将差等的药充好药贱卖，而且也可以讨价还价，乱人耳目。但韩康决不这样做，他说，我的药真不二价。“药是治病的，差药治不好病。韩康的生意一时受些影响，但过了不久之

■这张老照片反映了胡庆馀堂当年的制药工场。

后就比以前更好了，因为他的药确实效果好，而这关键就在一个‘真’字。”胡雪岩不仅没有受叶种德堂药店的影响，以压价来争取顾客，反而在店堂里挂出了一块金光闪闪的金字招牌，上书“真不二价”四字。胡庆馀堂每年派人直接从产地采购药材，又经过精心制作，做到货好价真，童叟无欺，信誉卓著，不久营业额就直线而上。叶种德药店这一招又失灵了。次等药无人要，好药不愿亏本，只得恢复原价。老板苦思无计，也挂出“真不二价”的招牌。

精心制药　名闻遐迩　胡庆馀堂在杭州西子湖畔的涌金门外设有胶厂，利用西湖淡水熬胶制药，制作的驴皮胶质量很好。胶厂中有养鹿园，养着一大群梅花鹿。用鹿制成的“金鹿丸”名闻遐迩。养鹿园成了湖边一景。

某年，杭州的街头传出消息，说胡庆馀堂的鹿是养给人看看的，“金鹿丸”其实是用驴骨制成的，一时传得很广。余修初经理听到消息，气得几乎吐血。胡雪岩安慰道：“不必生气，这是有人和我们过不去，我们得想出好办法来。”次日杭州大街上响起了锣声，几名穿着胡庆馀堂号衣的职工，赶着一群鹿，在大街上巡游，引得孩子和居民驻足观看。职工赶着鹿群在街上走了一圈，回涌金门外的胶厂后当众宰杀，并送进制药工场，还准许部分居民进工场观看制药过程。这一举动很快又在杭州城的大街小巷、茶楼酒馆传开了，用驴骨代鹿骨制作“金鹿丸”的谣言不攻自破。

一波虽平，胡雪岩心知这是暂时的。他对余经理说道：“进药一关须严格把好。”

胡氏密制“辟瘟丹”，是胡庆馀堂的招牌药，由74味药材组成，味味都要选用道地上等原料，其中有一味叫石龙子的药，俗称“四脚蛇”，那是一种随处可见的爬行小动物，以杭州灵隐、天竺一带的“铜石龙子”为最佳。其外形为金背白肚，背上纵横一条黄线。为了采集“铜石龙子”，每年入夏，胡庆馀堂的药工，携师带徒，一起去灵隐、天竺捕捉。久而久之，连灵隐寺的僧人也熟悉这一惯例，只要听说是胡庆馀堂来抓石龙子的，总会提供方便，让他们采药济世。胡庆馀堂对中药的“较真”，近似于苛刻，丝毫来不得半点马虎。《戒欺》中提到了“修制务精”，这“精”到底精确到什么程度呢？

在胡庆馀堂的老药工中，至今流传着许多精心制药的故事。

有天，胡庆馀堂来了一位青年书生，他十年寒窗好不容易考上举人，却发了颠狂之病，父母只此一子，陪他来此求医。堂内名医都束手无策。

一位医生说，此病用龙虎丸或许能治，但店里没有这味药，胡雪岩只得劝病人先回家，答应半月之内将龙虎丸制成送去。话说出口了，可是制药却碰到了难题。原来龙虎丸中含有剧毒药品砒霜，且比例很大，必须搅拌均匀，否则治病不成反害人性命。那时没有搅拌机，搅拌药物全用手工，试问谁能担保将砒霜拌匀？大家都摇着头，没有一人敢承担这一工作。 胡雪岩也苦苦思索着解决难题的办法。十天后的清晨，他喜冲冲地来到店里道，昨晚做了一个梦，梦到药王桐君教给他制作龙虎丸之法。他令人将一间工场打扫干净，把门窗全部封闭，不准任何人偷看，只留下几名操作工人。将药粉配制好后，他如此这般地教了工人几遍。工人们在密室里操作了三天，果然将“龙虎丸”制作成功，刚好到了半月之期。药送到病人家中，果然灵异，药到病除，大家称奇。一次酒后，胡雪岩吐露了秘密：他教工人用木棒在药粉上正正反反将“龙虎”两字写999遍。如此精心搅拌，药粉岂能不匀？至于是否药王托梦，就只有胡老板自己有数了。

胡庆馀堂以其远近闻名的信誉和道地的药材以及胡雪岩的苦心经营,终于成就了其百年来的良好品质和声誉。

当胡雪岩的生意如日中天之时，突然一夜之间，他所有的钱庄、银号尽数倒闭。其中原由众说纷纭，最常见的说法是：胡雪岩与洋商做蚕丝生意时，力图遏制洋人，他孤军作战，因判断商情失误，发生了严重的亏损。清政府不但不予援手，反而乘人之危，落井下石。当时上海“关道”请胡雪岩作担保，向外商借得一笔款子，此时正好到期。听说胡雪岩丝业失利，竟乘机拒付本息，外商便向保人胡雪岩索债，使之陷入困境，雪上加霜。消息传出，存户争相前往胡雪岩的钱庄、银号挤兑，致使胡雪岩家资罄尽，宣布破产。

胡庆馀堂历史文化遗存

■以上实物保留在胡庆馀堂中药博物馆

他在各地的产业均被封闭、收缴、清算、抵偿，胡雪岩在元宝街所建的豪华宅院，落入最大的债主、刑部尚书文煜之手，胡庆馀堂也归文煜所有。文煜仅用五十万两存款，却掠夺了胡氏价值数百万两的财产。

不久，胡雪岩抑郁而死。主人换了，胡庆馀堂的命运又将如何呢？

当年的胡庆馀堂靠着诚信创下了这块金字招牌，在那场灾难性的变故

■胡庆馀堂现任掌门人冯根生。冯根生14岁（1949）就来到胡庆馀堂做学徒，他也是胡庆馀堂旧时招收学徒的关门弟子，冯家祖孙三代都是在胡庆馀堂工作。作为关门弟子，他视“诚信戒欺”为圣经，苦其心志，劳其筋骨，深得中药真谛，成为胡庆馀堂的一代掌门人。

■他在“文革”中，为保护胡庆馀堂免遭破坏，受尽磨难。在胡庆馀堂即将破产的边缘，他力挽狂澜，仅用了一年时间，使胡庆馀堂走出困境，现在胡庆馀堂国药事业，如日中天，比当年最辉煌时还要辉煌。可以这样说，冯根生的命运和今天的胡庆馀堂紧密相连，冯根生把青春热血和智慧品格融入了胡庆馀堂的历史之中……

以至后来的朝代交替和变更中，体验了世间的沧桑和风雨，在这130多年的历史进程里，它没有倒下没有衰弱，它毅然矗立在吴山脚下，继续演绎着“诚信为本、真不二价”经营之道，并为全国商界之楷模，也在百年来的商界的激烈竞争中得到了消费者“北有同仁堂，南有庆馀堂”的美誉。

殚精竭虑　一代传人

冯根生出生于中药世家，祖孙三代和胡庆馀堂血脉相连，他的祖父就是老东家胡雪岩手下的一名药工。1949年1月，年仅14岁的冯根生，子承父业，走进胡庆馀堂拜师学技，当他一脚踏进高墙大门时，就成了旧社会进入胡庆馀堂的关门弟子。在数十年森严的药府里，冯根生苦其心志，劳其筋骨，终成为胡庆馀堂一代国药传人。

冯根生是闻着中药味长大的，他的根在胡庆馀堂，他是胡庆馀堂薪火相传的最后一个亲历者和见证人。

他的一生都奉献给了胡庆馀堂，他的记忆里充斥的全部都是胡庆馀堂。

“老板一换，文煜也管不了这胡庆馀堂，他还是把过去的经理（延续）下来。胡雪岩这一任经理到文煜以后一直到建国这段时间，换过四任，经过了漫长的七十几年时间，他这个宗旨一点也没有变。到了最后一个（经理）叫俞秀章，这个人我当学徒的时候他已经快六十岁，非常精明能干的。他完全是按照胡雪岩当时决定的戒欺的方针传下来，对原料的要求非常苛刻，而且管理得井井有条，所以，当时的一百十几个员工看到他都怕得要死。”冯根生细细地回忆着他刚进胡庆馀堂时的情景。

抗日战争的时候，胡庆馀堂主要的产品叫驴皮胶，驴皮胶销量很大，一年要几万斤、十几万斤的销量，但是原料发生问题，日本人不允许贩运驴皮，这里膏又没有，经理俞秀章，就想了一个办法，到那面去开了一个制胶厂，开了胶厂，把那里的驴皮都收购来煎胶，煎了以后一块一块地再运到杭州来。因为那里（河南周家口）的水质不好，沙土比较多，所以要重新把它做过，先融化，把沙泥淀掉，再用丝棉把泥沙全部过滤掉，最后浓缩成原来的驴皮胶。

这个过程足可以说明俞秀章非常重视质量，他觉得胡庆馀堂品牌不能倒，即使当时收来的驴皮膏质量不好，他也要千方百计使（这个）产品恢复到原来的产品质量。

冯根生继续感叹地说道：“胡庆馀堂做学徒要经过一层一层的考验，我记得，我小时候扫地时经常捡到钱，捡来的钱我就交给我师傅。我的师傅姓韩，我拜他做师傅的时候他57岁，70岁死的，死之前我到他家里去看他，他拉着我坐在床旁边，非常累地跟我讲了几句话，他说根生啊，你还记不记得，你当学徒的时候，经常捡到钱，我说有的。他说：今天我告诉你，这个钱不是你捡来的，是我有意扔在那里的。我的师傅受老板俞秀章经理的委托，对进来的小学徒诚不诚实，人品好不好，进行考核。他说，捡来的钱都不要，全部上缴了，他可不可能还去偷钱？那个时候没有贪污的。这个实际上是培养你，教你怎么做人，教你怎么做事。”

“我当学徒的时候，每天早晨5点钟起来要认药，每天认两种，小时候记得住，两天就四种，一个月下来就六十种，一年下来七百多种。这是什么药，采自什么地方，它的性是温性的还是凉性的，都要背得很熟，要认识它，味道什么味道，香味什么香味，三年下来，两千多种中草药，都要你这个脑子里记住，方子拿来要认识它，这个方是治什么病，怎么配

掌门人物——冯根生

■冯根生在学徒期间留下的照片。

的，怎么做丸药的，怎么熬膏的。煎药膏，碾粉，做丸药，这些工作都是后面学徒做的。胡庆馀堂的员工都是这么培养过来的，所以一旦满师以后，就是一个全能的中药通。”

“我是一位旧社会进厂的童工，14岁那年，我奶奶陪着我去胡庆馀堂报到。我家就住在胡庆馀堂附近的高银巷上，我清楚地记得，这200米路，我挽着奶奶，三步四回头，足足走了半小时。胡庆馀堂每年只招一个学徒，这个拜师学艺有一套仪式。首先在‘耕心草堂’里拜阿大，是当时的经理；第二拜是拜我的先生韩东楠；第三拜是拜一块挂在店堂后面的‘戒欺’匾。后来，我才知道戒欺匾在胡庆馀堂的崇高地位，它是胡庆馀堂的堂规，是胡雪岩留下的祖训。”

冯根生是中国改革开放之中涌现出来的风云人物，全国首届优秀企业家，他带领“青春宝”不断发展的过程就是他不断改革、不断向旧体制挑战的过程。这位中国国药的领军人物、国宝级企业家，在每一次改革面临突破的关键时刻，总是挺立潮头，以自己独特的方式给出答案。28年间，他领导的企业从一个只有资产37万元的中药合作坊小厂发展为

■胡庆馀堂国药号在百余年的经营活动中恪守“戒欺、真不二价”祖训准则，赢得了消费者和药界的良好信誉，遂与北京同仁堂并称南北两家国药号，在业内也有“北有同仁堂，南有庆馀堂”的美称，胡雪岩的经营思想也被商界尊之为楷模，也就有了“做官要学曾国藩，经商要学胡雪岩”的话语。

■位于清河坊历史街区的胡庆馀堂国药号百余年不变，它大墙上“胡庆馀堂国药号”七个大字气势恢宏，其招牌之大，堪为全国之首。它那浑厚刚健的书法，凝重壮观的气势，常引得中外游客驻足留影。

胡慶餘堂

■这是1965年欢度国庆时留下的一张老照片，从照片里我们还能看到当时岁月的痕迹。而后在1966年开始一场历时十年的“文化大革命”中，胡庆馀堂也被作为封资修的名字改名为“杭州中药厂”，这十余年间，发展速度遭到破坏，经济效益严重倒退。冯根生当时任保卫科长，他为了保护这份遗产，带领自发的职工日夜保护，与当时的“造反派”斗智斗勇，使胡庆馀堂基本完整地保存下来。他由此也受尽磨难，被撤职到车间去监督劳动。从某种意义上讲，冯根生是胡庆馀堂的功臣，如果没有当年他冒着巨大的政治风险保护胡庆馀堂，也就没有今天展示在我们眼前的完整的胡庆馀堂国药号……

一个拥有30多家全资、合资及参股企业，总资产11亿多元，净资产5．8亿元，年利税2.6亿元，年利润1.5亿元的以中药生产为核心的综合性企业集团。

在冯根生的创业生涯中，最具戏剧性的一幕莫过于“儿子吃掉老子”，兼并胡庆馀堂。冯根生一生中好长一段时间都领着中药二厂在追赶母厂胡庆馀堂制药厂。到1996年，冯根生领导的二厂已经变成了“青春宝集团”，年利税在2亿元以上，年增长率还在两位数以上，已经胜券在握了，而胡庆馀堂已经负债7500万元，年销售额只有5000万元，企业资不抵债，连工资都要靠借钱。上级告诉冯根生：你去当这个厂的法人代表，把它从破产的边缘拉回来，让它重振雄风。兼并胡庆馀堂并非没有风险，市场经济残酷无情，弄不好会名誉扫地，但冯根生说：“风险大我清楚，像一场球赛，我这个主力已踢得百分之百胜了，却叫我到对面的败队去踢，而且一定得胜，这样的风险当然大。可是胡庆馀堂不救回来是会丢中国民族药业脸面的，号称江南药王，结果关门倒灶，外人会笑掉牙齿，我怎能睡得着吃得下，我对中药业的感情是什么语言都形容不了的，为了这份感情拼一拼老命，还管自己什么名声！”1996年11月，“儿子”正式兼并“老子”，冯根生开出的药方是：擦亮牌子，转换机制，理清摊子。兼并后短短5个月，胡庆馀堂止住了多年来未能止住的下滑势头。第二年，便开始扭亏为盈，销售回笼达1亿元，创利税1100多万元。一时间，“儿子”兼并“老子”成为佳话。

百余年来胡庆馀堂秉承祖训，不断发展壮大，特别是近年来在市场经济的大潮中高屋建瓴，锐意改革，崇尚科学，不断创新，出现了巨大的变化，以名牌产品胃复春片为龙头的一大批如庆馀救心丸、障翳散、

慶餘堂
胡慶餘堂墻界

小儿泻停颗粒、金果钦咽喉片等高新技术产品在继承中医药理论基础上脱颖而出；生产中喷雾制剂、薄膜包衣及高效液相色谱仪、薄层扫描仪等新设备、新仪器的应用以及通过GMP的实施，使药品的质量有了更可靠的保证；1996年迁至杭海路新厂区，按GMP建造的厂房缀拥在绿茵环抱的草坪中，楼内员工紧张有序地作业，一派欣欣向荣景象；吴山脚下的老厂古建筑群已成为国内首家中药博物馆，全国重点文物保护单位，近经修葺更显熠熠生辉，其丰富的中药文化内涵和精湛的建筑吸引了海内外大量的游客，不少国家领导人也莅临参观挥毫勉励。1999年胡庆馀堂顺利完成了国企改革，成为杭州胡庆馀堂药业有限公司。新的机制、新的观念、新的爆发力，在新的世纪，“庆馀”将实现新的跨越。在国药号传人冯根生的带领下，这个经历风雨洗礼的胡庆馀堂必将走向更加辉煌的明天！

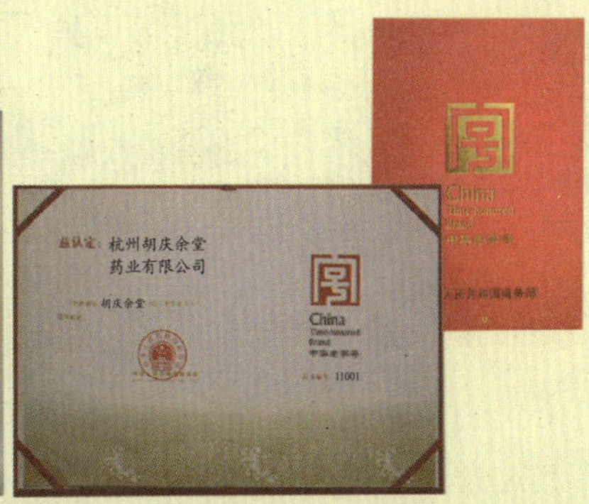

■2006年3月，胡庆馀堂药业有限公司以它深厚的文化底蕴及百年品牌的影响力被文化部首批认定为国家非物质文化遗产单位。

■2006年12月，在北京饭店由商务部再次重新认定胡庆馀堂药业有限公司为首批“中华老字号”，证书编号：11001。掌门人冯根生代表全国老字号作了充满激情的讲话，今日的胡庆馀堂已经不是单纯的经济实体，而是中华文化和经济相互交融的国家工商业的名片。

○创建于清·光绪年间(1875－1908)○

万承志堂

老杭州记忆 万承志堂

据《杭州商业志》记载，万承志堂国药号，约开设于清光绪年间（1875－1908），居“杭药六大家”之第三位，与胡庆馀堂、叶种德堂，同称“药业三门市”（意即独家经营，不搞批发）。万承志堂最后一任馆主卢裕晋，为药技高手，由于其苦心经营，更使万承志堂声名鼎沸。

1929年6月6日，首届西湖博览会开幕，万承志堂在这次博览会中，展出的雄黄、鹿角胶、麦冬、川黄均获得博览会特等奖。

据《杭俗遗风》补辑述：“民国初年，在杭州药店中，就其最著称者有胡庆馀堂、叶种德堂之药材，万承志堂之药酒，皆誉称一时矣。”

又据《杭州商业志》中记载：民国二十六年抗战爆发后，因药店细料房火灾受损严重，从此倒闭，但是《万承志堂丸散全集》这部炮炙著作仍流传后世。

天时地利人和

胡庆馀堂、张小泉、翁隆盛……提起这些字号，留给“老杭州”的，是一段段繁华的记忆。据有关方面调查，杭州老字号在发展鼎盛时期共有69家。近几年来，老字号的保护不仅牵动着杭州人的心，更得到了社会各界的大力支持。万承志堂的恢复，正赶上了好时机。

2004年，万承志堂的投资人在一次聚会中，聊到中医中药时，发现作为杭州“药业三门市”之一、位居“杭药六大家”之第三位的万承志堂至今尚未恢复，而自己恰好在以集民间艺人、小吃饮食、土特产以及中医中药文化四大业态为主的历史文化特色街区清河坊有一处合适铺面，此乃恢复万承志堂的最佳地点。

他的这一想法，得到了浙江省中医院肖鲁伟院长、浙江省著名中医肿瘤专家吴良村教授等浙江中医界知名人士的大力支持，他们也由衷地希望能够将杭州的传统中药业发扬光大，并于2004年12月正式向工商局提出恢复老字号万承志堂的申请。工商局的负责人认为，每一个老字号的恢复，都意义重大，必须慎重对待，因此他们对投资方的选址、经济实力等一系列要素进行考察，各方面的条件都让他们十分满意，最终同意申请。万承

“承志堂饮片”吊牌

■万承志堂开创于清光绪年间，系杭州最早的国药号老店之一，由于种种原因，所遗存的实物属凤毛麟角，该吊牌虽缺上首一字，但其珍稀无须多言；为什么说是吊牌呢？因大凡国药店都有宽敞的带挑檐能遮风挡雨的走廊，吊牌就悬挂在走廊上，起着醒目的广告作用，所以，两面均有“承志堂饮片”的字样。

收藏者：陆中华

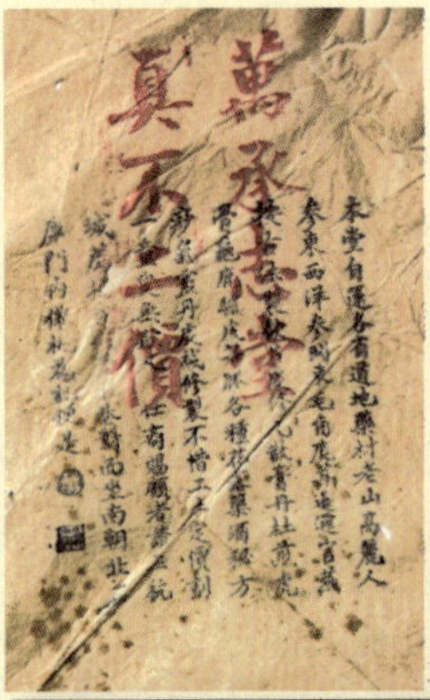

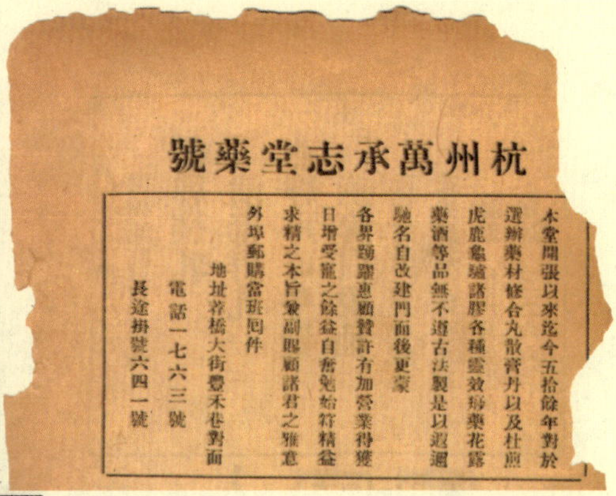

杭州萬承志堂藥號

本堂開張以來迄今五拾餘年對於選辦藥材修合丸散膏丹以及杜煎虎鹿龜驢諸膠各種靈效痧藥花露藥酒等品無不遵古法製是以遐邇馳名自改建門面後更蒙各界踴躍惠顧贊許有加營業得獲日增受寵之餘益自奮勉始符精益求精之本旨兼副賜顧諸君之雅意外埠郵購當班迴件

地址荐橋大街豐禾巷對面

電話一七六三號

長途掛號六四一號

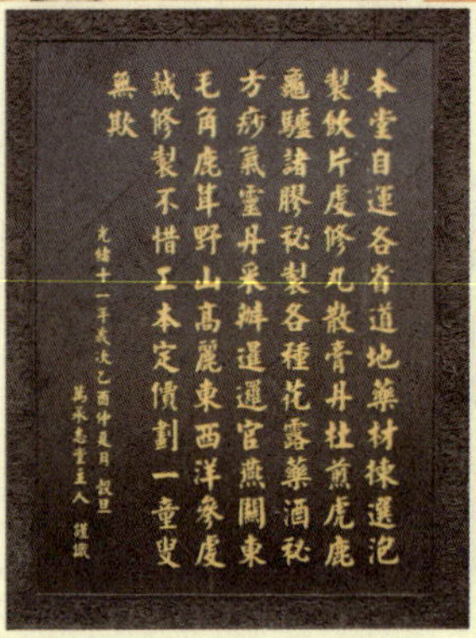

本堂自運各省道地藥材揀選泡製飲片虔修丸散膏丹杜煎虎鹿龜驢諸膠秘製各種花露藥酒秘方痧氣靈丹采辦選選官燕關東毛角鹿茸野山高麗東西洋參虔誠修製不惜工本定價劃一童叟無欺

光緒十一年歲次乙酉仲夏月 穀旦

萬承志堂主人 謹識

■万承志堂老广告（上图）

■万承志堂主人谨言（下左）

■万承志药罐（下右）

志堂的保护开始进入实质性的进展阶段。

据杭州万承志堂国药馆有限公司有关负责人介绍，重新开业的万承志堂光是设计就花了三个月的时间。在建筑风格上，完全秉承明清时期的样式，分为一进两厅。前面是药铺，后面是诊室，沿着木楼梯上去，楼上还有贵宾室。此外，为了解决更多暂时不能前来就诊的患者的需要，他们还准备用互联网来为患者服务。

历史遗存　老界碑出现

如今在位于高银街中段的万承志堂门楼的拐角处有一块一米半长、半米宽的界碑，这正是当年万承志堂的那块老界碑。说到这块界碑的发现，还有段来历：

2004年底，浙江中医学界一位医学前辈在郭庄喝茶的时候，放在水边的一块石头引起了他的注意，石头上隐约看出来有“万承志堂”几个字。他心里一动：“这难道就是当年万承志堂的那块界碑？”当时，万承志堂的筹备人员正在向他请教有关事宜。这位医学前辈马上将这一情况告诉了筹备人，得到了极大重视，经过核实，果然就是当年的那块！经过协商，郭庄同意将这块界碑给万承志堂，可是为了保持景点的风格不被破坏，他们提出，要有一块差不多成色的石头作为交换放在原处。为此，万承志堂的筹备人员走访许多农村，终于在2005年年初找到了一块符合要求的石头。

当他们抬着这块石头去郭庄的时候，没想到却得知了另外一个振奋人心的消息：郭庄的工作人员告诉他们，就在前不久，有一位六七十岁的女士也来看过这块石头，她说这是她们家传下来的，顺着这条线索，工作人员找到了万家第五代子孙，是一位89岁的老太太。更令人欣喜的是，万承志堂在当年曾经有一部蜚声药界的《万承志堂丸散全集》，也从一位药书收藏者手中找到，书里面详细记载了各种丸散膏丹的对症以及配方。比如，“史国公酒”治疗四肢麻木、“养血愈风酒”治疗风湿，其他还有九言心痛丸、九制香附丸等。

■万承志堂真不二价匾

百年沧桑，不变的是医者仁心

万承志堂国药馆，作为杭州传统文化中的一颗瑰丽明珠重现光彩，有着深远的意义。万承志堂的重新面世，标志着杭州历史上蜚声民间的“药业三门市”的全部恢复。同时，它作为位居“杭药六大家”第三的中药名馆，是杭州挖掘老字号系统过程中，继胡庆馀堂、叶种德堂等之后，着力打造的一家老字号。

中医里常说“同病异治”和“异病同治”，每个人的体质不同，因此即使得了同样的病，也有用方与药量上的差异，因此对于每个前来抓药的病人，万承志堂都会做到“先诊断，后开药”，一来这样更加能对症下

■万承志堂万氏药酒志

药，二来也符合中医中药的治疗传统。

为了将中医中药的传统更加发扬光大，也为了使万承志堂这个老字号再现往日辉煌，恢复后的万承志堂决心将治疗肿瘤及各种疑难杂症作为该堂的特色，他们从全国聘请了30余位中医治疗肿瘤的专家在万承志堂轮流坐诊，新任的堂主便是全国名老中医药专家、博士生导师吴良村。

万承志堂之复兴，适逢太平盛世。它的继承人将以“承德怀志、仁医济世”为宗旨，始终秉持万承志堂之传统美德，做到以诚相交、以信相守、以义取利、尊重病人、关心病人、帮助病人，在传承的基础上，致力于传统中药之现代化改造，更好地造福社会。

○创建于清·同治八年（1869）○

汤 养 元

汤养元地处官巷口闹市区，原为汤养元国药号，开设于清同治八年（1869），1965年改名为长春药店。营业厅面积224平方米，经营各档人参、鹿茸、银耳、高档营养补品、中西成药、药用化妆品、医疗保健器械等9个大类，1100余个品种。

汤养元国药号开业后，以“养正延龄，花草精神；培元益寿，山川灵秀”为青龙招牌，墙门两侧悬挂“自远官燕高丽洋参”、“采集各省道地药材”楹联。经理夏宝麟为人精明，亲自看样订货，搜罗宏富，采撷精华，被药行界视为上乘主顾，在同行中颇具竞争优势。

1952年秋，药号特设参茸补品专柜，以经营别直参、花旗参、大力参、国产红参、银耳、燕窝、参三七等品种为主，销售2700元，占总销售2%；1962年销售8545元，占总销售3%；1977年销售3.3万元，占总销售5%。

1965年，汤养元国药号改名为长春药店，之后虽然处在“文革”的动荡岁月中，但依然坚持信誉，不断发展。

1982年5月，长春药店新楼落成，在参茸补品专柜中增设旅游商品专柜，每逢春秋旅游旺季，由中国旅行社接送外宾、侨胞来店购买参茸补品、旅游商品、传统中成药，高峰时每天有七八车次。为丰富市场供应，扩大向省内外组织货源，吸引省外药厂、参茸场设立特约经销处开展代销业务。在天津力生制药厂设男宝特约经销处，黑龙江一面坡药厂设刺五加片特约经销处，辽宁省仁县参茸公司设边条参、礼品参、鹿茸特约经销窗口，各档人参、鹿茸代销库存数量约200公斤，价值20余万。商店利用地段优势，不断扩大参茸银耳营养补品的供应品种，将参茸滋补品及旅游商品供应柜组设置在营业厅正中，8只柜窗汇集名、优、特、新的参茸银耳补品、道地中药饮片、中成药精品。有吉林野山人参、东北边条参、新开河参、白人参、生晒

■汤养元“诚招天下客”匾

参、别直参、西洋参、关东鹿茸等，常年供应参茸银耳补品规格品种达200余个。1987年，参茸补品销售额58.2万元，最高日接待顾客400余人次。参茸补品占总销售额从1952年的2%上升到1987年的37%。

长春药店推行“顾客至上，信誉第一”的服务宗旨，继续传承特色，增添新的服务项目。

包装精美 1979年开辟旅游商品供应专柜，凡购买中高档人参者，免费赠送精致、典雅的古香缎参盒，对一般参茸补品、旅游商品也分别赠送介绍商品功效、服法的说明书一份及印有店号和松鹤长春图案的塑料包装袋。

代客加工 1982年聘请老药工精心切制鹿茸血片、粉片、各档参片、天麻、当归片，片形厚薄均匀，色泽光亮，外形美观，尤为舟山、温州等地渔民喜爱。凡购买整支人参，可免费加工，立等可取。

精挑细剔 商店重视质量，薄利多销，严格按照等级标准，精挑细剔。西洋参去芦后上柜，一般去芦损耗3%，并按支数称量分装，不硬凑足十克，避免以大搭小的变相抬级现象。野山参逐支评定等级，按质论价，剔出混入的移山参。银耳视来货质量定级，凡不符合规格的降级出售。

当好参谋 参茸滋补品价格昂贵，顾客挑选性强，营业员主动介绍性能，询问服用者体质，按消费者用途、意愿、适应症帮助选购，做到耐心、热情、周到。

薄利多销 1986年，根据不同层次的需要，增设小包装紧缺商品供应柜，将中药豆蔻、海马、蕲蛇、玫瑰花、米仁、乌梅、杜仲、川连、川贝等紧俏商品，从原来论斤论两出售，改为小包装或论粒供应。如菊花一角一包，解酒的豆蔻几粒可售。尤其如羚羊角片，是降血压的急救药，毛利甚微，商店以社会效益为重，坚持经销。

秤准量足 参类补品含糖分较多，来货途中极易吸潮增重，商店采取外埠到货先落灰缸灰燥后再分秤出售。自1986年始，遇梅雨季节上柜供应的散装参类补品，事先经过灰暗吸潮，灰耗率在3%－5%左右。1986年在参茸细货分捡房，配备高密度电子秤2台，其中1台专门作为公平秤，接受顾客监督。严格实行计量标准化管理，坚持每天早上进行物价计量自查，查衡器、查物价标签、查等级规格、查分装品重量。

(■图片提供/杨连根)

○创建于清·光绪三十年(1904)○

天一堂

老字号诞生的源头
“小热昏”与梨膏糖

杭州的民间曲艺艺术历史悠久，品种繁多，历来为广大人民群众所喜闻乐见，这其中最具代表性的要数小热昏了。杭州小热昏艺人大都出身寒微，旧时代生活在社会的底层，熟悉和了解人民的生活、语言、思想、感情要求，以及他们的艺术欣赏趣味。在过去的历史条件下，杭州小热昏在普通老百姓的文化生活中有着广泛而深刻的影响，对早期江南独角戏、滑稽戏的产生和发展起着重要的作用。

杭州小热昏，俗称“卖梨膏糖”，后曾改称“小锣书”。清光绪三十年（1904），杭州人杜宝林（1890－1930）以街头敲小铜锣卖石印小报《朝报》者的“说朝报”形式，衍变成以逗笑为艺术手段，用夸张、提炼、说唱化了的语言，在街头露天说唱经过整合的新闻故事，说唱的同时兼卖自制的梨膏糖。因其说唱的内容多为嘲讽和抨击当时社会时弊，为免麻烦，故自称艺名“小热昏”，意思是说唱者正在发热发昏，所说所唱之内容均非真实，不应查究。

如今特制梨膏糖的老字号天一堂，最初的源头，便是来自这市井街头的“小热昏”。

民间传说　梨膏糖

梨膏糖如今已很少见。据说此物有来历，相传为唐代名相魏徵创制。魏徵老母患咳嗽不愿服苦药，魏徵就把药草磨成粉末加入梨汁煎熬，熬干后切成小块，入口香甜，后人仿制，名曰梨膏糖。清朝上海老城隍庙一带，有“朱品斋”、“永生堂”、“德生堂”等老字号专制梨膏糖，他们

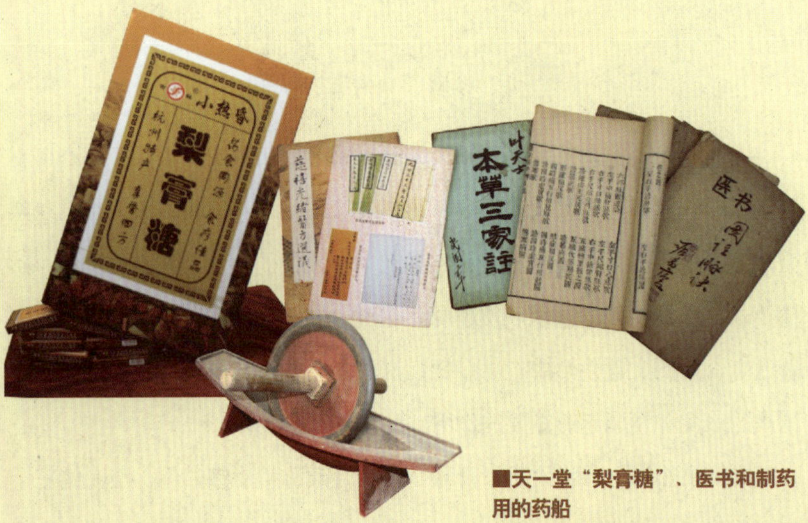

■天一堂“梨膏糖”、医书和制药用的药船

现场熬制，且高唱卖糖歌谣招揽顾客。20世纪初，梨膏糖传入杭州。30年代后，梨膏糖不断创新，有薄荷、胡桃、虾米、肉松、豆沙、松子、花生、百果、奶油、咖啡、巧克力等品种。梨膏糖的外延不断扩大，不仅治病，也作为糖果受用。

对于从20世纪60年代以前走过来的部分市井百姓来说，听梨膏糖曾是那时的主要消夏内容之一。不少人会问，梨膏糖是吃的，怎么会是听的呢？有些杭州个体民间曲艺艺人经常在夏日的夜晚，在市民稠密处找一块八面来风的空地，先用竹竿挑起盏汽油灯，再当当当敲响小锣，一会儿就拉起一个场子。渐渐地，人越聚越多，此时的艺人就搬个凳子站在高处，插科打诨、荤腥不忌地说一些笑话，然后才开始做正经的营生。

艺人们往往一人表演，表演时以说为主，间或也一边敲锣，一边咿咿呀呀唱几句。只是说着唱着，把一个长篇故事到要紧关节处，他就卖个关子煞住，开始兜售梨膏糖，其实卖梨膏糖才是艺人们真正目的所在。当然许多听众，都是伸着脖子光听不买的。那个时候，人们把这样一种消夏方式叫做听梨膏糖。现在想来卖梨膏糖这碗饭真的是不好吃。他们先要使出浑身解数做足噱头，然后才不得已吆喝赖以生存的买卖。尽管他们把梨膏糖的药用说得天花乱坠，听众多半是你看看我，我看看你，不为所动。刷白的汽油灯把卖梨膏糖艺人的汗脸照亮，有人实在看不过去才掏钱买下一点。用现在的话来说，就是卖点不好。卖梨膏糖的艺人来了几回，也就杳如黄鹤另择佳处去了，把一段生动故事的悬念，留给听梨膏糖的人们去空牵挂吧。

“小热昏”创始人杜宝林

杭州小热昏的鼻祖就是杜宝林（1890－1930）。民国六年（1917），杜宝林先生应邀在杭州第一座游乐场所“盖世界”演唱，其间又收多名学生在外作艺。从艺者仍靠卖梨膏糖谋生，而将说唱艺术仅作为招徕买梨膏糖者的手段。

据洪岳于民国十五年（1926）增补的《杭俗遗风》记载：“有人说笑话、唱东乡调，借此号召买主而卖糖者，其人混名‘小热昏’。一时负盛名，杭人妇孺亦无人不知有小热昏者，足见其魔力之大矣。卖唱时，不论何处空场中，己则立于一长凳上，旁置糖若干，先鸣小戏锣一次，听者云集。然后说唱一次，卖糖一次，有欲听其再唱者，遂连购其糖，因而糖之生涯鼎盛。一日，余偶过其侧，其围而听者，众以千计，若老若少，若男若女，若村若俏，无一人不吻张颐动，目主神凝，其号召力为何如耶！”这段文字记载，较详实地反映了当时“小热昏”在杭州的从艺活动状况。以一民间艺人的艺名为人民群众所流传、认可，最终成为曲艺名称，在我国曲艺艺术品种纷繁的各具特色的形式中，颇为罕见。

发展历程

民国初期至抗日战争之前（1937），杭州小热昏在当时社会、文化背景下获得很大的发展。其主要因素是创始人杜宝林吸收古老的曲艺形式“隔壁戏”，从传统曲目《萧山人拜门神》、《绍兴人乘火车》、《瞎子借伞》、《火烧豆腐店》等入手进行改造，融入到滑稽逗笑说唱之中，使“小热昏”在杭州市民中名声大振，其间，学艺者众。杜宝林的代表性传人有小如意（丁有生）、小长根（程长发）、开口笑（赵文生）、小百利（朱克勤）、俞笑飞，等等，三代艺人二十余人在杭州演唱。抗日战争时期（1937－1945），杭州小热昏艺人流亡于金华、衢州、丽水等地作艺，使曲种流传于该地区。至今，杭州小热昏中的“锣先锋”演唱形式，尚在金华等地流传。抗日战争胜利后，著名小热昏艺人俞笑飞、徐乐天、罗笑峰、陈锦林等返回杭州，使杭州小热昏得以秉承和发展。

新中国建立后，杭州小热昏艺人在党和政府的关怀下，自愿先后组织成立“杭州市杂艺改进社”、“杭州市曲艺工作者协会”。著名小热昏艺人俞笑飞（1915－1968）先后担任杭州市曲艺工作者协会主席、杭州曲艺团团长等职务，并当选为杭州市人大代表。许多艺人投入到社会主义新曲艺的建设中，到边远山区、东海渔村、杭嘉湖平原、沸腾的工地去体验生活，创作演出了一大批反映时代风貌的新曲目。如著名艺人安忠文在20世纪50年代创作的小热昏《斩缆记》和改编演出的《比媳妇》，在群众中产生了很大的影响。安忠文演唱的新曲目于1958年8月曾赴北京参加首届全国曲艺会演，并进中南海怀仁堂汇报演出，受到周恩来等党和国家领导人的亲切接见，促使杭州小热昏这一民间说唱艺术成为独立的曲艺种类之一。

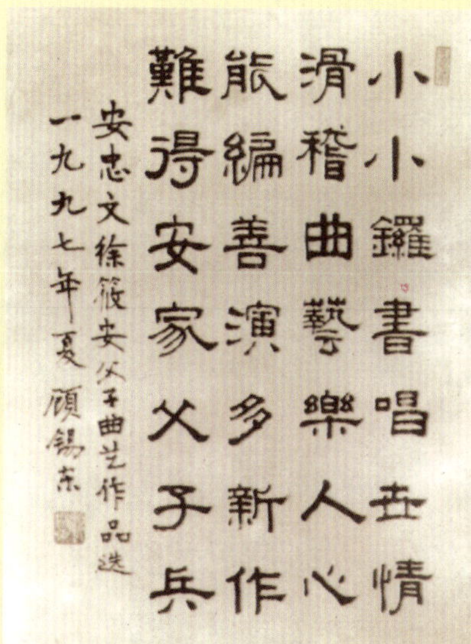

小小鑼書唱去情
滑稽曲藝樂人心
能編善演多新作
難得安家父子兵
安忠文徐筱安父子曲艺作品选
一九九七年夏 顾锡东

■顾锡东为小热昏题词

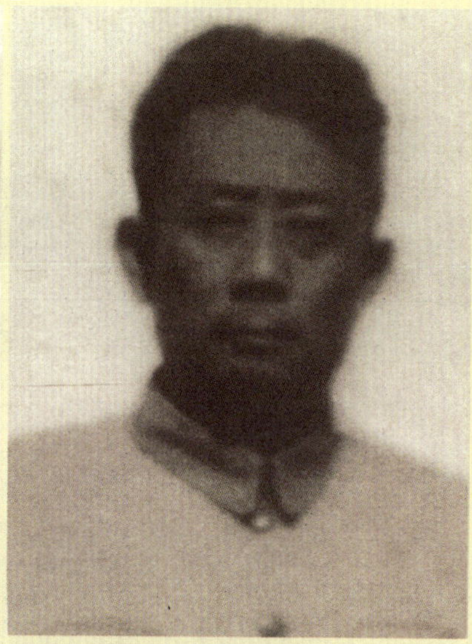

■杭州小热昏著名演员俞笑飞

1958年杭州曲艺团建立，小热昏艺人安忠文、罗笑峰加入该团，为适应曲艺艺术综合性舞台演出的需要，将其中的主要形式“锣先锋”更名小锣书，作为一种独立的演唱形式活跃曲坛。但大部分艺人仍在露天作艺，在杭州小热昏的演唱活动中兼卖梨膏糖，即使进居民俱乐部、茶店等室内场合演出，也仍然是以“以糖代票”的方式作为艺人的经济收入，以至于这两种表演和活动形式均在“文化大革命”中消失，不少说唱艺人也受到了牵连和批判。

中共十一届三中全会以后，我国进入了社会主义建设的历史新时期，安忠文等老艺人先后创作演出以小锣书（锣先锋）为形式的小热昏曲目，如《菜场新貌》、《永远是个拆迁户》、《婚礼变奏曲》、《毛病在哪里》等反映时代风貌及鞭挞、讽刺、揭露、批判阻碍时代前进和社会公德的新曲目，深受广大群众的欢迎。这批新曲目在全国、全省曲艺调演中频频获奖。

人物链接·安忠文

■1979年安忠文在首届“西湖之春”上演唱《菜场新貌》

安忠文，又名筱翔飞，他是俞笑飞的得意门生，属小热昏第四代，擅长南腔北调，是一位能编善唱、坚持创新的爱国艺人。他创作的小热昏现代曲目《敢想敢做孙才尧》，于1958年8月参加全国曲艺会演，并作为优秀曲目进中南海怀仁堂为中央领导同志演出，受到周恩来、董必武等国家领导人的接见。

以糖代票　独特的民间艺术

杭州“小热昏”在街头说唱卖梨膏糖的表演形式多样，有说有唱，初期无固定的表演程式，伴奏仅小铜锣，三块毛竹板（又称三敲板）击节。一人自敲小铜锣、击打三敲板说唱，自由灵活，说笑话，做滑稽动作，说书讲故事，唱民间小调或戏曲；后发展成为有二人说唱的双档、一人演唱的单档。表演形式也相对固定，开场敲击一阵富有节奏的小锣以招徕听众；接着以似说似唱的、诙谐幽默的杭州方言，以七字、十字句式唱词如《长短姑娘》、《皮匠招亲》、《水果招亲》等。该表演说唱形式称为“锣先锋”，其后说一段或用三敲板击节唱一段诸如《清河桥》、《学官话》、《男女争大》等笑话故事，称之为“卖口”。最后一段以说唱滑稽逗笑的长篇故事，如有杭州地方传说的《济公传》及戏曲剧目移植的《火烧红莲寺》、《八美图》、《啼笑因缘》，根据当时社会新闻编唱的《枪毙阎瑞生》、《八一三》、《痛骂四大金刚》、《筱丹桂自杀》等，这类长篇曲目可连续说唱数天。其长篇故事中以说为主，以三敲击板击节用杭州方言唱七字句句式吟诵顺口溜的块板为辅，唱腔按人物情感的需要由艺人自由发挥，曲调质朴，音韵醇厚，称之为“三敲赋”。在小热昏的整场演出中，艺人们除了以逗笑为艺术手段外，还不断地制造悬念，卖关子，中途更会突然煞住，行话称“煞哏”。抓住观众急切想听接下来更为精彩的情节和内容的心理，随即从小箱子内取出自制的各色梨膏糖开始卖糖，待其携带的梨膏糖行将售完，继续说唱长篇故事中的段落，称之“送客”。此种以说唱的形式售卖，堪称一绝。

“小热昏”是具有非常浓厚民族风格的民间说唱艺术；它所包含的艺

■1942年笑笑剧团演出《瞎子借雨伞》

术形式也是多种多样的。首先，艺人开场时先要用一面小锣"吊棚"——招引听众。在人群逐渐汇聚时，艺人不断说些零星的笑话，以吸引住先到的听众，不使其因不耐等待而流失；同时，借助这些听众的阵阵笑声，招引来更多的听众，直至艺人认为满意为止。然后，他们开始说整段的"卖口"（类似今天的相声、独角戏）。通过以上的表演，已把听众完全抓住、稳住了，这时艺人就再拿起小锣唱一段定场的"锣先锋"，这就是我们今天还常听到的小锣书。

不论是"卖口"还是"锣先锋"，都是有人物，有情节，并且笑料迭出，令人捧腹，耐人寻味的。杜宝林先生表演的"卖口"和"锣先锋"是非常杰出的，其中不少段子至今还在民间广为流传。同时，他吸取其他民间艺术的精华来丰富自己。比如《火烧豆腐店》，就是杜先生从"隔壁戏"移植过来的。隔壁戏者，顾名思义，是艺人躲在帐幔里模仿不同人物的语言和各种音调来表现某些情节和技艺，听众只闻其声，不见其形。杜先生把它改编成“卖口”来表演，使听众不仅能听，而且能看，有了面对面的交流。后来，杜宝林的传人江笑笑、鲍乐乐把《火烧豆腐店》带到了上海，改编成滑稽戏搬上舞台，曾经轰动一时。

艺人用“锣先锋”定场后，再唱各种自己的拿手段子。比如滑稽京戏、方言说唱、地方小调、快板，等等。这样连续表演，观众已是乐而忘返。这时，艺人开始“煞哨”，就是以糖代票，卖几个钱来维持生计。

最后还要“送客”，就是说唱一大段故事（有改编、移植的传统长篇传奇，也有取材于实事新闻的新编曲目），足足要唱四十分钟，这是最吸引人的。听众今天听了故事的第一本，“欲知后事如何”，明天就非要来听第二本不可。杜宝林先生延长的长篇曲目《家庭恶产》可唱廿四本，非常吸引人，唱到伤心处，人人落泪；说到诙谐处，满场捧腹笑。杜宝林唱的调子叫“东乡调”，唱腔流畅灵活。苏州弹词名家张鉴庭先生也曾跟随过杜宝林学艺，据说，他的“张词”中也有“东乡调”的因素。

长篇故事必须情节丰富，“关子”扣人，艺人要说得流利，唱得动听，能以各种方言表现各种人物，表情逼真，模拟传神，描景状物、叙事抒情都要引人入胜。

小热昏艺人尤其要在“学”字上下工夫，三教九流，三百六十行，各种角色都要模拟得惟妙惟肖。比如角色是个小皮匠，艺人就必须学像搓麻线、打掌等动作；角色若是裁缝师傅，艺人就得把飞针走线、吹烫斗等动作学得活灵活现。因为是不用道具的，艺人就需要掌握很强的观察生活、捕捉特点和模仿的能力。

小热昏是街头艺术，自然是没有舞台的。为了使在场的听众都能看得见，艺人是站在长凳上说唱的，听众也是站着欣赏的。艺人就在这半尺宽的、寸步难移的“舞台”上大显神通，把说、学、做、唱各项技艺发挥得

■著名演员徐筱安、周志华在杭州清和坊演唱“小热昏”

淋漓尽致，把一篇篇故事、一则则笑话讲述得无比生动有趣，使听众翘首企足伫立始终而乐此不疲，在开怀大笑和艺术享受中解除了一天的疲劳。一场唱毕，听众像听了一回好书，又像看了一场好戏，精神上得到充分的满足和愉悦，花几个铜板买来的梨膏糖还可当零食，真是一举两得！

杜宝林先生和他创造的一整套表演形式，为小热昏这一曲艺品种的形成和发展奠定了坚实而良好的基础，使它得以代代留传，至今不绝，同时也为后来产生的滑稽独角戏、说唱等曲种的形式提供了许多可资借鉴的宝贵经验。

继承与发展

改革开放带来了福音，在省、市各级领导的关心和支持下，“小热昏”梨膏糖突破重重困难，终于在1990年创建了全省第一家专业生产梨膏糖的厂家——杭州天一堂梨膏糖厂，努力把老艺人留传下来的传统“小热昏”梨膏糖更好地继承与发扬，并走访了无数的“小热昏”老艺人，在原来传统中草药配方的基础上，重新调理药理作用，改进操作工艺，在生产过程中，对配料与卫生严格把关，因此对止咳、化痰、平喘、润肺的效果也远远超过以前。

“小热昏”梨膏糖既是中华老字号的品牌，也是经国务院批准的第一批国家认可的非物质文化遗产的保护曲种。

2002年，杭州市政府为了保护历史文化遗产，在杭州市中心恢复历史古街——清河坊。在有关部门的关怀下，“小热昏”梨膏糖首先在清河坊开设了门市部，并定期邀请民间艺人演唱“小热昏”，同时销售梨膏糖，引得游客驻足观赏并博得阵阵掌声与喝彩。近年来，“小热昏”梨膏糖的知名度不断提高，不仅在全国各地畅销，而且在东南亚国家也产生了一定的影响。

近年来，为坚持弘扬民族民间文化和民族精神的原则，浙江省在全国率先启动了民族民间艺术保护工程。2005年5月18日，浙江省人民政府将杭州“小热昏”收录为第一批浙江省非物质文化遗产代表作名录，随着“小热昏”曲种的挽救、保护工作的深入展开，我们相信杭州小锣书定会得到继承和发展。

“咳嗽咳嗽，郎中的对头，梨膏糖的拿手。”掰一块黄棕色的糖块入

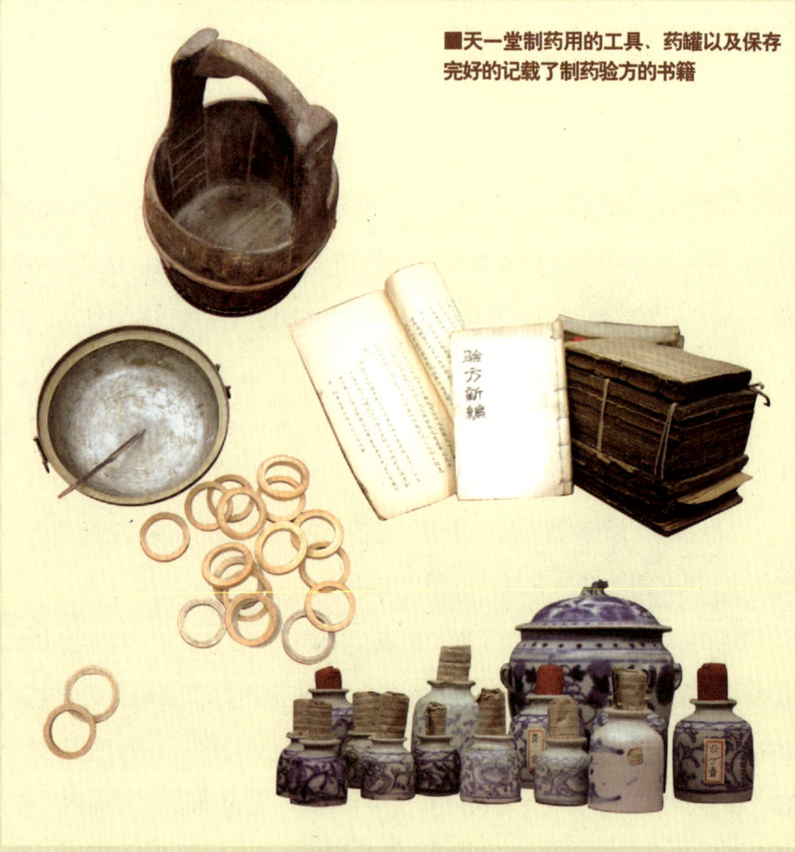

■天一堂制药用的工具、药罐以及保存完好的记载了制药验方的书籍

口，一丝药苦夹带醇香，在舌尖荡漾——那就是梨膏糖了。天一堂梨膏糖现任掌门人叫杨连根，今年65岁。老杨带着20多个工人，守着作坊式的生产基地，兢兢业业干了10多年，还在河坊街上开了个小门面。逢年过节，老杨总要邀请一两个“小热昏”艺人，一条板凳、一个盛梨膏糖的架子，锣鼓一敲，边唱边卖。那几天，店门口总是最热闹的。杭州天一堂梨膏糖厂生产的“小热昏”牌梨膏糖，继承了杭州“小热昏”艺人制作梨膏糖的工艺技术，吸取了众家之长，结合现代先进科学技术，已成为深受群众欢

■杭州天一堂梨膏糖的掌门人杨连根表演小热昏

迎的名牌产品。

杨连根是一名中草药医师，对中草药的研究有着浓厚的兴趣，他一心钻研中草药，终于于1990年在省市区领导的重视及支持下，创办起全省唯一的杭州天一堂梨膏糖厂。由于梨膏糖是杭州市的特色地方传统生产工艺，他发挥自己的才能，顺应消费潮流，打响小厂品牌，在保持传统特色的基础上，逐步走向大市场。企业在原有的传统产品的基础上，以质量求生存，努力发掘传统新产品，赢得社会的公认，扩大再生产，同时在组织和管理制度上狠下工夫，提高了企业的整体素质。1994年获中国仪器博览会银奖；1997年获中国食品保健品博览会金奖，同年被评为浙江省地产名品荣誉称号；1998年被评为浙江省各大商场销量主导品牌，及浙江省质量服务双满意产品。

○创建于民国二十六年（1937）○

延庆堂

延庆堂药店位于延安路中段，1937年8月创建，现营业面积约160平方米，设西药、中药、参燕、旅游产品组柜，职工40人，是杭州具有旅游特色的中西药店。

创始人单维良，精通医术，本想开店坐堂门诊，因避战乱未能如愿。1950年，药店先后聘请名医詹起荪、蔡鑫培、邵南堂、林钦廉、史沛堂等坐堂门诊，设儿科、妇科、内科、外科、针灸科，由医生轮流应诊开方，就店撮药，保持了中药店传统格局。

1956年前，药店以经营中药饮片、丸散膏丹为主。格斗饮片，每天轮番清筛，保持大、齐整特色。电话接方，代客煎药、泛丸。1953年定为杭州市公费医疗特约配方点。

20世纪70年代，店里的营业员通过拜师学艺，掌握中药配方、保管及泛丸等基本技能。药店经常开展下厂下乡售药服务。在端午节前夕，突击配制银花、甘草、雄黄、败毒散等，组织青年职工出车到菜场、居民区流动服务。改革开放后，国内外旅游者光顾日增，配方业务更注重国内海外信誉。助人为乐屡见不鲜。港澳回国观光侨胞冯玉霞女士患病来店配方，营业员接方后，连续3天为其煎药、送药。她病愈后亲自登门提写了“热情接待，药到病除”八个大字赠予药店。中国人民解放军某部秦崇文出差途中生病，来店配方，营业员热情为其配药、煎药，还服侍喝药。

延庆堂中成药销路甚畅。从1938年始，自制养血愈风酒、木瓜酒、五加皮酒、银花露、六味地黄丸、十全大补丸、清宁丸、小儿回春丸、辟瘟丹、紫金锭、人参再造丸等。80年代，中成药经营品种迅速增加到300余种。其经营方针是：“以名牌产品开路，厂店联营，优惠供应，服务顾客，信誉第一。”一是择优进货，出样新颖，非名优产品不进，先后与数十家名牌药厂建立产销关系。尤以北京同仁堂的国公酒、虎骨酒、乌鸡白凤丸，南京同仁堂排石冲剂、杜仲冲剂，广州羊城药厂霍胆丸、痰咳净，杭州胡庆馀堂的羚角降血片、复方丹参片、纯珍珠粉，杭州中药二厂的双宝素、青春宝等，最为畅销。二是注意产品包装质量，非鲜艳包装不进。1986年，上海人参精采购进店后，拆箱验收发现封面包装颜色变淡，影响外观，经理楼正华当即决定退货。三是厂店经常举行联合展销。曾两次与杭州胡庆馀堂制药厂、中药二厂、宝灵有限公司，山东东阿阿胶厂联合展销青春宝、参参口服液、中国花粉、阿胶等名优产品，销路大振。

延庆堂地处闹市区，具有得天独厚的条件。1938年始，参燕柜台备有进口别直参、西洋参、东洋参、国产人参和鹿茸、燕窝、银耳等30多个品种，并有天麻、厚朴、半夏等精制薄片，供游人选购。70年代末开始，中药配方业务下降，扩大旅游产品经营，自行包装菊花等商品，华侨、外宾光顾日益增多。1979年出售的菊花、杞子达1.27万包，并开始承办华侨旅行支票的兑付业务。1980年增加当归、熟地、首乌等10多个品种。是年仅白菊花就销售20余吨。1983年，桐乡药材公司的壶炉牌白菊花，上海童涵春、胡庆馀堂精制党参、怀山药等20多个品种，成为延庆堂常年销售产品。嗣后，又增加进口犀黄、西红花、虫草、燕窝、海龙、海马等品种，1985年销售近50万元。进入21世纪，药店在保证原有药材补品的基础上，继续引进和推广各种疗效甚佳的滋补品，以适合各类人群的口味。

延庆堂经营参茸补品，颇受各界欢迎，其中新开河参在1985年打开销路后，1986年进入旺销时期，年底与集安参场合办新开河参联合优惠展销，7天中销售30余公斤，全年参茸销售80万元。1987年1月，集安参茸公司在杭州举办新开河参学术讨论会，该公司副经理、农艺师亲自到延庆堂参燕柜组为顾客咨询服务，介绍新开河参的功效、适应证、保管方法和外形挑选鉴别等知识，围观者翘首聆听。同年7月，一台湾同胞连夜赶来，一次购买新开河参等补品1500余元，连说：“质量道地、参味很浓。”是年，参茸销售额达100万元。

在经营旅游产品中，经营者抓住少、奇、缺、新四个市场动态特点。少：就是抓住稀罕商品。1986年以前，杭州市场上大都只销售普通人参，经理金国民看准市场“食不厌精”的趋向，先后去东北组织到200－2300元一支的野山参两批，远近顾客闻讯购买，到剩下两支2000元以上的野山参时，3位外地顾客争着购买。奇：就是卖疗效奇特的药品。1985年从东北采购到鹿尾、鹿鞭、海狗肾等补肾壮阳的天然药材，颇受东南亚游客和港澳侨胞的欢迎。缺：就是组织市场上紧缺、断档的商品。1985年，杭州市场十全大补膏紧缺，即去上海组织到上海一厂生产的十全大补膏，3个月销售50余箱，缓解了市场供应。新：就是经营新开拓的产品。1982年，广州羊城药厂推出新药痰咳净，延庆堂药店在杭州首家与厂方联系进货，通过灯箱广告和电台、报纸广为宣传，上柜月余，售出近万盒，第二个月销售量1.5万盒。

建国前，延庆堂门市价格扣率低于胡庆馀堂，在市场上有竞争力。成药、参燕明码标价，中药价格贴在格斗内，便于灵活掌握。1956年，杭州市各药店统一饮片价格，采用16两制计量，以钱为单位。1978年7月，中药配方计量单位改为公制，以10克为计价单位。1985年，店内成立物价管理小组，对上柜药品实行一物一价明码标价，并定期检查药品质量和计量工具。

杭州老字号系列丛书

医药篇

CHINESE 医药篇 MEDICINE

◎西医·西药卷◎

叁

■五洲药房支店（图片提供/赵大川）

○自1905年以来○

杭州西药业历史

杭州西药业的开设始于清光绪三十一年(1905)，上海华英药房在清河坊开设杭州分店是杭州第一家西药房。此后，杭州西药房逐渐增多。到了民国时期又有一个发展，有了更具规模的大药房和西医院，从此中西药店、医院共存，相互竞争，虽然发展之路起伏不平，但是这个格局一直延续至今，各自都树立了自己的品牌，在杭州市民中都留下了深刻的品牌印记。

1840年鸦片战争以后，中国沦为半封建半殖民地，西方经济、文化渗入国内，同时也带来了西方先进的医疗技术和西药。

清同治八年 (1869)，英国安立甘会 (后改为圣公会)派密杜氏医师在杭州横大方伯 (今解放街)赁屋三间，行医传教，专治“戒烟”。1871年，正式创立大方伯医院，后改名为广济医院 (今浙江大学医学院附属第二医院前身)，由英国人甘尔德主持，每月收治住院病人20人左右，门诊一二百人次。1881年，英圣公会改派梅腾更掌院，在职45年，相继创办了广济产科局、麻风病院、肺痨病院和广济医专学校等，行医办校，为杭州培育了第一代西医师。广济医院的创立，开辟了欧美西药传入杭州的途径。当时的治疗用药，均向杭州圣公会提出计划，由香港英国人开设的宝威药厂供应制剂和原料药。品种很少，主要有甘草合剂、硼酸、碘酒、苏打粉、奴佛卡因、硫酸镁、甘油、双氧水、阿托品、吗啡等。随着医疗范围的扩大，用药品种增加，相继自制或配制针用葡萄糖、X线硫酸钡、百日咳药水、退热阿的平针、眼药膏、眼药水、进口印度双桃喹啉，并自制喹啉针、喹啉药水。20世纪30年代配有手摇式压片机，压制山道年片、大黄苏打片等。自制各种内服、外用、消毒、防腐制剂152种。当时国际市场还没有青霉素、链霉素，广济医院使用的百浪多息红色素，作用与抗生素相近。抗日战争期间，青霉素、链霉素、磺胺类药物始进入杭州市场。

在西医西药渗入杭州之初，市区鼓楼湾一带出现了广东人开设的广东药水店，先后有保太和 (1878)、福林 (1900)、太和 (1912)、老葆合和(1914)等，主要经营冯了性药酒、乌鸡白凤丸、玉树神油、熊胆丸、眼药等广东药品，至民国初年才逐步经营西药。

清光绪二十一年(1895)，清廷屈膝签订《马关条约》，杭州拱宸桥被

註册商標
保證書
第四集
中華民國二十一年
四月重印
THE INTERNATIONAL DISPENSARY,
"Chilai" Blood Tonic
Manufacturers.
Chemists & Druggists.
81-3 FOOCHOW ROAD
SHANGHAI, CHINA.
上海四馬路棋盤街轉角
五洲大藥房
股份有限總公司啟

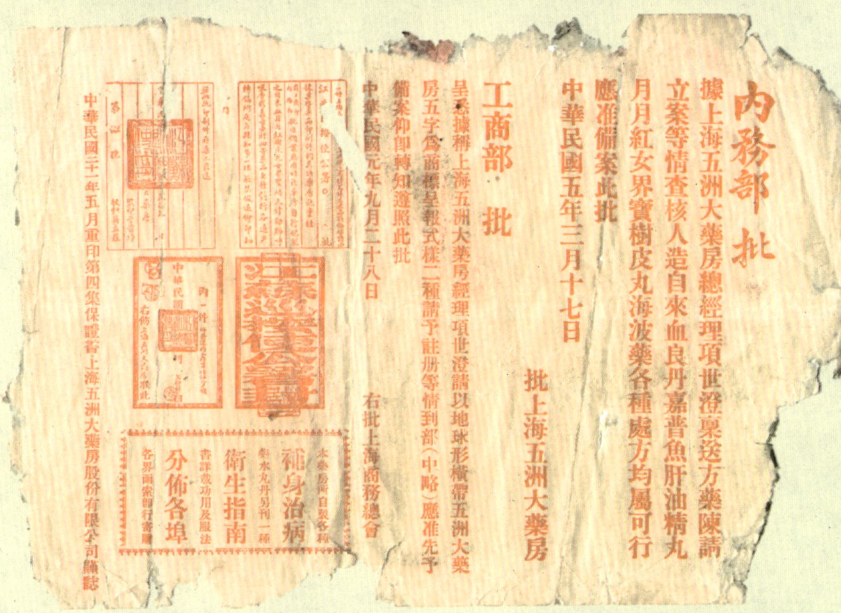

內務部批

據上海五洲大藥房總經理項世澄稟送方藥陳請立案等情查核人造自來血良丹嘉普魚肝油精丸月月紅女界寶樹皮丸海波藥各種處方均屬可行應准備案此批

中華民國五年三月十七日

批上海五洲大藥房

工商部批

呈悉據稱上海五洲大藥房經理項世澄請以地球形橫帶五洲大藥房五字爲商標呈報式樣二種請予註册等情到部（中略）應准先予備案仰即轉知遵照此批

中華民國元年九月二十八日

右批上海商務總會

補身治病
衛生指南
分佈各埠

中華民國二十一年五月重印第四集保證書上海五洲大藥房股份有限公司謹誌

■五洲大药房《保证书》第四集

■杭州西药业的开设始于清光绪三十一年（1905），上海华英药房在清河坊开设杭州分店，主营哥罗颠、十滴水、碘酒等本牌药品，这是杭州第一家命名经营西药的药房。此后，上海在杭分设药房渐增。经查考光绪年间《杭州白话报》等报刊，发现在光绪三十四年有五洲药房（清和坊）、中外大药房（保佑坊）、中华大药房（联桥直街）、普惠大药行（大井巷口）、中英药房、中法药房等较多的药品广告

■中西大药房，拍摄于20世纪30年代

（图片提供/赵大川）

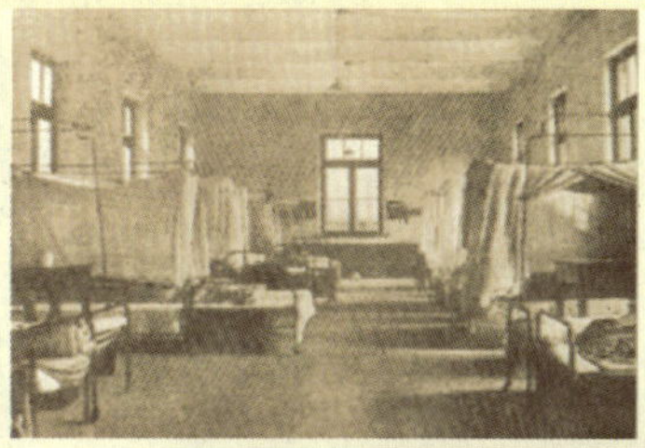

■左图　老照片中反映了当年在闹市街区开的露天西药铺，这些西药铺也经常走街窜巷设摊叫卖。

■右图　是一家西医院的住院部，从照片来看当时条件比较简陋。

■杭州中西大药房信封

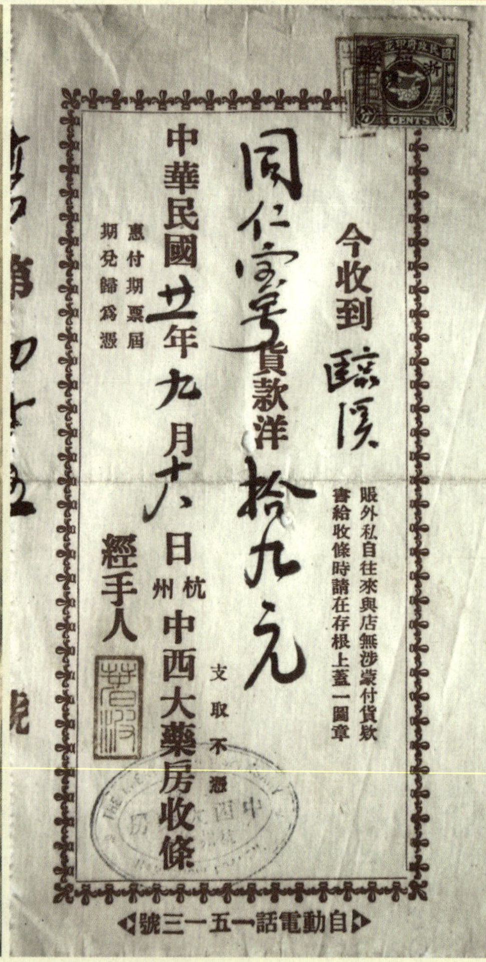

■1932年杭州中西大药房收条

辟为日本商埠。日本商人在租界内开设大东等药房。民国初年日商越界在市中心开设重松药房和丸三药房，被国人捣毁。

清光绪三十一年(1905)，上海华英药房在清河坊开设杭州分店，经理戴姓，主要经营哥罗颠、十滴水、碘酒等本牌药品，这是杭州第一家专门经营西药的药房。此后，上海在杭分设药房渐增。经查考光绪年间《杭州白话报》等报刊，发现在光绪三十四年有五洲药房(清和坊)、中外大药房(保佑坊)、中华大药房(联桥直街)、普惠大药行(大井巷口)、中英药房、中法药房等较多的药品广告。尤以中法药房广告最为详细:“本药房集中外驰名灵验丸散膏丹、药水、药酒，并各种香粉、香水、香皂、香油及医生刀包材料、牙科器具材料、照相器具材料，经营艾罗补脑汁、疗肺药等良药。”由此证明当时药房的经营品种已颇为广泛。

民国元年（1912），上海中英药房在清河坊开设的分店，因经营困难，重新折股5000元，盘给经理寿鹤卿和谢士元等人，遂为杭州本地人开设的西药房。并在原址对面重建两层楼房开张，主营本牌药品、各国进口成药、药用工业原料、医疗器械、奶粉和照相材料等，由在职股东俞承安配制町、酯、糖、浆、合剂、软膏等。北伐战争后，聘请周师洛药师担任西药配方，成为杭州西药业初创时期较为正规的西药房。后几经变迁，成为现在的创新药店。

民国十五年 (1926)，药剂师周师洛联合同学集资数千元，创办同春药房，营业渐臻发达，不久发展成为民生化学制药厂，开始生产针药、丸剂、锭剂和家庭良药。至民国二十年 (1931) “九一八”后，国外玻璃料器来源断绝，即在武林门外购地数十亩建厂，更名为民生制造厂，与上海新亚、信谊、海普同称国人创办的中国“四大药厂”。

民国元年 (1912)前，杭州有西药房6家，民国十六年 (1927)已有西药房22家，至民国20年 (1931)有西药房31家，其中设在城区的有29家。全业资本17.28万元，年营业额72.85万元，其中五洲、中英、华美、中法、太和、同春等18家药房，年销售万元以上。

民国二十六年 (1937)，杭州西药房已有40家之多。是年7月，抗日战争爆发，民生药厂、中英、中法等药房纷纷内迁，剩下的只有中小型药房。在拱宸桥的日商大东药房乘机霸占同春药房，又在官巷口附近由日商开设山田、铃木、佐佐木等日本药房，经销日本成药和原料，成为日本药品挤入杭城的渠道，对西药业冲击很大。同时，万国西药行敢于通过日军封锁线，把药品运到内地和游击区去经销，固然为了盈利，但也起到支援内地军民用药的作用。

1945年8月抗日战争胜利后，杭州西药房增加到60多家，国产新药和本牌药品经营有较快发展。1948年8月起，民国政府实行“币制改革”和“限价政策”，造成物价暴涨，西药经营濒于破产。以常用西药价格为例：沪杭两地1949年5月25日与1946年7月6日相比，20万单位青霉素上涨72亿倍，拜耳阿斯匹林片10片装每支价上涨553亿倍，信谊消治龙20片装每支价上涨148亿倍，磺胺嘧啶片1000片装每瓶价上涨264亿倍。这个时期西药生意做得较活跃的是同丰西药行，进出频繁，专做批发，着重经销盘尼西林（青霉素）、肺特（链霉素）、消治龙片（磺胺类药物）、糖精、鹧鸪菜等品种，与上海长途电话联系一日数次，对沪杭市场行情信息灵通，独占优势。同时，在同行竞争中，有的囤积居奇，有的相互“捉白老虎”，把西药折成黄金、大米，买空卖空，市场更趋混乱。

建国以后，杭州西药市场开始稳定，药房增加到88家，为历史最高峰。此时，同业开展联购联营，部分药房改办药厂，在杭州分设的几家上海药房也并回上海总店。

1955年，西药业首先进入国家资本主义初级形式，开展经销、代销业务，调整了经营网点。1956年实行西药全行业公私合营，27家西药房归属市医药公司管理，制药企业划归化工系统。1958年以后，随着全市商业网点的调整，中药店和西药房逐渐合并，“药房”之名也随之消失。

中西藥品

（图片提供/赵大川）

○创建于清·同治八年（1869）○

广济医院

廣濟醫院

广济医院的创立

清同治八年（1869）英国安立甘会（后改名圣公会）派密杜氏医师来杭州横大方伯（今解放路中段），租屋三间行医传教。同治十年（1871）创立方大伯医院，后改名广济医院，由英国人甘尔德主持。光绪七年（1881）英国人又改派梅藤更掌管医院，该院原第四、五旧病房系捐款建立，后由高向淑等人创立产科医护校。北伐军入浙后，接手广济医院，由洪式闾主持。民国十七年（1928）国民政府将广济医院发还给英国人，1952年3月由院董事会议决定，将广济医院及松木杨广济分院全部财产，无条件捐献给政府作教学医院之用。1885至1925年医院附设的广济医校是国内最早的医校之一，后改名为“浙江医学院附属第二医院”，一直沿用。

梅藤更与广济医院

读过台湾著名作家高阳《胡雪岩》一书的读者可能还记得，就在该书的头一章，出现过一个与胡雪岩等杭籍名流来往甚密的外国人——梅藤更，书中提到，这位外国人在杭州开设医院时，胡雪岩曾出资捐助。

这个英国人为何会到杭州驻留，有人说他是在本国犯了官司，所以才与其他英国商人到了中国，但是今天我们已无从考证。

杭州本土文献显示，清同治年间，英国教会在杭州大方伯开设了杭州第一家西式医院——广济医院。1881年，梅藤更担任了该院院长。这期间，他兴办了广济医院专门学校作为扩大医院的新手段。随着医务事业的扩大，梅氏的野心也越来越大。光绪二十一年(1895)，梅藤更以建麻风病

■梅氏纪念碑

院的名义，向宝石山上的保俶寺和尚怀仁骗租空地三块，共计6亩5分2厘。当时，梅藤更信誓旦旦地说："我只在空地上建医院和下人的住房各一所，而且这两所房屋都离保俶塔三丈以外。房屋外不建围墙。"但是，梅藤更租到土地后，马上在四周建起围墙，不仅将保俶塔、来凤亭都围了进去，而且把上山的路和葛岭通岳庙的路都堵塞了。游人自然愤怒。更令人愤怒的是，被围在围墙内的保俶寺，虽然房屋都在，但是，殿内的佛像、神牌都被摧毁。寺申的和尚怀仁因惧祸已避走他乡。至此，梅藤更在宝石山上所圈的地早已超出了6亩5分2厘。以后，梅藤更又在北山街旁的大佛寺周围继续圈地达30余亩。一时间，保俶塔旁洋房林立。梅藤更在宝石山上建造麻风病院，其理由是麻风病人需要隔离，所以建在山顶上。杭州士绅和钱氏族人以西湖为风景名胜之区，而保俶塔系钱武肃王时代所建，已有千年历史，更为古迹所在，自不能在其旁设立麻风病院。于是群情愤激，要地方官吏与梅氏交涉，将房屋拆除。最初官府畏惧洋人，不敢交涉。后因民间情绪高昂，如不接受士绅请求，将生事端，方向梅藤更提出要求。梅最初以依据条约有权建筑医院，且院屋业已建成，不允许拆除。后来有鉴于民情激昂，加之浙江交涉使王丰镐先生的全力交涉，毫不妥协，梅藤更知不可侮，乃于1911年6月，将所有的土地契据共21件连同已建房屋交还地方，由政府赔还其建筑费用。这是西湖山上最早的一幢二层五开间洋房，立于保椒塔之旁，后成为游人休息之所。

据老杭州阮毅成先生《三句话不离本杭》一书记载，20世纪20年代末，梅氏准备衣锦荣归，临行前宴请杭州地方人士，在会上致辞时说："杭州人是进步得多了。记得我初来时大家叫我洋鬼子，后来叫我洋先生，再后来叫我洋大人。"其时的阮先生年方十五六岁，血气方刚，听得此言后随即起立说道："那是因为梅先生进步了。梅先生初来时，借帝国主义之力量，欺侮老百姓，所以老百姓称为鬼子。后来梅先生以平等的态度对待老百姓，所以老百姓称之为先生。至于称梅先生为大人，我没有听见过。况且中国自革命之后，在中国人中早已没有大人的称呼，怎么还会称外国人大人呢？我想，这是梅先生自己杜撰的。”阮先生的一番话得到了与会众人长时间的掌声。梅藤更像被泼了一盆冷水，尴尬地站起来说：“我知道中国是有前途的，后一代的青年更是了不起！可惜我老了，来不及看到中国的复兴。”

现状与发展

经过130多年的建设与发展，目前的浙医二院是一所大型现代化综合性医院，1984年被首批授予浙江省文明医院，1989年作为试点在全国首家通过三级甲等医院评审，1991年被评为全国卫生系统先进集体，1998年被评为全国“百佳”医院和浙江省示范文明医院，2004年高分通过三级甲等医院复评，被浙江省卫生厅确定为三级特等医院创建单位。

广济医院大门

■广济医院门诊部调剂室

浙医二院是浙江省最大的医院之一，全院开放床位1600张，年门急诊量超过百万人次，住院病人超过3万人次；医疗用房将超过14万方，建有附设急救直升机停机坪的现代化脑科中心大楼和眼科中心、门诊科教、急诊中心和国际保健中心大楼；医院现有正式职工1974人，高级职称专家364人，其中教育部长江特聘教授2人、获政府特殊津贴专家20名、博导34人、硕导139人，拥有中华医学会分会主任1名、常委多名和大陆唯一的美国外科学院荣誉院士。

医院学科齐全，拥有32个临床科室和13个医技科室，尤以急诊医学、普外、肿瘤、神经内外科、骨科、眼科、心内、胸外、呼吸、口腔和耳鼻咽喉科等闻名。医院重视医疗质量管理，是浙江省医院中全省医学技术指导和质量控制中心最多的一家医院。

医院坚持科教兴院，取得丰硕成果。近五年，该院获得国家技术发明二等奖一项、国家科技进步二等奖一项，2004年发表的SCI收录论文数量位居全国医疗机构二十强，并获得国家杰出青年人才项目等多项国家级重点科研项目，每年获得国家和浙江省自然基金项目均列全省医院前茅。医院设有卫生部临床药理研究基地、浙江省医学分子生物重点实验室，拥有16个省级重点学科、8个浙江大学医学研究所和全国唯一同时拥有人体和动物PET的医学PET中心，并有临床医学博士后流动站1个、二级学科博士点8个，承办浙江省唯一的中华系列杂志《中华急诊医学杂志》等三种杂志。

浙医二院注重科学管理和医院文化建设，努力打造医院技术和服务品牌，全体员工精诚团结，以高度的凝聚力，努力为社会提供优质医疗保健服务。

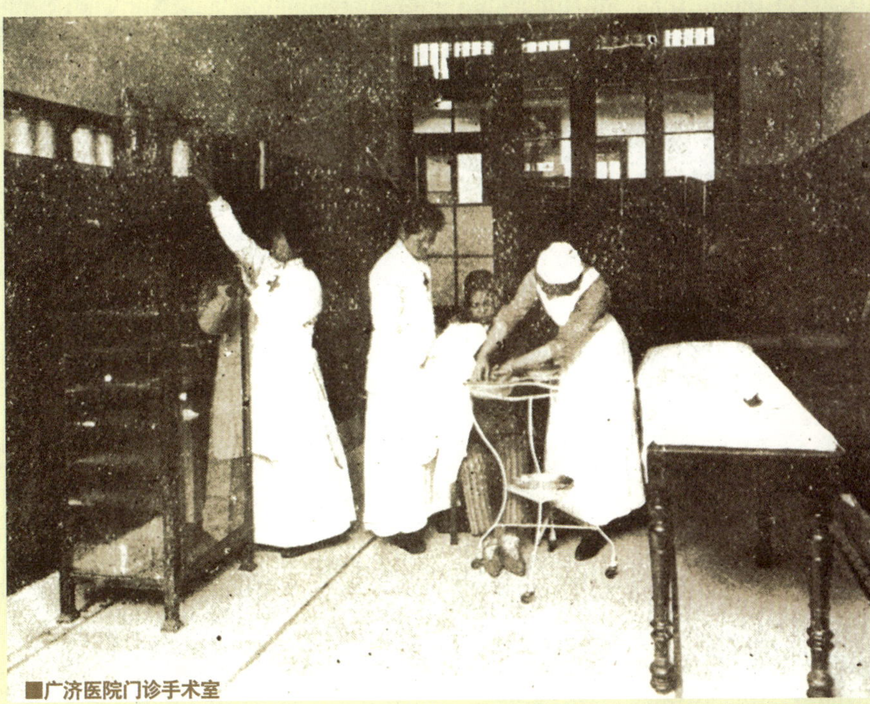

■广济医院门诊手术室

女清氣院

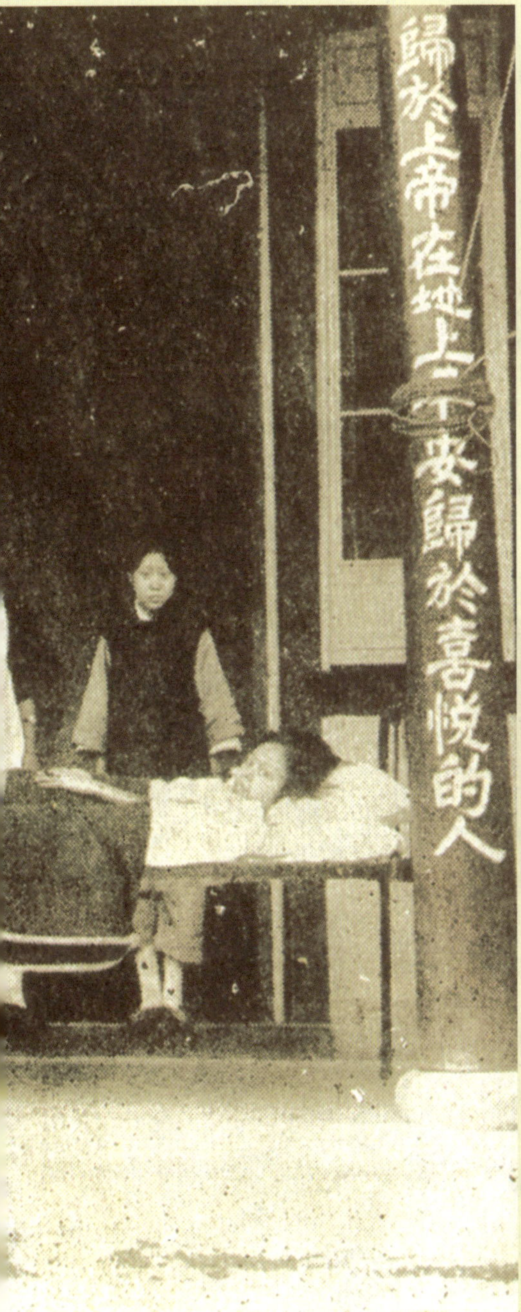

■女清气院（左图） ■女麻风病院正门（右上） ■女麻风病院全景（右中）
■广济医院职员疗养院（右下）

■男麻风病院全景（上图） ■男清气院（下左） ■男麻风病人工作情景（下右）

广济医院历史沿革

1869年，杭州横大方伯设立“戒烟所“——广济医院前身

1870年，改名为杭州大方伯医院

1871年，正式改名为广济医院

1884年，广济总医院建成

1885年，医院扩建开设广济医校

1889年，成立麻风病医院

1899年，成立西湖肺痨病医院

1911年，医院装置电灯、自来水、X光机

1914年，医院在杭州松木场成立分院

1925年，医校停办

1927年，政府收回，改名为浙江省政务委员会直辖杭州广济医院

1928年，医院重新归还英国人

1937年，被改名为杭州同仁会医院

1945年，医院又由英国人接管

1949年，医院设内、外、皮肤、妇产四个临床科室，病床117张

1952年，浙江省人民政府正式接管医院，并更名为浙江医学院附属第二医院，为大外科专科医院，病床206张。西湖肺痨病医院停办，麻风病医院由省卫生厅接管，改名为浙江麻风病院，迁至武康上柏

1958年，调整为内外科综合性医院，有10个临床科室，病床450张

男麻风病人

广济医院X光室

1960年，定名为浙江医科大学附属第二医院

1973年，3680平方米的门诊大楼落成

1977年，2270平方米的科教楼落成

1980年，11350平方米的一号病房大楼落成，这时临床科室17个，床位600张

1983年，2063平方米的放射楼落成，并引进了全省第一台CT

1992年，2800平方米的急诊大楼落成

1993年，在医疗二系的基础上，成立了第二临床医学院，引进全省第一台核磁共振

1997年，14440平方米的二号病房大楼落成，临床科室增至23个，床位850张

1998年，急诊科成为国际紧急救援中心网络医院，医院病床增至1000余张

1999年，定名为浙江大学医学院附属第二医院

○创建于清 · 宣统三年（1911）○

浙江病院

革命传统　医药救国

1911年4月27日，在中国广州，同盟会举行武装起义，震惊全国。起义很快失败，百余名革命党人遇难，后入殓烈士遗骸72具，史称“黄花岗七十二烈士”。这次起义成了辛亥革命的前奏。而此时全国上下正处在一片危机之中，各地的战乱和暴动连续发生，革命迫在眉睫。同年10月10日，辛亥革命爆发，推翻了清王朝，结束了北京作为封建王朝帝都的历史。

浙江病院始建于1911年。当时，中国留日学生受旧民主主义革命思想的影响，不少人抱有革故迎新的宏愿。其中韩清泉、厉绥之、汤尔和等留日医科学生学成归杭后，意欲与外国医院相抗衡，得到了陈叔通等士绅的支援。于是，申请省库拨借8000元，于1911年在羊市街租赁了一所前后四开间砖木结构的两层西式楼房开设医院,取名浙江病院，系国人在杭州自办的第一家医院。

各位留日医生医术精湛，服务良好，收费低廉，深受病家欢迎。而医生不开工资，反倒补贴私蓄，把医院坚持开办起来。辛亥革命后，因军队急需军医，浙江省督军政对病院赞助增多，并拨劳动路原盐运使署旧址10亩地，连同旧屋给浙江病院。病院上下仍一如既往，惨淡经营，始终以低价诊疗，抵制外国医院对国人的欺诈勒索。1934年，著名华侨胡文彪来杭，捐献10万大洋，重修浙江病院，添置了设备。

抗日战争时，浙江病院一度停办，抗日战争胜利后恢复。此时，病院已初具规模，有病床75张、高级医师18人、其他职工百余人。此时，劳动路病院房舍已经不够使用，就在洪春桥九里松筹建新舍。建国后，人民政

■1911年开设的浙江病院羊市街旧址

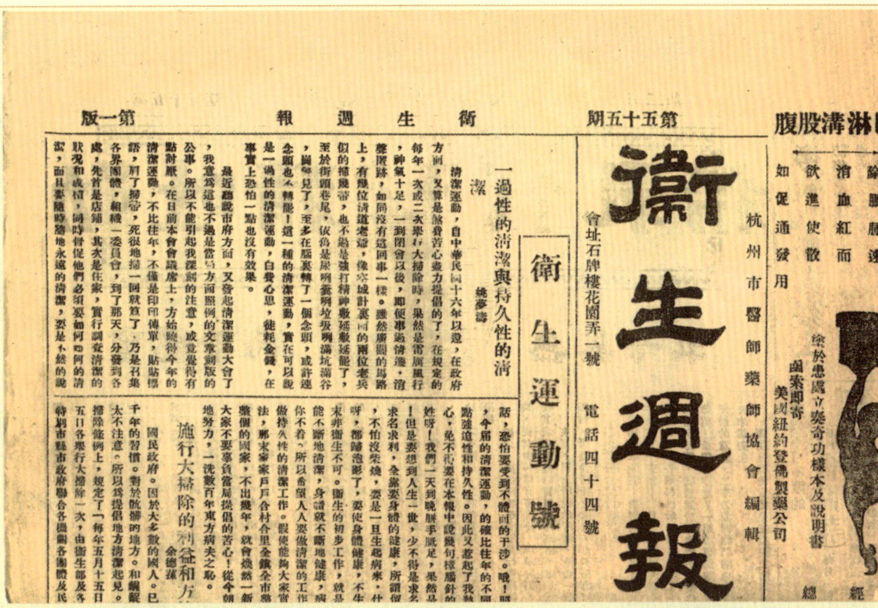

腹股溝淋巴

除脹腫速
消血紅而
欲進使散
如促通發用

塗於患處立奏奇功樣本及說明書
函索即寄
美國紐約登佛製藥公司

第五十五期　衛生週報　第一版

衛生週報

杭州市醫師藥師協會編輯

會址石牌樓花園弄一號　電話四十四號

衛生運動號

一過性的清潔與持久性的清潔

姚夢濤

清潔運動，自中華民國十六年以還，在政府方面，又算是煞費苦心盡力提倡的了，在規定的每年一次或二次舉行大掃除時，果然是雷厲風行，神氣十足，一到閉會以後，即便事過情遷，消聲匿跡，如同沒有這回事一樣。雖然廣闊的馬路上，有幾位清道老爺，像空城計裏面的兩位老兵似的掃幾帚，也不過是強打精神敷延敷延罷了，至於街頭巷尾，依爲是屎啊糞啊垃圾啊滿坑滿谷，偶然見了，至多在腦裏轉了一個念頭，或許連念頭也不轉罷！這一種的清潔運動，實在可以說是一過性的清潔運動，白費心思，徒耗金錢，在事實上恐怕一點也沒有效果。

最近聽說市府方面，又發起清潔運動大會了，我意爲這也不過是當局方面照例的文章刻版的公事。所以不能引起我深刻的注意，或竟覺得有點討厭。在日前本會會議席上，方始曉得今年的清潔運動，不比往年，不僅是印印傳單，貼貼標語，拿了掃帚，死很地掃一回就算了，乃是召集各界團體，組織一委員會，到了那天，分發到各處，先首是店鋪，其次是住家，實行調查清潔的狀況和成績，同時督促他們必須要如何如何的清潔，而且要隨時隨地永遠的清潔，要是不然的說話，恐怕要受到不體面的干涉。哦！照今屆的清潔運動，的確比往年的不同點強迫性和持久性。因此又惹起了我熱心，免不花要在本報中說幾句樣腦針的姓呀！我們一天到晚胼手胝足，果然是……！但是要想到人生一世，少不得是求名求利，全靠要身體的健康，所謂留……，不怕沒柴燒，要是一旦生起病來，什……呀，都歸泡影了，要使身體健康，不生……末非衛生不可。衛生的初步工作，就是……能不斷地清潔，身體就不斷地健康，病……你不着，所以希望人人要做清潔的工作……做持久性的清潔工作。假使能夠大家實……法，那末家家戶戶合村合里全鎮全市整……整個的國家，不出幾年，就會煥然一新……大家不要辜負當局提倡的苦心！從今朝……地努力，一洗數百年東方病夫之恥。

施行大掃除的利益和方……

余德蓀

國民政府。因於大多數的國人。已千年的習慣。對於骯髒的地方。和觀……太不注意。所以爲提倡地方清潔起見。掃除條例上，規定了「每年五月十五日……五日各舉行大掃除一次，由衛生部及各特別市縣市政府聯合各機關各團體及民……

■杭州市医师药师协会编辑的《卫生周报》

府接收了浙江病院，于1950年1月在九里松医舍的基础上扩建医院，并更名为中国人民解放军第九十六院，后并入解放军第一一七医院。1952年10月，新院舍基本建成。医院位于灵隐路14号，占地面积多达20万平方米，楼房平房20余幢，拥有560张病床，成为一所对外开放的综合性中心医院，远近闻名。

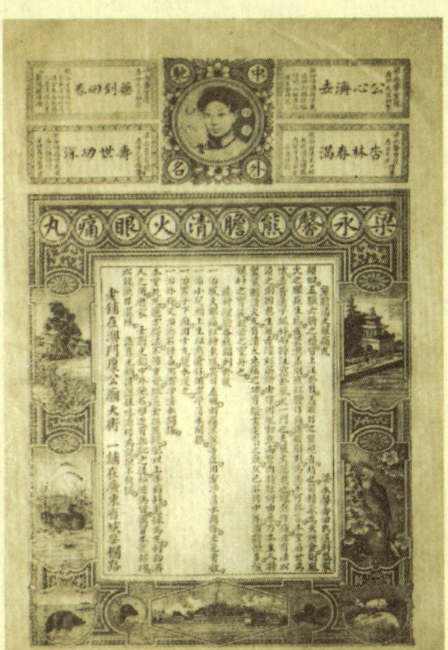

随着社会的不断前进，中国的医疗事业得到了很大的发展和完善，但由于种种原因，浙江病院最终消失在滚滚的历史大潮之中。浙江病院羊市街旧址今已不存，劳动路旧址和一一七医院尚有些许遗址可寻。

○创建于民国十二年（1923）○

三三医院

中西结合　行医救民

1923年，绍兴籍名中医裘吉生在杭州十五奎巷创办三三医社，开创中医办院之始。“三三”者，取《礼记》“医不三世不服其药”及《左传》“三折肱知为良医”之义。三三医社后改名三三医院，并扩充为中西医联合医院。三三医院院址先在杭州十五奎巷四牌楼，后迁至将军路柳营路口。医院规模不大，但声誉甚高。医院前厅悬一紫红巨匾，上有孙中山先生手书“救民疾苦”四字。

三三医院是当时全国为数不多的中西医结合医院。裘吉生先生曾多次告诫门人：“行医以活人为主，病之宜于中者用中法，宜于西者用西法。”创办之初，先生兼任中西医内科，汤士彦任中内科，王心原任西内科，虞祥麟任伤科，郭竞志任牙科。移址将军路柳营路口后，有西内科裘诗新、周福昌、徐祖鼎，妇产科汪静真、杨素贞，中外科蒋伦元，聘著名西医师王吉民等为顾问。就诊病人，中西可以随便选择，危重疑难病例，则中西医会诊切磋，中西医间融洽无间。

20世纪初，民族虚无主义思想泛滥，企图消灭中医的恶浪翻滚，中医药事业受到种种无理限制。裘吉生先生怀愤懑之心，发奋自强，为振兴中医事业，以发掘刊印流通医学书籍为己任。1923年，裘吉生先生将《绍兴医药学报》改名《三三医报》，成立“三三医社”，刊印《三三医书》，创办中西兼备的“三三医院”。

医院内设中西药房，为病人代煎中药，炮制和煎药方法都特别讲究。医院后院有病房十余间，设有病床数十张。当时住院病人很多是从农村来的。裘先生说：“医乃仁术，办医院不是为了赚钱。”对贫民治病免收诊金和出诊费，如遇赤贫还另赠药费。

首重医德是三三医院的一大特色。裘先生曾说：“医生以道德为第一，学其次。盖医为司命，虽学问渊博而诊治草率从事，不啻大盗之不操戈矛，杀人于不知不觉中。”医院要求医生对病人不能书一方而了其责，病人服药后是重是轻，如何摄生，如何看护，均应关心和指导。裘先生订立医生“十德”，置于座右，督励医生奉行。

首重医德 仁心仁术

裘吉生(1873—1947)，名庆元，字吉生，别名激声，以字行，晚年自称“不老老人”。原籍浙江绍兴，迁居杭州。早年参加同盟会，与同乡徐锡麟、秋瑾等一起革命。徐、秋就义后，裘以医为业，远走东北，有缘与日本医界名士相会，并看到不少珍本医籍，乃专心收集研究。民国初年，返回故里，正式行医，素重医德，手订医德十余条为“座右铭”。辛亥革命后从医，开办中西联合医院，热心中医教育;广收中医文献，汇编刊印医书医报，为保存传播医籍、发扬中医事业献出了毕生精力。

先生童年时，家境不给，曾学艺于铜业，17岁随堂叔学钱业，18岁时患肺病至第三期，医者束手。他用仅有积蓄购买了一部《本草纲目》，用中药及灸治法治好了自己的肺痨，从此立志要做一个药到病除的良医。之后，每月工资除生活费外全部购买医书，锐心钻研，造诣日深，遂成名家。

当时清廷腐败，国势垂危，人民饥寒交迫。先生易名“激声”，志其愤激，先后参加光复会、同盟会，与徐锡磷、秋瑾、蔡元培、陶成章等密谋革命。先生在绍兴创办“教育馆”，一如今日之图书馆，可以借书看书，借此宣传革命思想。徐锡磷、秋瑾就义后，教育馆被封，先生亦在黑名单上。后奉同盟会委派至奉天继续光复工作。

清王朝被推翻后，袁世凯醉心称帝，封建军阀割据。先生弃政返绍从医，并以“遇病化吉，就医皆生”的志愿，改名“吉生”。在绍兴开设了“裘氏中西医院”，同何廉臣、曹炳章等绍兴名医组织“神州医学会绍兴分会”。参加绍兴县同善局施医所，免费为贫民治病。编印《绍兴医药学报》。《绍兴医药学报》为我国最早的中医药杂志之一，近代著名医家如张锡纯、张山雷等都曾为其写稿。

先生曾手订从医“十德”贴于座右，曰：一、见重症应用重药者切勿顾忌，所谓救病如救火。二、急诊请诊，虽深夜须急往。三、凡诊贫病，更宜和蔼周到。四、诊妇女病至深房，必须病家有人陪同；为女医者亦然。五、立方须写简明脉案，使病者可知。六、写方字勿过草。七、不可毁谤同道。八、勿自售秘药，如备药店所不卖之要药，方子必须公开。九、病者一到，即宜诊治。十、遇危重病人勿在当面复绝。先生在学报中辟有医德专栏，并著有《医士道》一书。

为使中医事业后继有人，裘先生广收门徒，先后从学者达百余人。先生自编讲义函授，通函受教者数以千计。

先生为发扬祖国医学，整理古籍，千方百计广为搜集医籍孤本、精抄本及日本皇汉医籍等达3000多种，计2万册以上，额其书屋为“读有用书楼”。先生在亲自设计的一期《绍兴医药学报》封面上，书一大“秘”字，一人手持大锤猛向秘字砸去。先生竭力主张打破中医守秘陋习，发扬祖国医学，所出版的三三医书、三三医报等均注明“准许翻印，版权所无”。先生自资刊印的有《国医百家》7种、《鱼孚溪医述》7种、《三三医书》99种、《读有用书楼医书》选刊33种、《寿世医书》13种、《珍本医书集成》90种等。惜因战乱影响，大量藏书及已付版的《珍本医术集成续集》99种、《皇汉医学丛书续集》75种均失散，是为一大损失。

先生博览群书，兼集众长。在其重刊《伤暑全书》序文中说：“叶天士之温热，张凤逵之伤暑，喻嘉言之伤燥，吴又可之瘟疫，陈耕道之疫痧，陈平伯之风温，薛生白之湿热等皆有一得之见，以能羽翼仲景，皆有功于医学者也。”

先生极力提倡中西医结合。他在《学医方针》的讲演中大声疾呼“中西医学宜冶于一炉”。他说：“学术文化，皆有融洽共同之趋势，医学岂有例外？各能取彼之长，补我之短，其结果必冶于一炉，无所谓中也西也，然后得以之名之曰新医，亦得名之曰现代化医学。”本此精神，先生倡“现代化医学之具体法”，从生理、病理、诊断、治疗、药物等五方面具体阐述了中西结合的原则和方法。

先生从事临床50余年，经验丰富。陆渊雷为《珍本医书集成》作序说：“民十七，卫生部有不利中医之议，中医集议上海，谋自救，旋入京请愿。裘先生与于代表之列。有贵要招代表治病，意将以验中医之实效也。诸代表咸推裘先生。”先生为之诊治，应手而愈。可见先生医术高超，甚负盛名。

先生对温热病、肺痨、胃病、痢疾、白喉、妇女病的治疗尤为擅长，继承前贤并有发展。对外感温热之病，先生主张伤寒与温病相结合，认为“南方无真伤寒，北方无假伤寒”；南方虽病寒而多兼温，北方虽病温而每多兼寒。治疗温病十分重视保护津液，“存得一分津液便有一分生机”。对湿温症提出“见黄厚苔即须导下存津”，认为“伤寒下不嫌迟，湿温下不嫌早”。先生曾自患肺病，对治疗肺痨颇具专长，晚年编著的《肺病之症状及其治疗法》，创订了治肺痨五法，即是其经验总结。先生认为胃痛有气郁、血淤、食积、痰饮之别，又有因寒火因虫因虚之异，必须随症加减。还结合临床总结配制效果卓著的“疏肝和胃散”。

1929年国民政府卫生部第一次卫生委员会会议上，通过企图消灭中医的所谓“废止旧医以扫除医事卫生之障碍案”，激起全国中医药界的愤怒。是年3月至7月，上海中医药团体召开全国中医药团体代表大会，先生当时正患病初愈，闻讯仍扶杖出席，慷慨陈词，呼吁中医中药界紧密团结，为自己前途及民众保健事业而奋斗。此次会议上先生被公推为代表，与药界代表同至南京向国民政府抗议。国民政府迫于民愤，不得不撤销议案。

抗日战争期间，先生携眷辗转行医于浙东、浙西，抗战胜利始回杭州。终因颠沛流离、积劳成疾，先生于1947年病逝杭州，享年74岁。

消失的历史

在20世纪连年战乱的岁月中，曾经寄托了裘吉生济世救民理想的三三医院不知何时已消失在历史中了。如今，只有南山路上的三三医院旧址留人追忆。

(摄于20世纪30－40年代/供图/民生药业)

○创建于民国十五年（1926）○

民生药业

创建于1926年的民生药业，是中国最早的四大西药厂之一，见证了中国民族西药制药工业的全部历史。旧中国，她经历了战争的磨难和洗礼。1949年后，民生药业获得很大的发展，成为浙江省医药工业的骨干企业。“文化大革命”期间，民生药业又受到了很大冲击。1984年至2006年的23年间，是民生药业开始改革并逐步深化改革、加快发展的时期，经过调整、改革和发展，现在已经是一个现代化的制药企业。

苦心筹划　实业救国

民生药厂的创始人是周师洛，字仰川，1887年出生于浙江诸暨。1920年暑期毕业于浙江公立医药专门学校药科，即去家乡与医科同学创办诸暨病院。1922年，族侄周思溥留日回国，在杭州同春坊开设同春医院，邀先生主持药局。同年7月，周师洛至母校附属诊所任药剂师。1923年秋，到浙江陆军第二师步兵第八团任司药。1924年秋辞职，到杭州中英药房任药师。

周师洛在浙医学成以后，有感于西医所需的医疗药材无一不仰仗舶来，医药事业处处受制于外人，便立志振兴我国的制药工业。在中英药房任药师时期，他利用业余时间，因陋就简，研制注射用的针剂获得成功，经向院方建议扩大生产，却屡遭拒绝。于是他奋然而起，苦心筹划，于1926年6月，与范文蔚等7人集资6000银圆，以同春医院配方部为基础，开设同春药房，成立同春药房股份有限公司，并开始自己配制针药，以民生制造厂化学药品部名义对外销售。1936年10月，民生制造厂向当时的中央政府实业部申请变更登记，改名为民生药厂股份有限公司。

周师洛刻苦钻研，敢于创新。他在职务上是经理，技术上是工程师，工作上是亲自参加劳动的工人。厂内所有的仪器、机械设备，多数是自行设计，自己制造，从无到有，从缺到全。在建立制造玻璃车间时，由于他是个专攻药学的人，对玻璃制造业完全外行。但是他没有在困难面前畏缩退却，一面招收玻璃工人，一面查阅中外文献，拟定配方，与老师傅一起试验、改进；并专程去日本学习工艺，废寝忘食，多次试验，终于制成中性硬制玻璃。抗日战争爆发后，上海的“海普”、“新亚”、“信谊”三个药厂原地不动，独有“民生”为了支援内地医药工业、摆脱日伪控制，

■创建人周师洛（字仰川），浙江诸暨人。他用刚毅果断的精神、诚挚的态度领导着员工，披荆斩棘地奠定了民生药厂的基础

■创建初期的民生药业的老照片，当年总厂地址位于杭州市武林门外，总发行所地址：杭州市同春坊（摄于20世纪30－40年代）

毅然内迁，辗转于浙、皖、闽、赣四省，经历了种种磨难，物资几度遭受损失，始终艰苦支撑。

建国前夕，周师洛严词拒绝董事长罗霞天主张将“民生”迁往台湾，把厂留在了杭州。周师洛为人正直，自奉俭朴，不追求享受，过着普通的职员生活，经常可以看到他在车间跟工人一起工作。在建国前的23年中，他一直担任总经理之职，并主持研制生产各种药品上百种之多，如注射药、药片、丸药、油膏等，所生产的药品均是按照中华药典及老中医经验药方配合调制而成，以提供临床的医师之用。

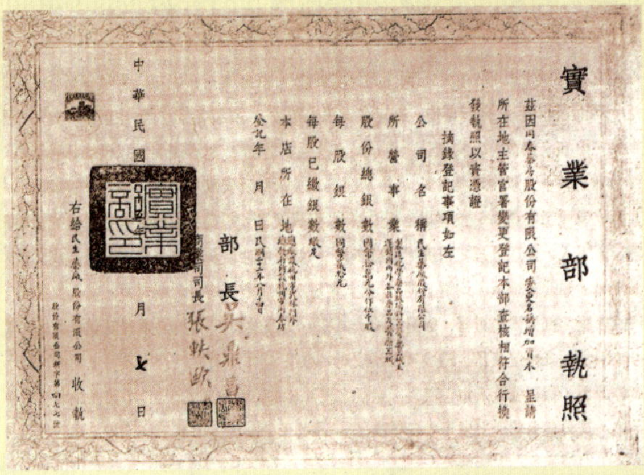

實業部執照

茲因同春藥房股份有限公司　　　呈請所在地主管官署變更登記本部查核相符合行換發執照以資憑證

摘錄登記事項如左

公司名稱

所營事業

股份總額數

每股銀數

每股已繳銀數

本店所在地

公元年月日

部長

右給　　　股份有限公司收執

中華民國　　年　月　日

■中华民国实业部颁发的更名及营业执照，在民国二十五年由同春药房股份有限公司正式更名为民生药厂股份有限公司

南平縣浙藥業同業公會會員證

查周師洛業已依法加入本會爲會員

此證

理事長周師洛

中華民國三十四年三月一日給

會員須知

一、信仰三民主義服從政府法令

二、遵守本會規章

三、享受本會權益

四、應盡本會義務

五、此證隨身佩帶以資證明如有遺失登報作廢

■民国二十四年3月1日颁发给周师洛的药业同业公会会员证

艰苦创业　历经磨难

创建于1926年的民生药业，是中国最早的四大西药厂之一，见证了中国民族西药制药工业的全部历史。旧中国，她经历了战争的磨难和洗礼。1949年后，民生药业获得了新生，成为浙江省医药工业的骨干企业。“文化大革命”期间，民生药业又受到了很大冲击。1984年至2006年的23年间，是民生药业开始改革并逐步深化改革、加快发展的时期，经过艰苦的调整、改革和发展，企业最终摆脱了困境，完成了营销体制、产权制度的改革和经营机制的转换，实现了从国有企业计划经济体制下的传统经营到有限责任公司市场经济体制下自主经营、自我发展的巨大跨越，并进入到以跳跃式发展为标志的新的发展时代，掀开了民生药业发展史上新的一页。

民生药业从创建到新中国成立间的23年中，经历了以商促工、亦工亦商、以工促商和以商养工四个发展阶段。其间，成立化学药品部、玻璃料器部、医疗器械部“民生三部曲”，研究生产企业自己的本牌产品。中国人自制针药并作为商品销售，同春药房是第一家，在建国前，民生与上海的信谊、新亚和海普一起被誉为国人自办的四大西药厂之一。

第一阶段　以商促工

1926年6月，周师洛和浙江省立医药专门学校的同学范文蔚等7人筹资6000银圆，以杭州的同春医院配方部为基础，开设同春药房，成立同春药房股份有限公司，并在药房后面的两间平房里开始制造针药，以民生制造厂化学药品部的招牌对外销售。同春药房开业不久，寿安坊的中华医药

■民生药厂，是中国最早的四大西药厂之一，见证了中国民族西药制药工业的全部历史（摄于20世纪30－40年代）

■这是当年民生药业建造的厂房，今天看来也是比较有现代化的影子（摄于20世纪30－40年代）

公司因经营不佳，将全部财产作为股金与同春药房合并，公司资金因此增至1万银圆，全部职工约20人。同春药房开业后的半年多时间里，周师洛依靠股东大多数是医药界人士和医专同学这层关系努力经营，在服务上，采用电话叫货、自行车送货的办法方便用户。1927年春，同春药房为北伐军服务，做成了一笔3万银圆的大生意，促进了业务的发展，并先后与上海经营药品批发的药房部和部分洋行建立了赊销关系，使同春药房能做的生意超过其资金的数十倍。

以商促工阶段经历了两年多时间，商业业务的兴旺，促进了药品制造的发展。中国人自制针药并作为商品销售，同春药房是第一家。正因如此，同春药房的各类安瓿药品在1929年举办的西湖博览会上荣膺特等奖。

第二阶段　亦工亦商

1929年，公司增资到3万银圆，开始建造楼房，添置设备，扩大制药生产，研制和生产自己的本牌产品，启用“松鹤”图案的民生商标。生产本牌产品是一个新的起点，虽然都是仿制的，但有自己的特色，这就是中药西制，采用中药为原料主要是为了弘扬国货。

1930年，全国各地抵制日货，公司因向日商订购的安瓿无法到货，准

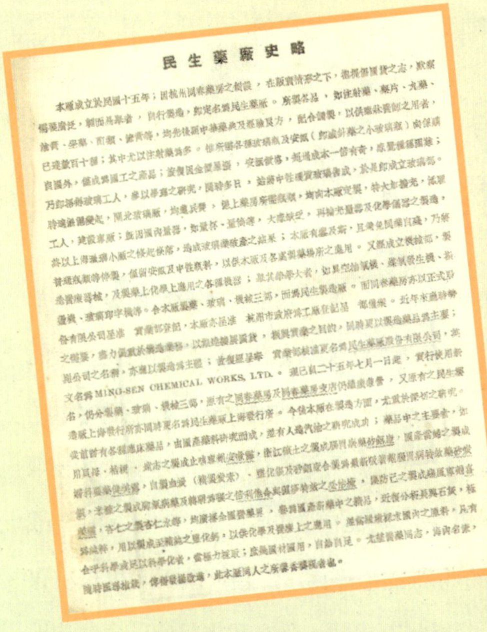
民生藥廠史略

MING-SEN CHEMICAL WORKS, LTD.

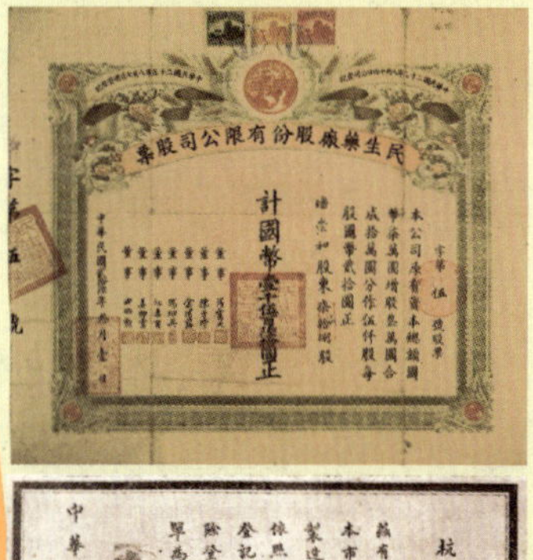

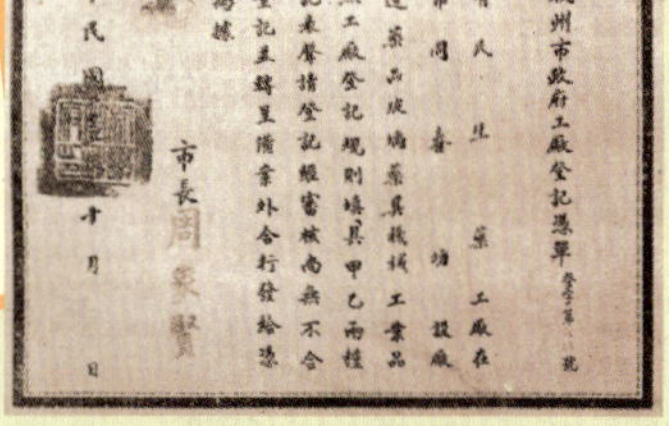

■民生药厂史略（左图）　■民国二十六年民生药业发行的公司股票（右上图）
■中华民国杭州市政府颁发的工厂登记凭单（右下图）

备自制安瓿。同年8月试制成功，在武林门外混堂桥购地建房，正式生产玻璃制品。这是我国有史以来的首创，从此结束了安瓿完全依仗国外进口的历史。1931年公司再次购地建房，扩大玻璃制品的生产。1930年，公司在同春药房后面办了个小型铁工场，并逐步扩大为机修工场。1931年，机修工场迁入武林门外混堂桥新厂房。同年6月，玻璃工场、机修工场在新厂址同时开工，对外称民生制造厂玻璃料器部和民生制造厂医疗器械部，连同先前已打出招牌的民生制造厂化学药品部，就是所谓的“民生三部曲”。1932年，民生制造厂已作为同春药房股份有限公司的一部分进行了工业登记。

亦工亦商阶段经历了近三年的时间。这一阶段与以商促工阶段相比，最明显的不同，是公司结束了前店后作坊的生产方式，已拥有当时可算是颇为新式的工厂，形成了工商并举、相辅相成的格局。

第三阶段　以工促商

民生“三部曲”的诞生，是“亦工亦商”阶段到“以工促商”阶段的转折。

以工促商阶段，公司在工业方面日趋发展。药品部下设针药股、制剂股、丸片股、原药股和研究部，人员约200名。除生产药典制剂及已有的本牌产品外，还研制成功了一些新的本牌产品。玻璃部除生产不同容量的安瓿外，还接受中央防疫处和上海卫生试验所等单位的订货，生产各种理化器皿。1932年，上海闸北区一些生产药瓶的玻璃厂毁于“一二·八”战火，上海许多药厂所需的药瓶纷纷向公司订货，沪籍玻璃工人也来杭谋生，公司玻璃部业务大大发展，盈利5万银圆，又在武林门外厂房边购地

■初期创业的民生药厂以他们的智慧，历经国难战乱时期，顺利地实现了它的创业三部曲，逐渐成为了中国西药制造业中的佼佼者

建房，进一步扩大玻璃部生产。玻璃部业务最兴旺时，下设原料组、熔融组、粗工组、细工组及事务室，共有百余人。机械部有人员二三十名，除负责药品、玻璃两部的设备维修外，还生产医疗器械以及制药机械，并外接安装管道和设备的任务，曾应邀赴南京、上海、镇江等地施工。玻璃、机械两部的发展，不仅为发展制药生产提供了资金，而且大部分制药设备都能自己设计制造。

医药工业的发展促进了商业的发展，1936年，公司资本已增至10万银圆，经营重点也逐步转为制药生产和推销本牌药品。同年10月，公司改

■民生药厂在创建人周师洛的带领下，在那个贫穷落后的时代，大搞技术创新，实现了我国有史以来自产安瓿的首创，从此结束了安瓿完全仰仗国外进口的历史。1931年公司再次扩大玻璃制品的生产。公司还办了个小型铁工场，后扩大为机修工场，构建了玻璃料器部、医疗器械部、化学药品部、玻璃工场和机修工场，拥有了比较完整的制药基础体系，民生药业也成为了行业内的四大家之一。

■民生当年注册的商标，今日的“民生”已在消费者心目中留下了深刻的品牌印记。

（摄于20世纪30－40年代）

名为民生药厂股份有限公司，同春药房作为公司的一部分。此外，公司还先后在南京、汉口设立发行所，并委托省内外的一些药房推销公司的产品。至1936年年底，公司大致形成了在全国的销售网。1937年，公司资金已达15万银圆，是民生在建国前的兴盛时期。

第四阶段　以商养工

1937年七七卢沟桥事变爆发。同年12月，日军逼近杭州，公司仓促内迁。1938年2月，公司部分内迁物资运到安徽屯溪开设同春药房分店；嗣后，又在江西上饶，浙江兰溪、金华开设分店，经营新药贩卖业务。由于日军长驱直入，公司各地所设的同春药房分店，除屯溪分店外都相继放弃、撤退。各分店撤退途中损失极大，只有上饶分店带出了部分货物，便靠这些货物在福建建阳开设门市部。1943年，日军撤离浙赣线，公司把常山的一些设备运至福建南平，在西门外昼锦坊恢复药品生产。 1945年8月日本投降，公司迁回杭州。此后，美国药品以救济为名倾销中国市场，使国内药厂无论在技术、价格上都无法与之竞争而纷纷倒闭。1946年，公司与上海的信谊、新亚、海普三家药厂联合成立上海联合制药厂，削价推销“联合牌”针剂，但也难以维持。制药生产方面不仅无利可图而且还要亏本，迫使公司不得不走上以商养工的道路，仅有的一点流动资金都投入到了新药贩卖业务上。靠销售进口来的美制药品盘尼西林和克宁奶粉获得利润，勉强维持。到1949年杭州解放前夕，公司工业生产已处于半停工状态，整个针药部仅有男工6名、女工12名，全公司包括上海发行所在内仅109人，全部资产减除欠债净额折合人民币仅30亿元（旧人民币）。

重新兴建　初步发展

新中国成立后，在党和政府的大力扶持下，民生药厂进行了社会主义改造，工商业务迅速得以恢复和发展，通过公私合营和建立党组织，使民生药厂的各项工作取得了很大的成绩，成为浙江省医药工业的骨干企业。1958年5月，地方国营浙江制药厂和公私合营民生药厂合并，成立地方国营浙江民生制药厂，之后的三年中，研发、生产水平大大提高，逐步发展成为一个生产多种医药原料和各类药物制剂的综合性的全民所有制医药企

资料链接　民生药业文化

民生药业创建之初，以创始人周师洛立下的祖训："登民寿域，解人困苦"为办厂宗旨，这是民生企业文化的雏形。经过80多年以来的实践，企业文化不断得到新的丰富和发展。近年来，在原有企业文化的基础上，经过整合和提升，民生企业文化又有新的发展和延伸，概括起来就是"四个核心"：第一个核心是三个字"勤"、"变"、"进"。第二个核心是专业化加责任心。第三个核心是核心管理思想，公司的核心管理思想是中国式的和谐管理思想。和谐管理在于坚持以人为本，通过尊重人、关心人、体贴人的方法，协调和平衡人与人之间的物质和精神利益关系；同时又要有创新意识，要敢闯敢干，自强不息，坚持发展才是硬道理的思想。第四个核心是品牌竞争力，"21金维他"成为中国驰名商标，这就是"民生"品牌竞争力的体现。将品牌文化战略作为企业发展战略的核心内容之一，推进企业可持续发展。2005年，在北京人民大会堂召开的世界品牌大会上，21金维他入选中国最具价值品牌500强之一，并成为浙江省医药行业唯一入选的医药产品。

民生药业80多年来，一直丰富着祖训的内涵和外延，它们倡导的"创新创优，造福人类"的理念，必定会在今后的发展中获得最大的回报。

民生药业历任掌门人

■创建人　周师洛　1926年至1954年

■第四任　刘策松　1954年至1956年

■第五任　梁建立　1956年至1958年

■第六任至第八任　鞠元璋　1958年至1980年

■第九任　管志齐　1980年至1983年

■第十任　郑筱萸　1983年至1991年

■第十一任　俞朱麟　1991年至1995年

■现任　竺福江　1995年至今

业。但是，由于受大跃进时期“浮夸风”的影响，“民生”的发展受到了限制。追求高产值的结果，使1960年的利润反而下降，大跃进后期，新产品开发不考虑社会需求，出现上得快下得也快的现象。因此，从1961年开始，民生制药厂按照中央提出的“调整、充实、巩固、提高”的方针，进入调整、整顿时期，在全厂开展了整风运动，发动群众提意见、揭问题，进行“民生”建厂以来第一次以企业管理为主要内容的整顿，经过1961年至1964年四年的整顿，使全厂生产有了稳定、扎实的发展。“文化大革命”的十年，对企业的发展造成了严重的影响，经济效益严重倒退，民生药业的发展又一次受到了挫折。

改革创新　勇于实践

“文化大革命”给“民生”的发展带来了严重的影响。“文化大革命”结束后的两年，民生药厂进行了治理整顿，全面恢复发展。通过“揭批查”运动，平反“文化大革命”中的冤假错案，以及劳动竞赛和生产会战，促进了安定团结局面的初步形成和企业经济的较快恢复。

1979年，随着党的十一届三中全会提出全党工作重心转移到经济建设上来，企业内部也明确提出工作重点转移到以生产为中心上来。1979年至1987年期间，民生药厂实行了党委领导下的厂长负责制，继续开展技术改造，健全内部管理制度和经济责任制，推进企业规范化管理。与全国同行业一般企业相比，公司在企业管理、产品质量、技术创新、产品出口等方面已具有一定优势，多个产品获得国家金质、银质奖。1979年以来，公司共有21个项目获36项技术进步方面的奖励。民生产品出口到世界38个国家和地区。1988年至1991年，是我国以企业改革为中心环节的城市经济体制改革全面展开阶段，也是杭州民生药厂初步改革时期，能源、原辅料供应紧张，市场销售疲软。1989年由于受到市场各方面因素的困扰，在困难面前，杭州民生药厂迎难而上，通过实行并完善经济责任制，开展全方位的销售活动，调整适销对路的产品，开展“双增双节”活动，严把质量关，提高优质产品率，使企业由生产型向生产经营型转变，并升格为国家二级企业。厂长郑筱萸当选为全国劳动模范。1991年，儿药分厂落成并开始试生产。

从1992年起，民生药厂加大了转换和完善经营机制的力度，促进了企业的生产经营。

为发挥群体规模优势，提高整个企业的生产水平和素质，1993年2月16日，杭州民生药业集团和集团公司宣告成立。集团（下属）成员单位15个，内部组织机构划分为集团核心、紧密层、半紧密层和松散层四个层次。调整后的杭州民生药业集团公司实力大增，企业规模在1993年中国50家最大医药工业企业中名列第24位。

为加快第三产业的发展，1993年2月18日，占全厂五分之一人数，集商贸、运输、生活服务、医疗卫生和生产制造等于一体的民生实业总公司成立，下设7个分支机构，实行自主经营、独立核算、自负盈亏和既为本企业服务，又为社会服务的“双重服务”；同时，由无偿服务变为有偿服务，由福利型服务变为经营型服务，结束了集团公司“企业办社会”的历史。

从1988年至1994年的6年中，民生药业集团公司虽然进行了一些体制、机构和分配制度等改革，强化内部以产品质量为重点的管理，千方百

计提高企业整体素质，但由于各项配套改革缺乏与市场的紧密结合且深度不够，企业的市场化管理程度不高，使企业仍然面临着资产质量差、产品结构不合理、债务负担重、市场开拓不力、经济效益低等问题。在市政府主管部门的协调下，1994年民生药业集团兼并了杭州药厂。

三大调整 深化改革

1995年2月，杭州市经委采用公开招聘的形式对民生药业集团公司主

■今日的民生药业，已经发展成为一个现代化的制药企业，拥有国际水平的设备和自己的研发中心，它的实力在不断的创新和追求中得以提升。

要领导作了调整，竺福江出任公司董事长、总经理、党委书记。竺福江上任后就推出了被实践证明对企业发展具有重要战略意义的举措：一是进行管理体制改革，二是进行制剂营销体制改革。结合以上举措，从1995年到1999年，集团公司有计划地对资产结构、产品结构和人员结构实施了“三大调整”。

2000年4月，集团公司完成产权制度改革；同年5月10日召开了杭州民生药业集团有限公司成立大会。

完成产权制度改革后，总裁竺福江明确指出：如果把改制比作“穿新鞋”，转换企业经济机制就是“走新路”，那么，不转换经营机制，就意

味着“穿新鞋，走老路”，那就失去了改制的意义。于是，集团不失时机地着手进行了观念创新，对管理、科研、营销等进行了全方位的创新改革，使得集团的分配制度、人力资本优化更符合市场化的要求。与此同时，还对参控股企业进行了产权制度的改革，这些重大改革措施的完成，大大地提升了民生药业集团的综合竞争能力，在不断的追求中，使“民生”这个已有80多年的民族品牌在全国市场迅速推广，以可靠的产品质量，回报社会，感恩社会，肩负起了一个中华老字号的社会责任感，使得“登民寿域、解人困苦”的祖训发扬光大。今天的“民生人”以全新的姿态，跨入了快速发展的新时期。

■民生药业的现代化车间

跳跃式发展　着眼未来

民生药业经过三大结构调整、产权制度改革和经营机制转换，实现了民生药业的重大战略转移，各项指标均创集团公司历史最好水平。民生药业已具备了由常规发展向超常规快速发展的条件。同时，从外部环境来看，随着中国加入世界贸易组织，经济全球化的浪潮一浪高过一浪，市场经济体制改革不断深化，企业竞争出现“快鱼吃慢鱼”的新特点，迫使企业做大做强做快，尤其是要做快，才能在日趋激烈的市场竞争中赢得生机，取得发展。基于这样的经营形势和企业条件，公司总裁竺福江提出，要使企业彻底告别过去那种平缓的发展方式，实现跳跃式发展战略，做大、做强、做快企业，开创一个属于这一代“民生”人的新的发展时代。

■80年的风风雨雨，跌宕坎坷；民生人继承和发扬了民生的“创优创新，造福人类”经营理念，一代又一代民生人奉献了青春年华和聪明才智。80年的时间岁月，是一代又一代民生人为中国民族西药制药工业殚精竭虑、引以为豪的80年；是创优创新、造福人类的80年。今天的民生药业通过改制，再次焕发出青春热情，活力四射，为民生注入了更多的内涵，融汇到了中华民族伟大复兴的滚滚洪流。

民生藥業

近几年来，民生药业实施了以“民生”品牌战略为核心的发展战略，通过举办“倪萍杭州行”活动，冠名中央电视台“我最喜爱的春晚节目”的评选活动，开展品牌月活动等，迅速发展提升了以“21金维他”为代表的产品知名度，使“民生”的品牌家喻户晓，“民生药业，造好药”已经是民生人一以贯之的企业文化，“造福人类，做好药”同样也是民生人把好质量观的责任。今天的民生药业不断地创新发展，正朝着更高的目标迈进。

80多年，在历史的长河中只是弹指一挥间，但对民生药业来说，这80多年却是艰苦创业、几经沉浮的80多年；是一代又一代民生人奉献聪明才智、青春年华的80多年；是为中国民族西药制药工业殚精竭虑、引以为豪的80多年；是创优创新、造福人类的80多年。随着国际化发展战略和跨国公司发展战略宏伟蓝图的实施，民生药业将在新的历史条件下，在打造百年企业的历史征程中，不断创造出辉煌的业绩，谱写更加璀璨夺目的篇章！

■2006年12月，在北京饭店由商务部再次重新认定杭州民生药业集团有限公司为首批“中华老字号”，证书编号：11018。

（摄于20世纪30－40年代）

资料链接　民生药业简史

■1926年6月　开设同春药房，成立同春药房股份有限公司

■1936年10月　公司更名为民生药厂股份有限公司

■1954年9月　公司改组更名为公私合营民生药厂股份有限公司

■1954年10月　正式启用民生药厂厂名

■1958年5月　地方国营浙江制药厂和公私合营民生药厂合并，成立地方国营浙江民生制药厂

■1959年7月　地方国营浙江民生制药厂更名为地方国营民生制药厂

■1965年1月　民生制药厂更名为杭州制药厂

■1972年3月　原一车间划出单独建厂为杭州第二制药厂，杭州制药厂更名为杭州第一制药厂

■1985年5月1日　杭州第一制药厂恢复杭州民生药厂厂名

■1993年2月16日　杭州民生药业集团和集团公司成立

■1995年2月　竺福江当选为总经理

■2000年4月　经产权制度改革，杭州民生药业集团有限公司正式成立

■竺福江，浙江嵊州人，硕士、高级经济师，杭州民生药业集团有限公司董事长、总裁、党委书记兼任杭州赛诺菲圣德拉堡民生制药有限公司董事长、杭州赛诺菲安万特民生制药有限公司副董事长。浙江省跨世纪十大杰出改革家、浙江省优秀党员、浙江省劳动模范、浙江省经营管理大师、中国品牌建设十大杰出企业家等。

一代传人 创新开拓

竺福江，浙江嵊州人，1975年12月进杭州第一制药厂工作，1980年1月加入中国共产党，硕士学位、高级经济师。1975年12月至1984年2月，历任杭州第一制药厂车间副主任、工会主席。1986年1月至1995年2月，历任杭州民生药厂党委副书记、纪委书记、副总经理、党委书记、副董事长。1995年2月至2000年4月，任杭州民生药业集团公司董事长、总经理、党委书记兼任杭州赛诺菲圣德拉堡民生制药有限公司董事长。2000年5月，任杭州民生药业集团有限公司董事长、总裁、党委书记兼任杭州赛诺菲圣德拉堡民生制药有限公司董事长。2006年2月，任杭州赛诺菲安万特民生制药有限公司副董事长。

浙江省跨世纪十大杰出改革家、浙江省优秀党员、浙江省劳动模范、浙江省经营管理大师、中国品牌建设十大杰出企业家等。在2003年12月，国务院发展研究中心授予“中国经营大师”荣誉称号。2004年度中国医药杰出企业家。2005年被评为“2005中国杰出人士”、中国医药行业思想政治工作和企业文化建设突出贡献奖。

现任中国化学制药工业协会副会长、中国非处方药协会副会长、中国医药企业管理协会副会长、中国医药企业家协会副会长、浙江省企业家协会副会长、企业联合会副会长、浙江省医药行业协会副会长、浙江省经营管理研究会副会长、浙江省药学会常务理事、上海社会科学院经济研究所特聘研究员、浙江省老字号企业协会副会长、中国医药企业文化建设协会常务副会长、中国医药政研会特约研究员、浙江工人报“民生杯”开门办报活动评委会副主任、中国现代应用药学杂志第五届编辑委员会顾问、上海社会科学经济研究所研究员。

○创建于民国十一年（1922）○

红会医院

杭州仁爱医院（红会医院）创办于1922年，迄今已有85年历史。仁爱医院是天主教仁爱会的一项事业。仁爱会创立于1633年，是个国际性的天主教修女会，总会设在法国巴黎。据1935年的统计，修女4万多。仁爱会有医院、学校、育婴堂事业，修女就在这些部门充任医院的护士、药剂师，在中小学任教员，或在育婴堂任护理员。

1868年在杭州天汉洲桥（今中山北路）创立仁爱会分院，称“仁慈堂”。刀茅巷的仁爱医院亦系仁爱会在杭州的分院，直属于上海仁爱会总院，“仁慈堂”直属于杭州教区。

宣扬仁爱 治病救人

■仁爱医院创办人法籍修女郝格助（Sr. Hacard）（摄于20世纪初）

仁爱医院创办人是法籍修女郝格助（Sr. Hacard）。她在1922年捐出家产的一部分，在江西南昌创立"圣类思医院"；用另一部分家产，创办了杭州"仁爱医院"。

医院设立在杭州市刀茅巷的石板巷222号，东靠城墙，与城站火车站相接近，是一个闹中取静、适宜摄养之地。有男、女病房各一，X光室一间，共为48间；礼拜堂（天主教称为"经堂"）7间；仁爱会修女楼房一幢，计为26间；海星小学及仁爱高级护士职业学校各一，合为62间；免费病室为11间；施诊所楼房一幢，为23间；医师住宅12间。这是建国初接管时的情况。

医院又名“圣心医院”，一开办即被当时政府认许开业。医院由外籍修女大姆姆（修女中的负责人）任院长，实行家长式的管理制度。1947年后才设院董会，改行医师院长制。

医院第一任院长，是中国籍仁爱会修女孙儒理（上海人）。五四以后，美籍修女做首任院长。但不到几个月就撤换了，继任的是法籍修女杜姆姆(Sr. Dulois)。

1928年秋天，英籍彭修女(Sr. Apolline Bowlby)为大姆姆（大姆姆即院长），主任医师兼外科医师杨士达（广东人，法国巴黎大学医科博士），内科医师曹士瀛（杭州人），五官科医师赵行渊（四川人），X光医师由杨主任医师兼任。彭院长到院后，在原有修女二楼住宅、男女病房楼屋各一幢及医师住宅一所的基础上，又修建了七间哥特式的教堂、X光室、施诊室、免费病室、海星小学校舍等。

1934年，主任医师仍为杨士达，内科医师为沈如骥（嘉兴人），五官科医师为钟孝德（萧山人），医院中宗教色彩极浓，胜过其他教会医院。一到礼拜天，上下午各举行一次讲道，一般教堂医院只上午举行一次。医院内设立海星小学（原是淇园小学第三部，淇园指明末杭州天主教开山鼻祖杨廷筠）。医院特别优待外国教士，可住头等病室，而华籍教师却只能住普通病室。

1937年抗日战争打响，主任医师杨士达离杭出走，来院医师有庄桂生、朱人伟等，庄桂生为主任医师。

胜利初，医院还是实行修女院长制度。主任医师庄桂生兼外科医师，内科医师朱人伟、X光医师黄成柱。这时医院遇到了一件大事：大后方复

■摄于20世纪30－40年代

校的浙大女学生华安谷（诸暨人）来院求医，庄医师诊断并动手术。开刀后几天华安谷死亡。华之家属以为是庸医杀人，向法院起诉。而庄医师则谓手术无问题，是事后发炎引起变化。医院请院方顾问律师鲍祥龄到庭辩诉。为了息事宁人，医院付出赔偿费了事。从此，庄医师与院方意见不合。1946年秋天，庄医师领了三个月的退职薪金悻悻然离去。

当时的仁爱医院，呈现出一片凄凉的景象，改革医院制度，实为不可容缓之举。教会方面向院方提议两点：一、取消修女家长式的管理；二、设立医院董事会。于是在1947年1月，聘请广东人吴义崇为院长，兼外科医师；设立董事会，胡海球为董事长，董事有梅占魁（法籍，前杭州第二任主教，建国初申请回国）、吴义崇、王克谦等5人；朱人伟为内科医师，朱锡鎏为五官科医师，黄成柱为X光医师。

1948年，吴义崇赴英深造离院，乃委朱人伟为院长，陈景华为内科医师，朱锡鎏为五官科医师，黄成柱为X光医师，外科则另请一位周医师。1949年5月杭州解放，但医院仍操在外国姆姆手中，医师职员要求董事会洗革一切不合理的规章制度。陈局长嘱召开董事会来合理解决。

1950年，董事会委任石华玉（温州人，曾留学于瑞士，知名的胸腔医师）为院长兼外科医师，X光医师黄成柱，内科医师陈景华，还有朱之峰及陈铿等医师。石玉华到职后，着意改革，遇到阻力，8月辞职。继任为朱人伟。

1952年，杭州市总工会将医院交红十字会办理，改称“红十字会医院”，简称“红会医院”。

■摄于20世纪30－40年代

创办护校

仁爱医院于1947年10月开办“仁爱高级护士职业学校”。董事长胡海秋，董事有梅占魁、和爱洁、吴义崇、周师洛、杨士达、杨健、张春发、张德佑、王克谦等。护校分设初级及高级两班。初级班原为天主教圣心会华籍修女而设，共6人，一年毕业；高级班共有学生27人，三年毕业。当时只有高级班一年级。根据1951年2月19日至24日华东区在上海召开的“接受外国津贴学校会议”的决定，在是年暑假，杭州市人民政府接管了仁爱护校。

今日红会

杭州市红十字会医院，又名浙江省中西医结合医院、浙江中医学院附属中西医结合医院，为全国首家三级甲等中西医结合医院。

医院现有床位500张，在职职工800余人，其中高级职称108名、博士生5名、硕士生43名、国家及省市名中医8名。医院科室齐全，设临床科室31个、医技科室9个、住院病区15个，年门诊量70万人次，年住院1.4万人次。医院设六大中心：杭州市结核病治疗中心、杭州市职业病治疗中心、中华医学会疼痛学会第五临床中心、杭州市中西医结合风湿病诊疗中心、杭州市中西医结合不孕不育诊疗中心、杭州市医疗体检服务中心。

医院拥有一批省市重点学科、专科，中西医结合风湿病学是浙江省中医药重点学科建设项目，中西医结合结核病学是浙江省中医药重点扶植学科建设项目；中西医结合脊柱病专科、中西医结合男性不育专科是浙江省中医药重点专科；针灸治疗更年期疾病是浙江省中医药重点建设

专科，消化内科脾胃病，是杭州市卫生局重点专病建设基地。

医院的总体布局充分考虑城市东移对医疗服务资源的要求，力求满足现行医疗服务功能和未来多元化医疗服务发展的需求，规划在2007年完成5万平方米的医疗综合楼，床位扩大至800－1000张，形成

以医疗综合楼和现有病房大楼为主体的医疗区域，以现门诊楼为主体的结核病诊治区域，以仁爱医院旧址为中心的行政办公区域。

医院坚持以人为本的医疗服务理念，提供八项免费服务措施，全年实行无节假日、无双休日医疗服务，是浙江省、杭州市“医保”定

点医院，也是《浙江中西医结合杂志》、杭州市中西医结合学会、杭州市麻醉质控中心挂靠单位。医院通过ISO9000和ISO4000的质量环境管理体系认证，为省内首家通过双认证的医院，被评为浙江省、杭州市绿色医院。

市一醫院

○创建于民国十二年（1923）○

市一医院

杭州药家 第一医院

甲午战争后，杭州成为通商口岸，并逐渐成为浙江省政治、经济和文化中心，但在当时，每年春夏常有各种传染病疫横行，而省城尚无一所传染病医院。

1923年初，在杭的医务界代表李定（1922年至1925年任浙江医专校长）等人，向省警务处（负责城市安全公共卫生）处长夏超进呈，建议设立永久性传染病医院，以便及时收容法定传染病患者，进行隔离治疗，减少疾病的流行。1923年4月2日，省长向议会交议筹设传染病医院咨文。议会同时委托省警务处委任江圣钧（字秉甫）为第一任院长，着手筹办医院。同年秋天，医院租用福缘巷89号民房（杭州火车站附近，原红星剧院右侧街口）为院舍，辟诊疗室2间（治疗室1间、兼作预防接种室1间），检验室1间，药房1间，病房8间，此外还有办公室、挂号室、讲堂兼候诊室、饭厅、厨房、值日室及职工宿舍大大小小约20个房间，另在89号围墙外设隔离室。省政府实支开办费银7000元，每月经常费银700余元。1923年10月，浙江省立杭州传染病院（省警务处管辖）正式开办，其时设免费床位20张，专用于法定传染病患者的住院隔离治疗。这就是现在杭州市第一人民医院的前身。

■摄于20世纪抗美援朝时期

创建之初的艰苦历程

1924年夏，江圣钧因兼职过多，辞去院长职务。警务处委任李定（字慎微）继任院长，不久后开办卫生警察训练班。

当时省会警察厅虽设有卫生科，但多数经办人员不了解卫生行政工作对市民的作用，就是直接执法的卫生警察也多是年老体弱的警察出身，缺乏卫生知识，对于环境卫生只知督促清道夫打扫街道、运去垃圾；对于食品卫生检查只能在生肉类皮上加盖印章；对饮食商店、摊贩等，也只会打官腔课罚金，至于如何检查便无法着手。更有一些小商人为了自己营业方便免添麻烦，于是对检查者"敬而奉之"，而检查者也乐得"接而受之"，于是形成了当时"官商两便"的恶习。有鉴于此，曾担任过浙医专

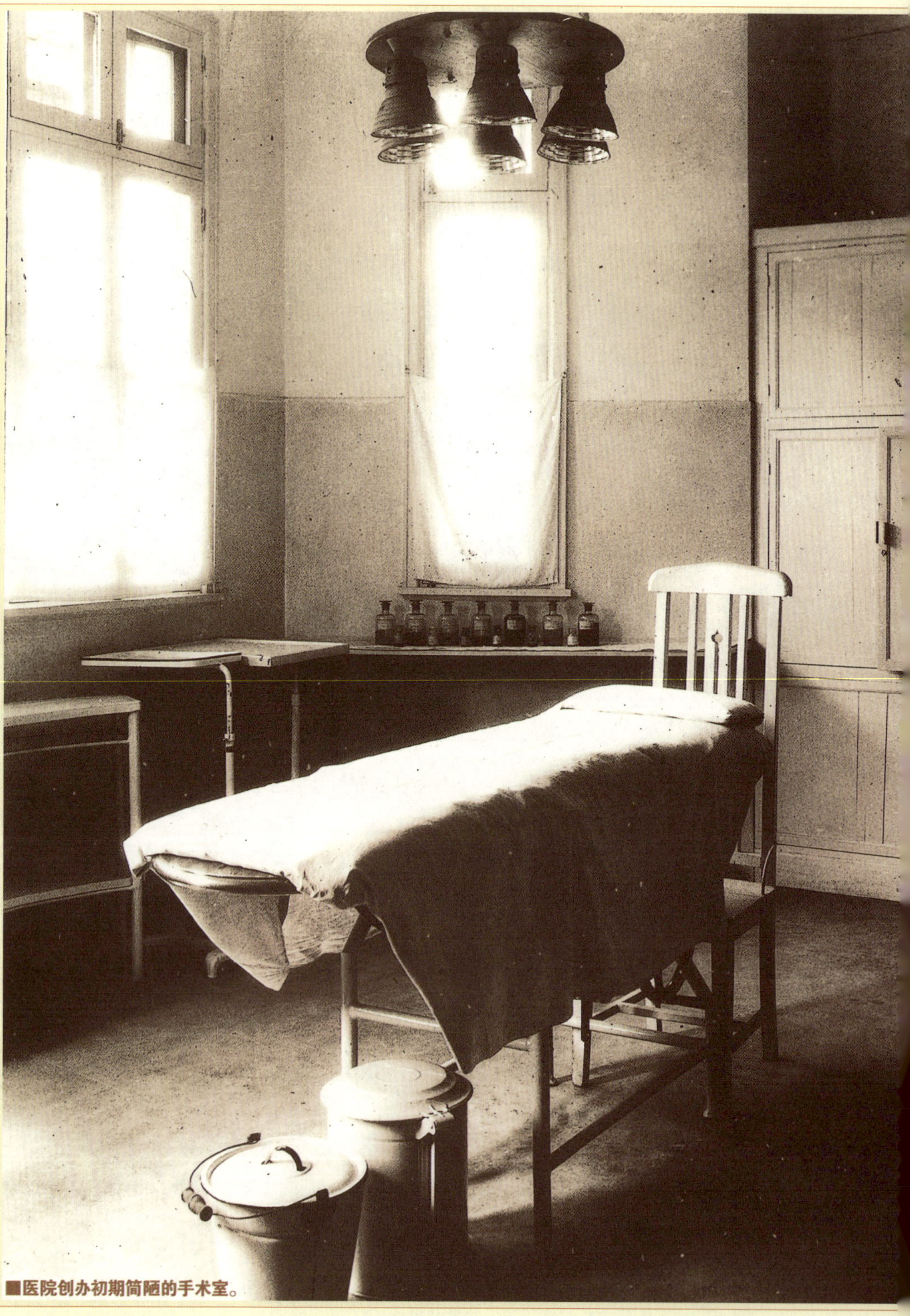

■医院创办初期简陋的手术室。

校长的李定院长会商余德荪（字继敏）教授，准备了一套卫生警察调训计划，经夏超处长同意，决定分三期进行，每三月为一期，由余德荪、宋凡仙、周恢伯、李康、徐仁民分任讲授，并指定余德荪主持教务。

医院创建初期经费有限，设备简陋，工作人员较少，技术力量也较薄弱，有鉴于此，浙江病院等友邻院校给予了大力协助，在人力和医疗设备上给予诸多慷慨支援，为医院解决了许多燃眉之急，尤其是浙医专和省立产科学校，或是借用器材，或是收校检验病理材料，当听闻医院遇到疑难复杂的课题时，即前去帮助解决。医院收治患有传染病的孕妇发生流产、早产、难产而院内无产科设备向省立产科学校求助时，郑企因校长总是有求必应，常常亲自携带器械来院接生或施行手术，对穷苦患者还实行免费。企因校长乐于助人的崇高精神每每令人钦佩。

政府官僚多数不了解防疫程序，以为有了传染病医院，一切疫病都可制止。虽有有识之士屡次请求依照传染病预防条例实施防疫，但始终没有实现。1924年秋季，一商人从上海办货返杭后发生剧烈的吐泻病症,病家请内科专家钱泽仁医师出诊医治，钱医师疑为霍乱，立即劝病家去传染病院医治，但病家不同意，只肯让请传染病院医师来家会诊。医院即派周医师前往应诊。因为病家始终拒绝住院，周医师只能在家为其输注食盐水，同时指导病家施行消毒。但病家女工已将所有被病者吐泻所污衣物等拿到河里洗刷。病者被证实确系霍乱后，考虑河水已被污染，有引起流行的可能，院长即报告省警察厅，要求把沿河地区划作警戒区域，如发现吐泻患者，即送院检验医治或通知医院派员前往检查，以便合力采取防疫措施，但官厅方面未采取任何措施，不到一星期，就有沿河居民因吐泻来院就医，十天后，患者源源而来，直至病床加倍，还不够收容。此时，上级才拨给临时经费用于添设临时分院三处，收容患者和推广预防注射，仅三个

月内，经医治的霍乱患者达五千人之多，未经医治的患者尚不计其数。

因为下拨经费少、设备简陋、院舍又小，因此医院感到困难重重，但全院职工团结努力，克服困难，尤其在疫病流行期间，放弃休息，夜以继日地救治患者，为减轻患者的痛苦，缩短病期，降低死亡率，千方百计改进诊疗技术。霍乱大流行期间，市售食盐注射液价格高，效力又差，经过共同研究，医院自制高渗食盐注射液和重碳酸钠食盐注射液，不仅价格低廉，且效力又佳，使霍乱患者死亡率由当初的40%降低到了30%左右，同时对人员集居单位，如军队、机关、学校等将近两万人施行了霍乱预防注射。1924年12月开始，为附近来院求诊的贫苦居民施医送药，同时推行种痘。

■1928年，杭州市立传染病院改组为综合性医院，改名为杭州市立病院，这是当时医院全体职工的合影。

历经风雨　不断发展

1927年3月，杭州建市，组建卫生局，传染病院划归杭州市政府卫生局管辖，并改名为杭州市立传染病院。与此同时，由于北伐军胜利入浙，省政府即将英属广济医院收归国有，成立省政府广济医院委员会。民政厅长马叙伦先生指派徐祖鼎、洪式闾、赵佩芝、颜守民等人前往接收广济，并任命洪式闾为广济医院院长。同年5月，委员会议决，将传染病院并入广济，改为广济医院附属传染病院（广济分院）。1928年春，南京政府命浙江省政府将广济医院重归英国人管理，广济医院委员会解散，传染病院由市政府接管，仍称为杭州市立传染病院。1928年

内政部直辖浙江省杭病院护士训练班第二届结业典礼摄影。

6月，陈宗棠任院长后，将医院改组成综合性医院，改名杭州市立病院。省警察厅将原先已有的拱宸桥、花牌楼两个诊疗所划归医院管辖，成为市立病院分部。

1928年底，新任市长周象贤委任王声涛为市立病院院长。因医院改组成综合性医院，原福缘巷院舍已感太小，王声涛院长向市里提出另建院舍，由市政府出资，征得市公路局的部分房屋和地块，即学士路14号，划为新院址，1929年开始筹建，1931年底完成。1932年初，陈宗棠又任院长，市立病院由福缘巷89号迁至学士路14号新址。至1932年10月，杨士达任院长时，搬迁完毕。

“七七事变”后，时局紧张，常有伤兵在医院寻衅闹事，王声涛院长怯而出走，外科主任钱仲卿代理院长，历时四月。1937年12月，杭州沦陷前数天，钱仲卿及医院部分人员携同大部分物资，与省、市政府机关一起，撤往浙江内地（钱仲卿在内地因病去世）。1937年12月24日杭州沦陷，医院被日军占领，圈作养马场所。1938年6月，伪浙江省、杭州市政府成立，何瓒任杭州市市长（何及其夫人施秉慧均系留日医学生）。任职期间，何对杭州公共卫生及医疗防治工作比较重视，杭州市容有所改善，市政府接收原学士路市立病院旧址，委任章君滁医师为市立病院临时负责人，着手修建被日军破坏的院舍，合并诊疗所及粮道山杭州市传染病院，筹划市立病院开诊事宜。7月，伪市政府在粮道山设立杭州市时疫医院，委何瓒夫人施秉慧任院长，聘得医师3人、护士若干，设床位20张，专门收治当时流行的真性霍乱，兼治伤寒、赤痢及急性肠炎等症。

杭州沦陷前夕，省、市政府撤往内地（1938年临时省会设在永康方岩，1942年5月移至云和），1939年在云和成立浙江医院，后迁移至景宁，由盛佩葱任院长。1943年8月，盛佩葱病重，毛咸继任院长。日寇投降后，省政府（当时在内地没有市政府建制）派毛咸先期来杭接管在杭省立医院，以迁内地医院并入在杭省立医院。毛咸从张包熙手中接收医院。据毛咸回忆，接收时，医院财产很少，记得起来的仅有显微镜3架，病床60张。1946年1月起，医院又改称为浙江省立杭州病院。

1949年5月3日杭州解放，当天，市民医院照常开诊。5月14日，医院实行军管，军代表张毅进驻医院，朱国基仍任院长。1949年8月，杭州市人民政府任命市卫生处处长赖光兴为市民医院建国后第一任院长，

张毅为政治协理员，朱国基将市民医院职工名册和财产档案等完整地移交给赖光兴同志接收。当时医院已为杭州市最大的综合性医院，但院舍破旧、设备简陋、技术落后。全院100多名职工，技术人员比例有75%，但家庭背景、思想觉悟、工作目的不一，医生、护士之间，临床、后勤之间配合、协作不够。1949年7月，赖光兴、张毅等医院新领导班子成员，根据市政府要求，组织全院职工，成立学委会，建立学习制度，制订学习计划和确定学习内容，使员工认清形势，坚定对共产党领导的信心，在自我改造中不断转变观念，提高觉悟，克服雇佣思想，增强主人翁意识，树立全心全意为人民服务的思想。

医教科研　人才辈出

坚持党的领导

1956年全党开展整风运动和1958年全国“大跃进”后，全院广大职工在党的教育下，进一步提高了社会主义觉悟，团结一致，斗志昂扬。

这一时期，医院进一步加强党的建设工作，充分发挥党员带头模范作用和战斗堡垒作用，医院在内、外科率先建立了党支部，并配备专职书记，进一步密切了党群关系。院党总支强调认真贯彻党委领导下的院长负责制，集体领导，坚决

■1949年10月1日杭州市民医院游行彩车“和平之神”

■1951年劳动模范合影

贯彻党对知识分子团结教育的政策，使院、科两级领导有职有权，同时对工会、共青团和各民主党派组织经常给予具体帮助和指导，保证了上级下达的各项工作任务顺利完成。

党建工作的顺利开展也成为职工钻研业务的动力，促进了业务工作的不断提高。

防病治病，成绩出色

为贯彻预防为主的方针，1961年，医院在完成繁重的日常医疗任务同时，组织多批次医务人员下乡、下厂，支援工农业生产第一线，深入机关开展保健和地段预防工作。医院包干了省、市22个机关共3710人的保健任务，进行全面体检，建立健康档案，并帮助建立休养所8处，设床位106张；建立机关保健站17个，培训保健员19人。医院还对包干的两个居民区进行巡回诊治，为296个麻疹易感儿童预防用药；为控制传染病进行预防注射1778人次，注射率高达90%以上；帮助居民区建立红十字卫生站2个，培训疫情报告员22人。同时医院还组织74人次支援农业第一线，至市区及金华、淳安、昌化、余杭兄弟医院会诊指导。

重视医教科研，不断提高医疗质量

1959年至1966年的七年里，是该院业务和管理水平提高较快的时期，多学科协同作战，开展各类新技术、新项目，取得了许多科研成果，成立新兴专科专室。1962年，内科采用心冲击图，为高血压和动脉硬化性心脏病的诊断治疗提供了帮助。1963年，内、外科协作开展当时在省内尚为数不多的二尖瓣分离术并获得成功。1958年，医院已建有麻醉专业，开展各项麻醉技术（持续硬膜外深低温麻醉体外循环），由此也为外科发展提供了保障，当时医院外科已能熟练开展全胃切除、壶腹部癌一期切除、肝叶切除、结肠代食道等重大手术。对晚期血吸虫病的门脉高压症、巨脾切除+脾肾静脉分流术等手术成效显著。泌尿外科在主任林肇南的主持下，开展肾移植和回肠代膀胱等先进手术（属省内领先）。骨科开展马啼足畸形矫正等24项新手术，其中16项达到省或国内先进水平。1961年，医院还创建了杭州市属医院首家神经外科专科，积极开展各项重型颅内创伤的抢救工作，获得显著的疗效。眼科在著名专家俞德葆的带领下，成功施行异体角膜移植术。五官科在前辈陈远健的带领下努力开展鼓室成形术，有65%的病人听力获得不同程度的提高。口腔科（以后发展为颌面外科）陈永祥、吴哲民等开展颌面整形术和上颌癌手术，疗效均有不同程度提高。与此同时，药、检、放及理疗等医技科室也先后开展了一系列先进操作技术。如药剂科改进门诊流水定位配方法，成立病区小药房，制剂室制订协议处方以配合临床需要。检验科在杨瑾操主任的主持下，完成了多种血清学试验，对风湿病临床治疗和血液

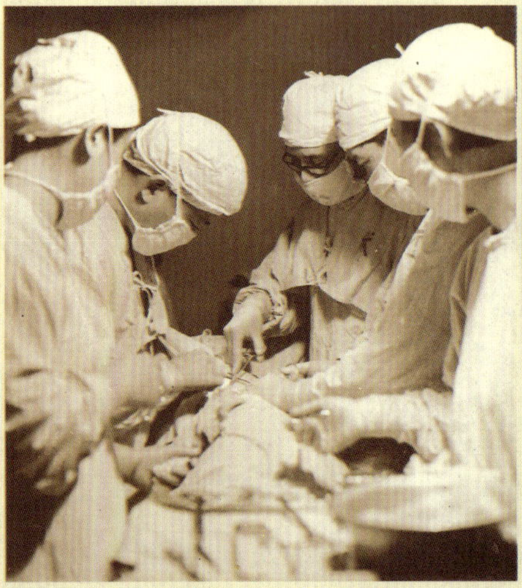
■1978年本院体外肾手术自体肾移植

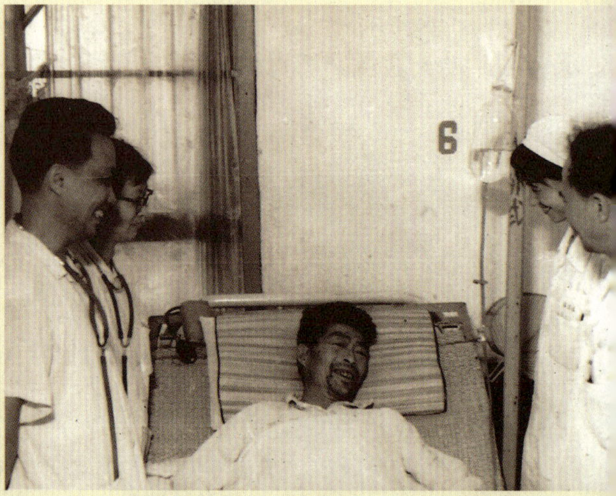

■1978年本院体外肾手术自体肾移植病人术后与医师合影

丙酮酸测定及百浪多息试验等在临床进行应用。放射科姜树铭等进行肝脏X线测量的探讨研究，骨佝偻病诊断128例分析，并为配合临床开展多种造影技术。理疗科于1957年成立以后，在此阶段先后开展30余种干涉波疗法及神经肌肉刺激疗法、生物反馈疗法等。

为配合科研工作的开展，医院专门成立了科研委员会，下设科研办公室，同时扩大院图书馆规模，添置了上万册国内外科技图书和国内外各类医技杂志，以后发展为杭州市医学图书馆，供市属医院资源共享。医院还拨出大量经费，购置各项必要的先进精密仪器设备，专门开辟动物饲养场，建立动物实验室以提供科研工作所需。为给临床提供有效和正确的诊断，医院扩大和组建了病理科。

贯彻中医政策，发掘祖国医药宝库

医院党政领导非常重视保护和发展中医药科学。中医科一批名老中医如王幼庭、李汝鹏、张硕甫、黄晓庵、罗鸣岐、俞尚德、张治寰（著名针灸老中医）等，医院支持他们总结历年来中医治疗经验，以师带徒，开展教学工作，大力开展学术交流，推动中西医结合应用于临床。至50年代中后期，院内形成了中医学、西医借鉴中医、中医融合现代医学三驾马车齐头并进的大好形势，

60年代初期取得丰硕成果。1962年，中医科总结中药治疗120例胃脘痛，有效率达90%；硫磺灸治腱鞘炎30例，无一例失败；针刺治疗15例声带闭锁不全，疗效满意。而外科改进中药挂线疗法治疗肛直肠瘘（复杂性肛瘘），费用省，痛苦少，不需住院，无复发率。内科在抢救危重病人中应用中西医结合的方法，遵循中医清热、解毒、养阴、生津原则，死亡率下降了10%；溃疡病经中西医结合治疗与过去同期相比提高疗效25%。麻醉科应用针刺麻醉施行颅骨成形术，成功开展甲状腺瘤切除术。小儿科应用中西医结合治疗中毒性暴发性菌痢获得满意疗效。眼科、五官科相继开展中西医结合，总结了许多宝贵经验。中医科还积极开展中医学习现代医学知识，掌握一般临床理化检查，改进病历记载，一律按中医特点进行辨证分型和西医诊断相互对照，并制定中西医结合病历书写规范。1960至1961年，中医科总结经验编写了不少有价值的论文及著作，如李汝鹏编著的《中医内科杂病症治疗》、《脉象改革的初步研究》、《中医脉案体会》，先后在浙江医学等杂志发表。

医德为本，人才辈出

50年代中期，前辈老专家通过辛勤劳动，积累了许多宝贵的实践经验，他们把精湛的医疗技术言传身教，无私地传授给年轻一代医护人员，同时，又以自己高尚医德医风令下一代永铭心坎。如院领导李容、李挺宜，科室领导刘天香、陈永祥、陈远健、俞德葆、陈绍舜、杨继昌、杨瑾操等，不但为院内广大职工所敬仰，在社会上也具有较高的声誉，省内外病人慕名前来，就医者络绎不绝。在这些前辈的带领下，年轻医生中也相继涌现出不少优秀人才和业务骨干，如曹蝶芬、朱济平、戴源澄、林肇南、周惠恩、姜树铭、娄铭铎、徐思行、夏金声、吴柏年等一批中坚力量，以及护理队伍中如傅淑芳、杨汝芬、蒋肖薇等同志，都为医院贡献了青春年华和毕生精力。

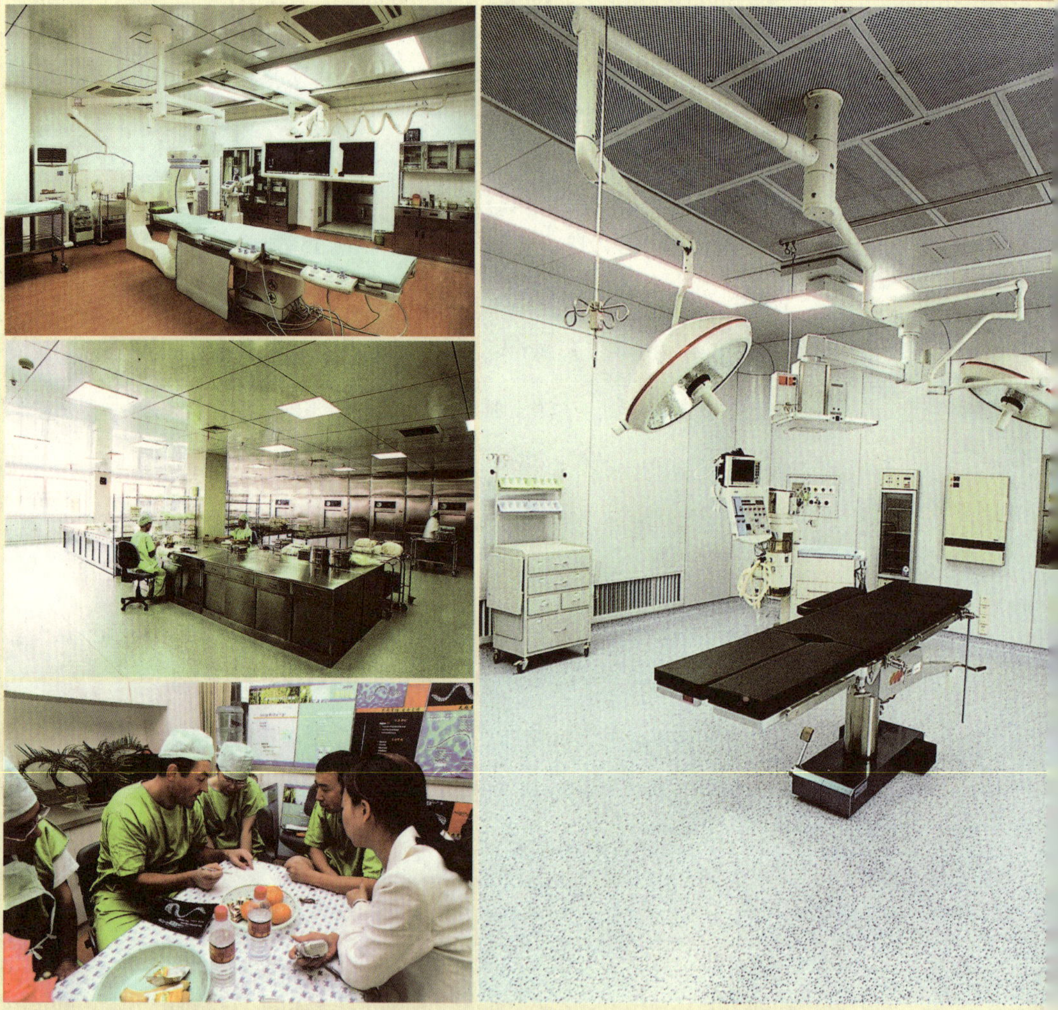

■现在的市一医院环境优美，设施先进。新医疗综合大楼拥有浙江省首个屋顶急救直升机停降坪，拥有国际一流的手术室——17间净化层流手术室、2间百级净化手术室。

20世纪60年代初期，为光大“市一”的优秀传统，使医院人才能承前启后，后继有人，李容院长从浙医大毕业生中挑选了一批优秀毕业生，如朱毓仁、金石、李佩璋、宋家奕、葛琼珊、金国樑、郑鑫华、李云漳、孙以群等年轻后备力量，充实到各个科室。通过临床实践和分别派出进修，他们在长期的刻苦学习和工作中青出于蓝而胜于蓝，逐渐成为医院业务建设的顶梁柱，推动医院工作不断向前。

市醫院

严谨治医　追求卓越

经过80多年的发展，杭州市第一人民医院已成为杭州地区融医疗、教学、科研、预防和社会保健于一体的市属最大综合性三级甲等医院，浙江省医学科学院临床研究院，全国卫生系统先进集体，全国百姓放心医院示范医院，浙江省示范文明医院，杭州市文明单位，杭州市药剂、放射、病理、护理、急救、检验、产科、病历质控中心。

医院设有一、二级临床医疗、医技科室60多个，其中消化内科、心血管内科、眼科、神经内科等为省市级重点专科，普外科、妇科、耳鼻咽喉科、内分泌科、血液内科、中心实验室、危重病医学科、神经外科等为院级重点专科；现有职工1400余人，其中高级职称医务人员207名，享受国务院特殊津贴9人，各级各类新世纪培养人才21名，浙江大学医学院兼职教授20余名。

医院环境优美，设施先进。新医疗综合大楼拥有浙江省首个屋顶急救直升机停降坪，国际一流的手术室——17间净化层流手术室、2间百级净化手术室；危重病医学科使用高压静电除尘灭菌系统，配备呼吸机、床边血液过滤系统、全肠外营养、亚低温等多项先进设备，以及生理监测多功能综合柱；消毒供应中心引进浙江省首台多腔全自动清洗/消毒机和浙江省最大的环氧乙烷低温消毒柜；以及物流传输系统、屋顶花园、室内绿化、宾馆式病房，楼宇内环绕背景音乐。全省最大的内窥镜中心也落户于此。医院雄厚的医疗水平、先进的硬件设施和以人为本的服务理念为患者提供了良好的诊疗条件。

杭州市第一人民医院将始终秉承“严谨治医、仁爱为民、开拓进取、追求卓越”的宗旨，一如既往、踏踏实实为广大人民群众服务。

杭州老字号系列丛书

医药篇

CHINESE 医药篇 MEDICINE

◎消失的历史◎

肆

○1524–1987○

历代杭州市
中西药店、药材行、参茸店

据杭州市历年的文献整理和现有的资料，我们把有记载但已不存在的杭州中西药店、参茸店和药材行的名单一一列出，从这些已经消失的中西药店、药材行和参茸店，还是能看到杭州自南宋以来经历的兴旺—萧条—再兴旺的发展之路，经过几百年的岁月的路程，能保留至今的毕竟还是少数。

在这几百年时间里，中国发生了巨大变化，从旧时饱受凌辱到今天的和平崛起，至改革开放以来，一场中华民族复兴的伟业擂起了隆隆战鼓，我们重观历史，就是为了更辉煌的明天……

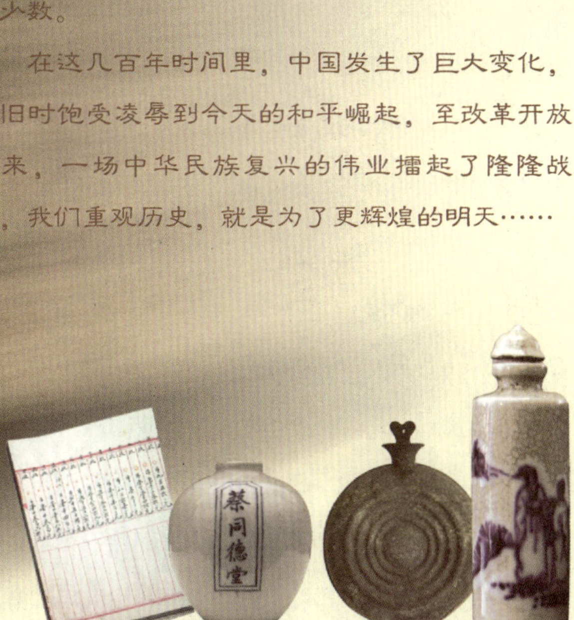

○1524–1987○

历史上杭州中药店铺

店　名	开设地址	业主或负责人	起始时间	资　金
许广和	新宫桥挽		明·嘉靖三年（1524）	
存仁堂	忠清大街	陈道济	清·嘉庆二十三年（1818）	30万
余香山	粥教坊	杨克俭	清·嘉庆二十三年（1818）	5万
太和堂	司前街	姚秉锡	清·嘉庆二十三年（1818）	10万
孙泰和	菜市桥96号	董锦芳	清·光绪十一年（1885）	30万
泰山堂	清泰街388号	陈岐根	清·道光前	1000元
天生堂	湖墅大兜	朱宝初	清·光绪十七年（1898）	2万
俞同春	菜市街30号	俞钟祥	清·光绪二十四年（1898）	5000元
泰和	彭家埠	钟养栽	清·光绪二十九年（1902）	1万
德记	望仙桥河下	张金悟	清·光绪二十九年（1903）	4万
大德	拱辰桥大同街	朱继泉	清·光绪三十一年（1905）	8万
大年堂	羊坝头	王本荣	民国元年（1912）	10万
叶万春	望江街	叶培荣	民国二年（1913）	10万
天德生	城皇牌楼	叶勋标	民国二年（1913）	5万
德生	下菩萨	吴永年	民国七年（1918）	2万
保和堂	藩司前	孙锡麟	民国九年（1920）	5万
大元堂	清泰街	宓炳庚	民国十年(1921)	10万
同益堂	观桥	朱汉丞	民国十年(1921)	10万
培元堂	东街路922号	朱茂义	民国十二年(1923)	3万

店名	开设地址	业主或负责人	起始时间	资金
庆和堂	横河桥	应友生	民国十三年(1924)	6万
春和堂	小学前89号	徐纹夫	民国十五年（1926））	10万
长生堂	东街路232号	黄延卿	民国十六年（1927）	10万
吴万寿	七堡	吴淞元	民国十七年（1928）	4万
敬德堂	清泰街	王培仙	民国十八年（1929）	5万
泰来	望仙桥4号	张尚峰	民国十九年（1930）	10万
人寿堂	闹市口	朱家训	民国二十年（1931）前	
大生祥	吴山路34号	罗仁荣	民国二十年（1931）前	10万
存仁堂	康家桥	钟竞清	民国二十年（1931）前	
仁德正	拱辰桥西河下	宋德生	民国二十年（1931）前	
仁德	正东街路938号	应霭文	民国二十年（1931）前	30万
五和堂	延安路206号	方子钦	民国二十年（1931）前	
天德堂	庆春门182号	叶荣庭	民国二十年（1931）前	
益元堂	美政桥	余松山	民国二十年（1931）前	
泰元	仁和路38号	丁　敏	民国二十年（1931）前	
恒益堂	灵隐山门口	郭渭川	民国二十年（1931）前	
余庆栈	望仙桥南河下	卢燧英	民国二十年（1931）前	
资德	凤山门13号	陈其昌	民国二十年（1931）前	
培德生	上仓桥	宓锦秋	民国二十年（1931）前	

店名	开设地址	业主或负责人	起始时间	资金
华山堂	望江门直街29号	郁丰文	民国二十年（1931）前	
余德堂	仓桥21号	王初庭	民国二十年（1931）前	
宝三堂	下板儿巷131号	杨滇元	民国二十年（1931）前	
龚德岭	新民路	龚少卿	民国二十年（1931）前	
恰和堂	海月桥	郑观盈	民国二十年（1931）前	
天宝堂	杭州路	韩继康	民国二十年（1931）前	
同德堂	塔儿头	朱俊甫	民国二十年（1931）前	
葆和堂	庆春街173号	张云祥	民国二十年（1931）前	
万寿堂	武林门19号	周香泉	民国二十年（1931）前	
王明德	望江门直街25号	王芝田	民国二十年（1931）前	
延龄堂	四宜路	黄礼章	民国二十年（1931）前	
范天益	左家桥	范友绍	民国二十年（1931）前	
长春堂	昭庆寺48号	李铭荣	民国二十年（1931）前	
益寿堂	性存路46号	陈春华	民国二十年（1931）前	
树德堂	延龄路211号	金以焕	民国二十年（1931）前	
同益	筑桥8号		民国二十年（1931）前	
汇成堂	仓桥43号	吴慎根	民国二十年（1931）前	
大昌	望仙桥河下	沈翰轩	民国二十年（1931）前	
祥泰和	延龄路206号	董锦鳌	民国二十年（1931）前	
应德和	庆春门182号	应步沄	民国二十年（1931）前	

店名	开设地址	业主或负责人	起始时间	资金
延寿堂	闹市口	韩斯铟	民国二十年（1931）前	10万
天德堂	茶亭庙		民国二十年（1931）前	5000元
世昌	荐桥	戚世昌	民国二十年（1931）前	1000元
延年	清泰街155号	施孝行	民国二十年（1931）前	5万
洪泰	会馆河下35号	宋鸿涛	民国二十一年（1932）	10万
仁德堂	拱辰桥西河下146号	许寿松	民国二十一年（1932）	5万
延生	东街路1123号	它汉群	民国二十二年（1933）	5万
德和堂	河坊街	黄志春	民国二十二年（1933）	7万
大生	会馆河下15号	沈阮引孙	民国二十二年（1933）	8万
源兴	康家桥	徐进宝	民国二十二年（1933）	6万
慎德	清朝寺牌楼	夏达卿	民国二十二年（1933）	3万
德源	白莲花寺	阮嘉祥	民国二十三年（1934）	2万
建德	会馆河下27号	陈达甫	民国二十三年（1934）	10万
源盛	彭家埠	任善根	民国二十三年（1934）	500元
仁寿	七堡	吴则民	民国二十四年（1935）	3万
惠生堂	盐桥46号	陈定熠	民国二十四年（1935）	30万
道德堂	小河街40号	毛志强	民国二十四年（1935）	1350元
广泰	会馆河下	徐逸庭	民国二十五年（1936）前	
人寿和	海月桥94号	翻胃杨	民国二十五年（1936）前	
大震	望仙桥河下	王长庚	民国二十五年（1936）前	

店　名	开设地址	业主或负责人	起始时间	资　金
王太和	武林门外	王柏林	民国二十五年（1936）前	
元元堂	闹市口		民国二十五年（1936）前	
天和堂	海月桥	周桂星	民国二十五年（1936）前	
天医堂	中板儿巷	韩招娣	民国二十五年（1936）前	3万
保生堂	笕桥直街195号	钟晋三	民国二十五年（1936）前	
春元	望仙桥河下		民国二十五年（1936）前	
春生	笕桥直街	冯耀荣	民国二十五年（1936）前	30万
惠生堂	笕桥直街248号	钟乃康	民国二十五年（1936）前	
德济堂	南星桥	应达文	民国二十五年（1936）前	
寿芝堂	羊市街	姚沛霖	民国二十五年（1936）前	
寿康	新民路161号	梅守耕	民国二十五年（1936）前	15万
颐和堂	南星桥	李芝山	民国二十五年（1936）前	
万生堂	闹口小桥	孙文波	民国二十五年（1936）前	
和堂	同春坊31号	毛纪生	民国二十五年（1936）前	
宝生堂	下板儿巷	董福生	民国二十五年（1936）前	
种福堂	忠清巷67号	刘菊人	民国二十五年（1936）前	
采芝堂	岳坟	颜家拣	民国二十五年（1936）前	10万
裕泰恒	昭庆寺	毛水钿	民国二十五年（1936）前	4万
养和堂	闹市口	童根耀	民国二十五年（1936）前	
怀德堂	艮山门外		民国二十五年（1936）前	5万

店　名	开设地址	业主或负责人	起始时间	资　金
尚德堂	拱墅		民国二十五年（1936）前	
念慈堂	中板儿巷	岑静洲	民国二十五年（1936）前	
积善堂	官巷口	梁章莆	民国二十五年（1936）前	
通和堂	笕桥276号	叶荫泉	民国二十五年（1936）前	
庆德堂	笕桥91号	余友莆	民国二十五年（1936）前	
同生堂	大井巷67号	焦令曾	民国二十五年（1936）前	
卢同德	南塘乡	卢燧英	民国二十五年（1936）前	
广成	望仙桥西河下	王荣堂	民国二十五年（1936）前	8万
寿山	东街路43	何少山	民国二十五年（1936）前	5万
松茂	七堡	刘金德	民国二十五年（1936）前	2万
美成	清朝寺牌楼	张炳善	民国二十五年（1936）前	50万
敬恩	凯旋路	屈钟台	民国二十五年（1936）前	100万
永延庆堂	延龄路192号	宋云鹏	民国二十六年（1937）前	30万
德生	忠清街	陈寅生	民国二十六年（1937）前	20万
怀德	艮山门外	应鉴清	民国二十六年（1937）前	
天元	艮山门外	俞抒炎	民国二十六年（1937）前	180万
长春	东坡路	周善波	民国二十六年（1937）前	
承德	下仓桥	李祖延	民国二十六年（1937）前	
天益	大东门	支宝生	民国二十六年（1937）前	
同春	闸口	应佐新	民国二十六年（1937）前	

店　名	开设地址	业主或负责人	起始时间	资　金
春元分号	闸口	姚延淇	民国二十六年（1937）前	
同仁	闸口	赵幼棠	民国二十六年（1937）前	
朱天德	化仙桥	朱仰贤	民国二十六年（1937）前	
天元	化仙桥	梁章甫	民国二十六年（1937）前	
太山	南星桥	孙鹤泉	民国二十六年（1937）前	
存济	湖墅	李月舫	民国二十六年（1937）前	
尚德	湖墅	韩升椒	民国二十六年（1937）前	
春元	望仙桥河下	罗辅卿	民国二十六年（1937）前	
广泰	会馆河下	张振亚	民国二十六年（1937）前	
九和	清泰路	韩显珠	民国二十六年（1937）前	
春生	新民街	罗旭初	民国二十六年（1937）前	
泰元	新市场	王志成	民国二十六年（1937）前	
范天益	湖墅	徐戴芳	民国二十六年（1937）前	
天成	湖墅	王鉴清	民国二十六年（1937）前	
天芝	大关	翁舜年	民国二十六年（1937）前	
寿全	大关	畅洗棋	民国二十六年（1937）前	
问松	闸口	杨松泉	民国二十六年（1937）前	
南山	宝极官巷	王钰泉	民国二十六年（1937）前	
善庆	玉堰庙	沈阿鉱	民国二十六年（1937）前	
叶长春	尧典桥	叶松麟	民国二十六年（1937）前	

店名	开设地址	业主或负责人	起始时间	资金
再生	蔡院前	张俊铱	民国二十六年（1937）前	
全寿春	竹斋街	赵祖灿	民国二十六年（1937）前	
建德分号	河坊街	陈章熊	民国二十六年（1937）前	
同仁	湖墅	翁伯康	民国二十六年（1937）前	
德济局	湖墅	姚宪忠	民国二十六年（1937）前	
济生	大关	杨介眉	民国二十六年（1937）前	
博济	灵隐	盛颂恩	民国二十六年（1937）前	
德元	下菩萨	吴彭令	民国二十六年（1937）前	
方萃头	下菩萨	方秋槎	民国二十六年（1937）前	
庆德	笕桥	余友甫	民国二十六年（1937）前	
永生	笕桥	钟养裁	民国二十六年（1937）前	
通和	笕桥	叶鸿超	民国二十六年（1937）前	
大成	宣家埠	叶茂祥	民国二十六年（1937）前	
寿生	白石庙	陈良卿	民国二十六年（1937）前	
久和	彭家埠	陈文卿	民国二十六年（1937）前	
正和	彭家埠	余菊坪	民国二十六年（1937）前	
恒德	新塘镇	徐征荣	民国二十六年（1937）前	
同春	新塘镇	沈传甫	民国二十六年（1937）前	
同春志	艮山门外	陈尚志	民国二十六年（1937）前	
惠民	佑圣观路	岑延龄	民国二十六年（1937）前	5万

店名	开设地址	业主或负责人	起始时间	资金
德大	新桥	阮吟和	民国二十六年（1937）前	
德生	松木场	孙学鹏	民国二十六年（1937）前	
永济	性存路	毛鼎余	民国二十六年（1937）前	
仁寿	庆春街	柴其仁	民国二十六年（1937）前	
延寿仁	凤山门	朱荣春	民国二十六年（1937）前	
存仁	凤山门	陈钦安	民国二十六年（1937）前	
颐和	枸桔弄	杨锦福	民国二十六年（1937）前	
天德	七堡	洪宝才	民国二十六年（1937）前	
万寿	七堡	吴淞元	民国二十六年（1937）前	
天生	七堡	阮澄梦	民国二十六年（1937）前	
德大	小学前45号	阮象辉	民国二十七年（1938）	4万
协和	闸市口64号	蒋连隆	民国二十七年（1938）	10万
恒寿	笕桥直街66号	冯应照	民国二十七年（1938）	5万
德大分号	武林路137号	阮艮午	民国二十八年（1939）	1430元
三瑞	河上	杨鹤年	民国二十八年（1939）	5万
庆生	净寺51号	孙陆滨	民国二十九年（1940）	2万
寿康分店	中山北路478号	梅守耕	民国三十年（1941）	50万
延寿恒	闸口小桥里街	张云卿	民国三十年（1941）	200万
回生	同春坊	杨松涛	民国三十年（1941）	3万
培德	宣家埠	金贮春	民国三十年（1941）	2万

店名	开设地址	业主或负责人	起始时间	资金
久和福记	彭家埠	章士雄	民国三十一年（1942）	5万
胡大德	庆春路238号	胡炳照	民国三十一年（1942）	10万
德仁		黄帛涛	民国三十二年（1943）	
承德	海月桥	李芝山	民国三十二年（1943）	
宝善	清泰街203号	邬思皋	民国三十二年（1943）	25万
存德		蒋寅生	民国三十二年（1943）前	
仁济		张志铭	民国三十二年（1943）前	
天益		李志铭	民国三十二年（1943）前	
大生堂	小河直街15号	杨春耀	民国三十三年（1944）	536元
颐和	笕桥	沈有根	民国三十四年（1945）前	6万
克济	新宫桥信余里	陈绍武	民国三十四年（1945）前	5万
仁济	化仙桥	程美福	民国三十四年（1945）前	3万
春和	彭家埠	沈金宝	民国三十四年（1945）前	1万
春生	康家桥	杨春耀	民国三十四年（1945）前	4万
陈同春	大学士牌楼	陈尚志	民国三十四年（1945）前	3万
回春	新塘上	傅培德	民国三十四年（1945）前	3万
寿生	笕桥北街	陈桂枝	民国三十四年（1945）前	20万
成春	夹城巷81号	沈耀文	民国三十四年（1945）前	2万
养和	宣家埠	袁子文	民国三十四年（1945）前	1万
公一	笕桥直街15号	郑金木	民国三十四年（1945）前	5万

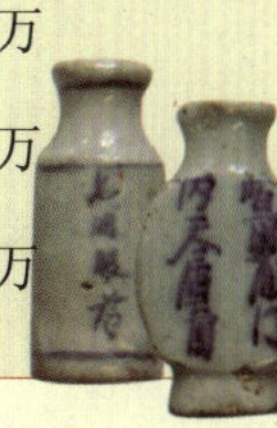

店　名	开设地址	业主或负责人	起始时间	资　金
衡山	七堡	孙菊花	民国三十四年（1945）前	5万
同德	丁桥	陈庆堂	民国三十四年（1945）前	430万
寿康	中正街83号	戴秉彝	民国三十五年（1946）前	70万
大升	延龄路232号	郭怀德	民国三十五年（1946）前	250万
怀德	秤杆弄26号	唐鹤皋	民国三十五年（1946）	30万
问心堂	闸口小桥	芯心休	民国三十五年（1946）	225万
同仁堂	灵隐	邬鑫湖	民国三十五年（1946）	50万
怀仁	善贤坝	陈竞家	民国三十五年（1946）	
康德堂	中山南路77号	罗正展	民国三十五年（1946）	1450元
天德堂	中山南路20号	陈震洲	民国三十五年（1946）	700元
孙春和分店	南星桥	裘松茂	民国三十六年（1946）	归总店
存德春记			民国三十六年（1947）	
济华	中山北路478号	钱连法	民国三十七年（1948）	4万
怀德鹤	艮山门外直街	唐鹤皋	民国三十七年（1948）	4万
立成	建国南路234号	朱荣贵	民国三十七年（1948）	250万
芝山	松木场流水桥13号	李芝山	民国三十七年（1948）	100万
积庆	中山南路484号	陈恒阮	民国三十八年（1949）	220万
泰生	望仙桥直街216号	董可兴	民国三十八年（1949）	380万
万寿	复兴街725号	朱庭尧	民国三十八年（1949）	170万
永济药局	凝海巷92号	李云泉	民国三十八年（1949）	40元

店　名	开设地址	业主或负责人	起始时间	资　金
仁寿云	中山南路245号	唐云溪	1950年	1000元
恒春	左家桥	赵家麟	1950年	720元
红星国药社	中山南路27号	韩瑞惠	1950年	150元
傅同春	新塘上	傅祖培	1950年	300元
东海国药社	茶亭庙32号	徐　熊	1951年	500元
怀存堂	章庵村	唐鹤年		
怀德鹤记		张子云	1951年	
怀德泰	吊桥直街	陆培明	1951年	1007元
陈中和	丁桥	张调韵		429元
叶春生	丰和村	叶树鹏		78元

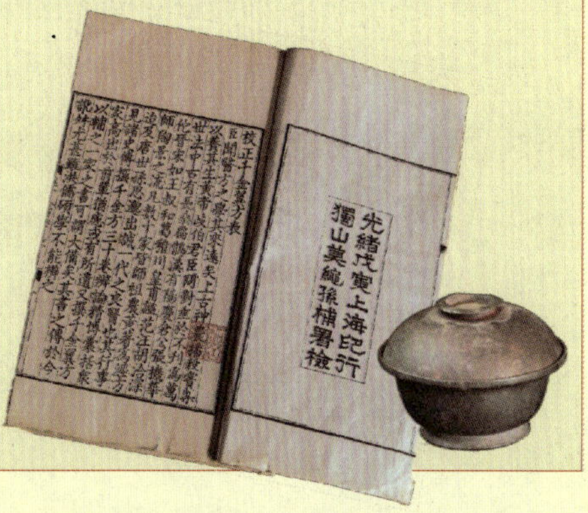

○1878–1987○

历代杭州市西药零售店

店　名	开设地址	业主或负责人	起始时间	资　金
保太和	鼓楼湾	舒展鹏	清光绪四年（1878.2）	60万
老巴惠氏	管米山	姜云华	光绪十三年（1887.2）	50万
福林堂	太平坊	舒藻馨	清光绪二十六年（1900）	20万
华英	太平坊	陶承鋙	清光绪三十一年（1905）	5000元
中法	羊坝头	丁鉴廷	清光绪三十四年（1908）	8000元
中外	太平坊	邱钲藩	清光绪三十四年（1908）	50万
生化药厂	中板儿巷225号	吴锡佑	民国元年（1912）	30万
五洲	太平坊	于　东	民国元年（1912）	5万
太和	太平坊90号	孙芝亭	民国元年（1912）	2200元
中英	清河坊	俞承安	民国元年（1912）	6000元
老葆合和	鼓楼51号	郑绥德	民国三年（1914）	15万
中华医药公司	寿安路	韩士芳	民国十年（1921）	3000元
华美	羊坝头	钱肇文	民国十四年（1925）	1万
同春	同春坊	周师洛	民国十四年（1925）	1万
大生制药公司	大井巷口		民国十四年（1925）前	
科发	羊坝头		民国十四年（1925）前	
美华	羊坝头	虞信祥	民国十四年（1925）前	
杭州	新民路	钟更生	民国十四年（1925）前	2000元
中南	菜市桥25号	汪家甫	民国十五年（1926）	60万

店　名	开设地址	业主或负责人	起始时间	资　金
大德	羊坝头21号	汪郎孙	民国二十年（1931）前	5000元
中西	寿安路	孙锦浩	民国二十年（1931）前	1万
公达	迎紫路	黄凤歧	民国二十年（1931）前	6000元
五洋仁记	清河坊	潘吉甫	民国二十年（1931）前	4000元
泰华	延龄路35号	丁伯熏	民国二十年（1931）前	5000元
之江	警署街	陈伯雄	民国二十年（1931）前	4000元
屈臣士	保佑坊	刘友松	民国二十年（1931）前	3000元
浙江药局	延龄路		民国二十年（1931）前	3000元
大东药房	杭州路		民国二十年（1931）前	3000元
昌明	寿安路37号	洪懋芳	民国二十四年（1935）	80万
同春支行	寿安路37号	周师洛	民国二十五年（1936）	60万
新亚药材	性存路	卢尚德	民国二十五年（1936）	
佛慈药厂	涌金门外43号		民国二十五年（1936）	
大华	清河坊53号	施民朴	民国二十五年（1936）	50万
万利	清泰街	厉诚芳	民国二十五年（1936）前	
万利分店	许衙巷	厉诚芳	民国二十五年（1936）前	
生春堂	清泰街321号		民国二十五年（1936）前	
美德	盐桥大街	傅颂周	民国二十五年（1936）前	
天生	龙翔桥堍	田嘉祥	民国二十五年（1936）前	

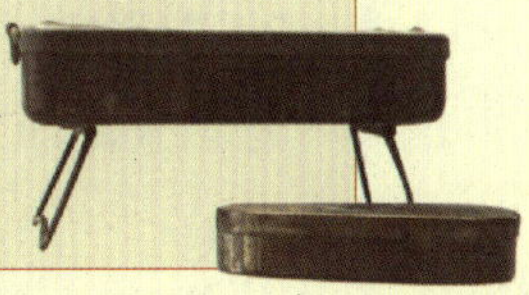

店　名	开设地址	业主或负责人	起始时间	资　金
福寿制药厂	新民街358号	张寿山	民国二十五年（1936）前	200万
西藏天生药局	灰头巷9号	葛祥溪	民国二十五年（1936）前	
太平		孙义章	民国二十五年（1936）前	40万
同济	清泰路453号	周维贤	民国二十五年（1936）	80万
太华	清河坊58号	宋竹凌	民国二十五年（1936）	
元元	涌金门外柳浪新村	李焕文	民国二十五年（1936）前	
一中	延龄路	朱校卿	民国二十六年（1937）前	
驻杭永安堂	三元坊10号	周钟祥	民国二十六年（1937）前	
保合和	鼓楼湾	洪潮涛	民国二十六年（1937）前	5万
现代	清泰街	叶炳南	民国二十六年（1937）前	
采芝堂	东河坊路	邹家禄	民国二十六年（1937）前	
太和堂	江干瓦子巷	徐荣祯	民国二十六前（1937）前	
王树嘉药局	彩霞岭26号	王汝嘉	民国二十六年（1937）前	
乐轩斋	万松岭南22号	王忠灿	民国二十六年（1937）前	
百康药行	百岁坊巷28号	赵禹洲	民国二十六年（1937）前	
舒利济	太平坊	舒利济	民国二十六年（1937）前	
延龄	延龄路130号	陈明沅	民国二十六年（1937）前	100万
国泰	扇子巷160号	谢　屏	民国二十六年（1937）前	10万
永森药厂	竹斋街274号	杨永森	民国二十六年（1937）前	3700元

店名	开设地址	业主或负责人	起始时间	资金
元元	平海路口	赵文彬	民国二十六年（1937）	5万
保和	清河坊34号	蒋丙南	民国二十九年（1940）	30万
太和支店	盐桥40号	孙承绶	民国二十九年（1940）	50万
中一	水师前48号	申静泉	民国二十九年（1940）	
环球	清泰街441号	沈丙霖	民国二十九年（1940）	50万
中西药房杭州店	羊坝头29号	王秋声	民国三十二年（1943）	100万
采薪	新民路303号	徐永明	民国三十二年（1943）	15万
福民	里仁坊92号	博明德	民国三十三年（1944）	10万
美华	同春坊67号	张世琥	民国三十三年（1944）	10万
信谊药厂	青年路39号	刘颐鹤	民国三十四年（1945）	250万
华达	寿安坊17号	李世雄	民国三十四年（1945）	40万
光华	延龄路88号	韩国杰	民国三十四年（1945）	50万
同济总店	迎紫路49号	徐祖毅	民国三十四年（1945）	8万
万利	同春坊89号	鲁锦帆	民国三十四年（1945）	5万
极星药厂	缸儿巷48号	范兆璋	民国三十四年（1945）	10万
之江	新民路428号	金绛年	民国三十四年（1945）	80万
五华	迎紫路223号	蔡志远	民国三十四年（1945）	30万
新亚药厂	小营巷52号	丙　净	民国三十四年（1945）	归总公司
福音	板儿巷66号	姚克俊	民国三十四年（1945）	10万

店名	开设地址	业主或负责人	起始时间	资金
勤康	羊坝头12号	王成甫	民国三十四年（1945）	20万
东南	宫巷口59号	徐成章	民国三十四年（1945）	10万
四明	寿安路37号	洪松林	民国三十四年（1945）	50万
国民		朱国英	民国三十四年（1945）	5.4万
利民	中山中路323号	戚鸿翔	民国三十四年（1945）	
中央	新民路352号	孙延年	民国三十四年（1945）	80万
惠尔康	新民路155号	杨通明	民国三十四年（1945）	40万
华德	保佑坊80号	叶葆卿	民国三十四年（1945）	150万
康乐	新民路256号	金璞山	民国三十四年（1945）	10万
万康	清泰街514号	鲁锦帆	民国三十四年（1945）	1500元
中美	三元坊467号	柳承先	民国三十四年（1945）	100万
健华	和合桥33号	陈金泉	民国三十四年（1945）	10万
志成	水师前45号	汤甄陶	民国三十四年（1945）	80万
华英	弼教坊	陶承吾	民国三十四年（1945）	5万
万国	鼓楼前18号	王雪痕	民国三十四年（1945）	50万
国光	众安桥60号	徐文彬	民国三十四年（1945）	60万
中国	延龄路217号	虞德钦	民国三十四年（1945）	100万
世界	察院前67号	郑绥德	民国三十四年（1945）	150万
汇成	中山中路832号	童复介	民国三十四年（1945）	2742元

店　名	开设地址	业主或负责人	起始时间	资　金
中兴	清泰街263号	傅智敏	民国三十四年（1945）	
华德鼎记	中正街215号	叶葆卿	民国三十四年（1945）	
朱敬记	中山中路212号	朱敬文	民国三十四年（1945）	300万
大成	延龄路219号	陆庆祥	民国三十四年（1945）	80万
美生	中山南路22号	徐松岚	民国三十四年（1945）	1450元
大华支店	警署街	施亚父	民国三十四年（1945）	6363元
新亚药房	迎紫路井亭桥堍	卢艮铭	民国三十五年（1946）	6045元
远东	中山南路35号	何子利	民国三十六年（1947）	
清泰	清泰街337号	俞希来	民国三十六年（1947）	96元
乐凯	众安桥	吴坤渊	民国三十六年（1947）	1663元
厚生	东街路248号	李惠群	民国三十六年（1947）	
湖墅	卖鱼桥27号	盛圣明	民国三十六年（1947）	300元
福民生	大同街15号	沈华江	民国三十五年（1946）	4826元
集中	保佑桥弄	潘方策	民国三十六年（1947）	
南洋	清泰街100号	李惠群		
国际	高银巷41号	郑甫赓		
同丰	柳翠井巷43号	孙义章	民国三十七年（1948）	1.3万
仁济	中山中路307号	陈云鹏	民国三十七年（1948）	
大众药厂	燕春里8号	韩洪鑫	民国三十七年（1948）	984元

店名	开设地址	业主或负责人	起始时间	资金
芷江	东街路537号	胡其冬	民国三十七年（1948）	
天德	庆春路652号	高天德	民国三十七年（1948）	5376元
永康	下羊市街128号	吴永裕	民国三十七年（1948）	1000元
中华	延龄路88号	陈学英	民国三十七年（1948）	6480元
永康	机神庙直街22号	胡康年	民国三十七年（1948）	1000元
新光	解放路212号	翁琪生	1949年	5017元
大昌	中山中路158号	陈泉生	1949年	8864元
同声	武林路257号	厉生元		200元
建国	建国南路388号	王树勋	1949年	320元
大西	东街路904号	马先荣	1949年	383元
良记	复兴街364号	沈智良	1949年	1000元
大来	竹斋街53号	林永铨	1949年	5019元
维生	青年路	袁梅英	1949年	240元
惠利	中山中路215号	翁星剑	1949年	480元
同声	解放路209号	金伯寿	1949年	
甘露	茶亭	高炳文	1949年	1805元
振华	河坊街52号	张士荣	1949年	2833元
天生	庆春街394号	徐卓颐	1949年	2009元
华丰	中山中路202号	赵松林	1949年	2646元

店名	开设地址	业主或负责人	起始时间	资金
科达	延龄路296号	张志明	1949年	570元
天堂制药社	中山中路618号	颜鑫泉	1949年	1541元
金龙	水漏卷36号	蒋鼎芳	1949年	1967元
立生	平海街81号	蒋士良	1949年	1970元
健康	河上40号	金伯龙	1949年	108元
太平国记	中山中路147号	郑甫赓	1949年	7726元
生生	东平巷	戴梦樵	1949年	76584元
配方			1949年	5万
远东			1949年	200万
均泰	复兴街694号	邱雯尧	1950年	2634元
大康	庆春街	边振亚	1950年	1383元
大陆	城头巷51号	刘伟	1950年	2500元
大公	清泰街149号	魏煜熙	1950年	5000元
集成	中山中路464号	孙秉厚	1950年	18252元
大同	中山中路494号	徐清赓	1950年	1万
宝威	城站路67号	石蕴如	1950年	1500元
一大	中山中路554号	曹加生	1950年	1000元
大陆茶素厂	河坊街444号	钱六正	1950年	3039元
公德	庆春街509号	沈佩志	1950年	1000元

店　名	开设地址	业主或负责人	起始时间	资　金
六合茶素厂	竹斋街	龙在田	1950年	4000元
江南化工厂			1950年	1600元
联合新药产销社	中山中路92号	汪志云	1950年	2000元
人人营业所	庆春街606号	王逸轩	1950年	720元
同声仁记	中山北路396号	厉声元	1951年	

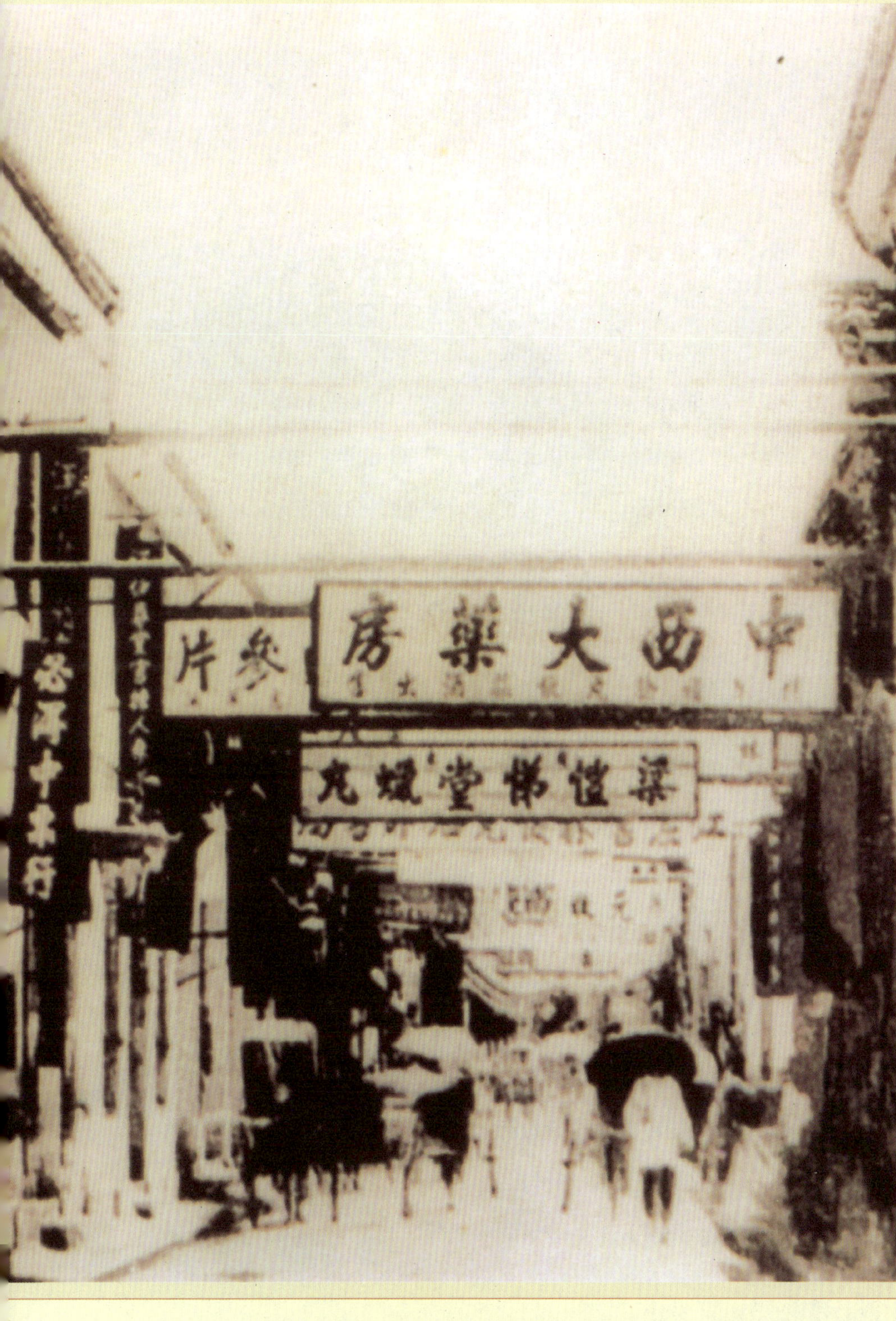
中西大藥房
參片

○1644-1955○

历代杭州市药材行

店名	开设地址	业主或负责人	起始时间	资金
阜通			明末（1644）前	
阜泰	望仙桥河下	戎襄成	清·光绪（1875）前	5000元
阜泰改恒大	望仙桥河下	王月庚	民国三十二年（1943）前	
恒大改恒大	望仙桥河下	周康瑛	民国三十五年（1946）前	8万
广大	望仙桥河下	章芝馥	清·光绪三十年（1904）	6000
五昌	新宫桥	陈绍箕	民国十二年（1923）前	8000
五昌改五丰	新宫桥	俞子京	民国三十年（1941）	120万
恒丰	望仙桥河下23号	徐宝林	民国十二年（1923）前	1万
三慎	望仙桥河下23号	孔续卿	民国十二年（1923）前	7000元
义成	望仙桥河下23号	章少峰	民国十二年（1923）前	5000元
元大	望仙桥河下23号	周子松	民国十二年（1923）前	5000元
洪大	望仙桥河下23号	罗辅卿	民国十二年（1923）前	5万
慎昌	望仙桥河下	章少峰	民国十二年（1923）前	
人和		冯振兰	民国十二年（1923）前	
广生	望仙桥河下3号	叶寅初	民国二十年（1931）前	2000元
德昌	望仙桥河下		民国二十年（1931）前	6000元
广盛	望仙桥河下10号	余希贤	民国二十年（1931）前	
协成	靴儿河下	叶仰庭	民国二十五年（1931）前	
余庆	望仙桥河下53号	俞永昌	民国二十五年（1936）前	

店　名	开设地址	业主或负责人	起始时间	资　金
元昌	会馆河下	沈翰轩	民国三十二年（1943）前	
元昌改大丰	会馆河下25号	张介康	民国三十二年（1943）	10万
虞锦记	望仙桥河下37号	虞锦高	民国三十二年（1943）	
大茂		胡祥孙	民国三十二年（1943）	
恒昌	望仙桥河下	余桐鹤	民国三十二年（1943）	
恒康	望仙桥河下	贺梓芳	民国三十二年（1943）	20万
广丰	靴儿河下	叶滋茂	民国三十二年（1943）	50万
大丰和	望江街6号	严宪章	民国三十二年（1943）	854元
源记	周衙弄27号	叶贵元	民国三十二年（1943）	10万
新泰		孙福堃	民国三十二年（1943）	
协丰	会馆会下15号	叶仰庭	1949年	3600元

○1862—1970○

历代杭州市参燕店铺

店名	开设地址	业主或负责人	起始时间	资金
益元	靴儿河下	张咀英	清·同治元年（1862）	5000元
益元分店	中山中路清河坊	张咀英		
老一元	上珠宝巷(大井巷)			
韩杏堂			清·光绪二十七年（1901）	25万
久康	望仙桥直街6号	叶祖德	清·光绪三十二年（1906）	3000元
一元	大井巷15号	李永生	民国七年（1918）	25万
寿昌	望仙桥西70号	宋丕显	民国十一年（1922）	60万
一元松	大井巷	王松耀	民国七年（1928）	40万
西蜀	太平坊55号	江凤悟	民国十八年（1929）	4200元
立大	望仙桥百街19号	陈瑞卿	民国二十年（1931）前	6000元
义大恒	望仙桥		民国二十年（1931）前	2000元
德元	大井巷	姚戴德	民国二十年（1931）前	1500元
协大	大井巷		民国二十年（1931）前	3000元
保大	大井巷70号		民国二十年（1931）前	2000元
乾元	珠宝巷21号		民国二十年（1931）前	5000元
葆元	鼓楼前	韩心如	民国二十一年（1932）前	
一元有记	大井巷	屠德有	民国二十一年（1932）前	
老义大	大井巷	叶心梅	民国二十一年（1932）前	
宝丰	保佑坊	宋永传	民国二十三年（1934）	240万

店　名	开设地址	业主或负责人	起始时间	资　金
宝丰分	中山中路208号			
裕昌	清河坊	陈星槎	民国二十四年（1935）	260万
寅丰	清河坊17号	王筱芳	民国二十四年（1935）	200万
久昌		唐景潮	民国二十五年（1936）	10万
大元		段景宝	民国二十五年（1936）	
一元协记	大井巷28号	蒋颂芳	民国二十六年（1937）前	
一元俊记	大井巷15号	孙俊卿	民国二十六年（1937）前	
一元仁记	大井巷97号	屠思忠	民国二十六年（1937）前	
一元冶记	大井巷105号	赵尧堂	民国二十六年（1937）前	
志大	大井巷	邱尔初	民国二十六年（1937）前	
恒康	大井巷59号	姚品梅	民国三十年（1941）前	60万
德康	鼓楼前13号	俞成康	民国三十四年（1945）前	30万
一元正	大井巷12号	朱鸿鼐	民国三十五年（1946）	100万
寅昌	中山中路24号	叶永根	民国三十五年（1946）	1500元
寅昌才	中山中路24号	罗昌才	1952年	3200元

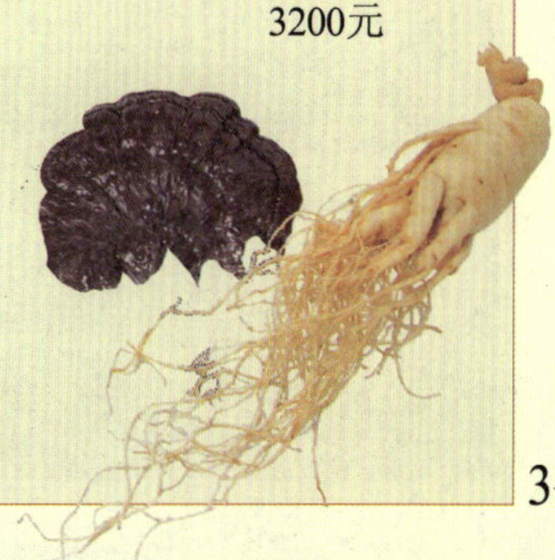

■杭州望仙桥益元参号旧影（摄于1940年）

■创建时间：清·同治元年（1862）

■创建人：张耐仙

■创建历程：张耐仙原是读书人。为嗣父业，弃仕经商，考上举人后就到杭州帮助父亲打理张同泰，后又开办了益元参号药店，后传给了儿子张舜伯，而张张舜伯没有儿子，于是传给了他的侄子张宏湘，最后张传给了他的儿子张祖英，这其中一直是聘请专业人士作为经理代理掌管店内事务。最旺盛时期时，老板每年可分到红利10万，而50多个职工也可共分得10万红利。公司采用的是现在的代理经理人和股份制的经营模式。当时益元参号把股份分为21股，老板占20股，小老板占1股（即经理人）。直至1953年公私合营后搬至井亭桥，而后经营不善倒闭。张祖英于1963年去世。

■关于其他：张耐仙的父亲在清朝嘉庆年间开办了著名的张同泰药店，直至今日。

益元
参

○浙江工商年鉴○

杭州国医公会会员名单

蔣振宇		紹興	杭州城頭巷口里雒三十四號
斯復	復厚	諸暨	杭州敦仁路敦仁里一號
蔡業		鄞縣	甯波東後街七十八號
周有聲		鎮海	甯波東後街七十八號
周士林	文壺	杭縣	杭州皮市巷一〇三號
呂家森			廈門鼓浪嶼公平路八號

杭州市國醫公會會員

理監事名單

理事長 毛鳳翔　常務理事 蔡志仁　蔡松岩　理事 湯士彥
宣志泉　徐究仁　王杏軒　史沛棠　陳杏生　常務監事 慈嶂璟
監事 王慈航　鄔思卓

會員名錄

姓名	籍貫	科目	住址
丁徵泉	杭縣	外科	陳家角
丁懿君	杭市	推拿科	金橋波一號
王國卿	紹興	外科	南星橋三廊廟後
王思漁	富陽	內外科	南星橋三廊廟後
王閬卿	慈谿	內婦兒科	百歲坊巷三號
王杏軒	杭縣	內科	竹齋街七一號
王慈航	杭縣	內科	糧道山一六號
王滌民	杭市	內科	后市街振聚里八號
王沛然	杭市	推拿科	金波橋七號
王寶芝	杭市	推拿科	金波橋七號
王期庭	杭市	內外科	花燈巷口三號
王錦鑑	杭市	推拿科	金波橋七號
王顯庭	杭市	內科	金波橋一二號
王福堂	紹興	傷外科	皇誥巷五六號
王正泰	清江	外科	東街路二五八號
王子程	杭市	內科	東街路一二七二號
王鑑舫	紹興	瘍科	東街路橋衙弄一一號
王彬	紹興	內外科	東街路東園巷四號
王九皋	甯波	花柳內外科	菜市橋花燈巷三號
王文泰	杭市	瘋科	菜市橋直街五七號
王文談	義烏	內外科	中山南路四四九號
王鳳標	甯波	內外科	余官巷三八號
王寶林	杭縣	傷外科	太平門外嚴家衙八〇號
王作霖	杭縣	內科	康家橋
王玉山	河北	傷科	大福清巷六六號
王志和	杭縣	針灸科	林司後六四號
王俊甫	杭市	內婦兒科	海鰍浒六〇號
王仲元	杭市	內外科	貫橋全德里一號
王淑三	東陽	外科	孩兒巷思經里一九號
王國泰	東陽	外科	橫廣福路九號
王子九	紹興	內科	官巷口湯養元藥店
王振中	杭縣	內眼科	迎紫路五號
王德利	紹興	外科	岳坆金沙灘
方滌心	杭市	內眼科	后市街積衙弄口
方雲卿	杭市	內科	東街路一一六〇號
方餘生	杭縣	內外科	菜市橋光裕里五號
毛鑫泉	餘杭	內科	武林門外直街七一號
毛弼	江山	內科	后市街一六號
毛鳳翔	杭市	內科	崔家巷一六號
毛維賢	杭市	內外科	大學前五三號
田思義	江蘇	傷外科	艮山門外西俞家橋三九號
田名斌	江蘇	外科	艮山門外西俞家橋四四號
田思其	江蘇	傷科	艮山門外西俞家橋四四號
田思渭	江蘇	傷外科	艮山門外西俞家橋三六號
石紹羲	諸暨	內婦科	清泰路大東山弄一八號
石晶齋	諸暨	眼科	下光華巷二號
司茂林	江蘇	外科	木場巷口
史士林	武康	內婦兒科	紅門局三二號
史沛棠	武康	內婦兒科	開元路南一弄二號
平允方	黃岩	內科	浙江省黨部
任保華	杭市	傷外科	佑聖觀路一四一號

葉枝青	杭縣	杭州上四大街三十一號之F
丁祥嵐		蘭谿縣商會
楊戟敷		杭州中正街八八號中南大樓二〇三室
左鳴皋		永嘉五馬街中國大藥房二樓
王福海		杭州中正街八八號中南大樓二〇三室

[illegible]光[illegible]	[illegible]	傷外科	延齡路三三號
江雲山	杭縣	傷外科	頤和堂四九號
江煥文	杭縣	內婦兒科	頤和堂四九號
朱起生	義烏	內外科	清波門外長橋育白路四通巷
朱洪韶	杭縣	眼外科	大井巷一三號
朱慶麟	杭市	內科	下扇子巷一六七號
朱雁聲	杭市	眼外科	凝海巷二〇號
朱一樵	江蘇	內婦兒科	城頭巷馬衙一四號
朱公常	吳興	眼科	直骨牌弄二七號
朱鳳三	杭市	瘍科	東街路楊衙弄一一號
朱家鑾	平湖	內科	聯橋大街六七號
朱少卿	江蘇	牙科	木場巷
朱守白	杭市	花柳外科	新市場新雅飯店四九號
朱建新	杭縣	眼科	大井巷
沈耀文	杭縣	內外科	湖墅夾城巷八一號
沈滌民	杭縣	喉外科	拱宸橋
沈文輝	慈谿	內外科	會館河下一六號
沈銘山	武康	內外科	信餘里
沈養吾	蕭山	內科	柴垛橋安徽會館
沈叔魁	杭市	內外科	城頭巷六九號
沈振元	吳興	內科	糧道山十六號
沈旭津	杭縣	內科	湖墅珠兒潭五號
沈天銘	杭縣	外科	菜市橋南河下一二號
沈椿年	江蘇	內外科	信餘里
沈迪安	紹興	內科	清泰路二七〇號
沈天健	杭市	內科	菜市橋南河下一二號
沈保慶	紹興	傷科	聯橋大街二一號
沈書之	紹興	傷科	聯橋大街二一號
沈鼎文	杭縣	針灸科	體育場路三二六號
沈培卿	紹興	喉外科	慶福路四七號
李雲芳	海甯	傷科	王店東市二六號
李國樑	紹興	內科	祖廟巷一八號
李俊才	杭縣	內外科	拱宸橋杭州路一三三號
李鴻運	德清	傷科	東街路貨肉巷一號
李寶祥	富陽	內婦兒科	大塑堂二二號
李虎彪	紹興	針灸傷科	十五奎巷三二號
李鑑泉	杭市	眼科	凝海巷九二號
李培玉	杭市	內科	英士街一八號
李椿榮	杭市	外針科	祖廟巷一八號
李天池	杭市	內科	大福清巷八一號
李楠松	蕭山	瘋科	上扇子巷一一三號

李誌銘	杭縣	內外科	大東門直街七七號
李梓泉	杭市	花柳眼外科	青年路四五號
李錦章	杭市	內婦兒科	青年路六三號
李振道	吳興	內外科	龍翔橋廣裕里
李竹清	杭縣	花柳兒科	皮市巷二五六號
宋國卿	紹興	內科	東街路七七三號
吳進陞	天津	傷外科	吳山路協興里二二號
吳錫泉	杭市	喉外科	烏龍巷
吳濟伯	江蘇	內外科	柳翠井巷六號
吳少甫	杭縣	內外科	上光華巷二〇號
吳永年	杭縣	內科	艮山門外下菩薩一〇二號
吳仲孝	餘杭	內科	七保松茂堂
吳奐高	東陽	外科	張瑞坤
吳則民	紹興	內外科	七保八一號
岑偶芬	杭市	內兒科	五柳巷四三號
余守謙	杭縣	內科	彭家埠正和堂
余貯春	杭縣	內科	宣家埠
余步卿	杭市	喉外科	烏龍巷一五號
余步濂	杭市	喉外科	烏義巷一五號
余志英	杭市	傷科	延齡路一〇七號
何筱香	杭縣	內科	東太平巷一二號
何任	杭市	內科	學士路鼎遠里一弄五號
何子淮	杭市	婦科	東街路四三號
何棣香	杭市	婦科	東街路四三號
曹靈楠	杭市	兒婦科	弼教坊五六號
汪家軒	安徽	內外科	佑聖觀路五〇號
汪錫裕	安徽	內科	螺螄山腳七號
汪竹三	紹興	外科	羊壩頭國貨商場內
汪劍叢	江蘇	內科	新民路一五五號
汪濟哲	杭市	眼外科	余官巷三八號
邢熙平	杭縣	內外科	義井巷
邵南棠	杭縣	內科	南板巷三〇號
邵志銘	杭縣	內婦科	東太平巷七號
邵鸞蓀	杭縣	內科	樹子塔逸泰記運輸行
周安庭	杭縣	內科	春生堂一二六號
周鳳山	杭縣	內外科	湖墅甘露茶亭七八號
周錦麟	杭縣	內科	勞働路七二號
周贊實	諸暨	外科	張瑞坤

周國海	諸暨	內科	諸暨楓橋瑩德堂藥號
周少明	江蘇	外科	湖墅河塍上五〇號
周步青	杭市	瘄痘兒科	東街路石板巷
周競蓮	嵊縣	內瘋科	紅門局三八號
周鳳森	杭市	內科	東街路五三九號
周子祥	杭市	瘄痘兒科	東街路石板巷四二號
周日霖	江蘇	外科	木場巷
周敦厚	諸暨	內科	孩兒巷太和里三四號
周生旺	諸暨	傷外科	英士街七四號
金保德	紹興	針科	龍翔橋廣裕里
金佩棠	杭市	內外科	永福寺巷五號
金源齡	紹興	內科	清泰路六二號
金炳文	杭市	針科	金釵袋巷陳家園一九號
金錫春	東陽	針瘋科	瓦子巷五三號
宓華遠	慈谿	內科	望仙橋泰來藥店
宓炳賚	慈谿	內科	清泰路二五七號
林欽廉	杭縣	內科	大獅子巷七號
武萬隆	江蘇	牙科	湖墅河塍上平安里六號
姜一如	杭市	傷外科	新民路二二一號
胡寶林	杭縣	傷外科	拱宸橋裏馬路三二號
胡雲吟	杭市	推拿科	大井巷朱養心內
胡海牙	紹興	內眼科	大螺螄山二號
胡永祥	杭市	外科	金剛寺巷一八號
胡志然	杭市	傷外科	東街路七五六號
胡炯珍	杭市	內科	菜市橋河下六六號
胡銀泉	江西	傷外科	二聖廟前
胡慈行	杭市	內科	華英照相館一二號
施同仁	江蘇	外科	木場巷
施容川	杭市	兒內婦外科	西牌樓六號
施永年	杭市	內科	道院巷一九號
施春榮	杭縣	大麻瘋	車駕橋直街四號
范霖川	杭市	內科	延齡路延慶堂
宣志泉	杭縣	兒科	上華光巷二〇號
俞毓麟	杭縣	內科	太廟巷直街二八號
俞涵眞	嵊縣	針灸科	大螺螄山二號
俞星槎	杭市	內科	后市街
俞平凡	宜平	內婦兒科	源茂里二一號
俞[illegible]	杭市	內外科	清泰路
[illegible]	[illegible]	外科	下倉橋百井坊巷八七號

俞琴齋	杭市	內外科	忠孝巷一八號
俞問漁	德清	針科	宿舟河下七七號
洪復春	台州	外科	鳳起路五一號
馬雲顯	江蘇	針灸科	寶極觀巷一六一號
馬雨霖	北平	針灸婦科	東平巷二六號
馬定墒	杭市	內科	青年路尙農里
胥愛坤	江蘇	外科	木場巷
姚如生	諸暨	眼科	南星橋三廊廟後
姚濟雯	紹興	內婦兒科	望仙橋弄二號
姚寶榮	安徽	內外科	竹齋街五二號
姚春台	諸暨	內科	小螺螄山六號
姚子瓦	安徽	內婦兒科	楚妃巷二四號
姚仲雲	安徽	內婦兒科	皮市巷一〇三號
姚松庭	杭市	外科	井字樓魯班殿
柏慰農	杭縣	內婦科	銀槍板巷九號
季紫石	江蘇	外科	湖墅河塍上平安里八號
季忠卿	江蘇	外科	筧橋大街四四號
查鶴飛	吳興	傷外科	東街路
茅維賢	杭縣	內外科	大學前五三號
茅漢民	紹興	傷外針灸科	保善巷四二號
唐福安	杭市	內外科	仙林橋直街一二〇號
唐雲溪	紹興	內科	雄鎮樓貢公廠弄一〇號
孫陸浜	慈谿	內外科	西湖淨寺路六〇號
孫伯仁	紹興	內外科	蘭谿縣前勝利路
孫繼文	紹興	內外科	孫伯仁醫局
孫桂香	紹興	內外科	孫伯仁醫局
孫福香	紹興	內外科	孫伯仁醫局
孫先文	江蘇	牙科	察院前巷三二號
孫伯棠	杭縣	兒內婦外科	豐禾巷一六號
孫懷祝	江蘇	外科	木場巷
孫占任	江蘇	外科	木場巷
孫芝齋	杭市	內科	東街路井街六號
孫仲維	江蘇	外科	木場巷
孫芝舫	杭市	內婦科	楚妃巷一三號
孫千里	杭縣	內婦兒科	十五奎巷一一九號
孫發明	江蘇	外科	艮山門外四俞家橋二三號
孫海嵐	杭縣	外科	大關五三號
孫菊莊	蕭山	內科	七保松茂堂
孫志祥	江蘇	外科	松木場八三號

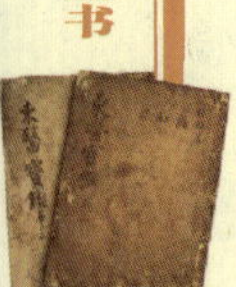

[illegible]	[illegible]	[illegible]	大關橋四○號
[illegible]	[illegible]	內外科	[illegible]福路云峯里四號
宣北麟	紹興	內外科	背[illegible]街三五號
宣子祥	杭市	傷外科	[illegible]壽寺巷染坊弄一三號
秦越樵	蕭山	內科	長命寺巷長慶里二號
章文貴	東陽	眼科	里仁坊八○號
章文軒	東陽	眼科	里仁坊八○號
徐殿生	江蘇	內外科	大關橋邊九四號
徐開山	江蘇	牙科	湖墅河塍上五○號
徐人傑	江蘇	內外科	大關橋下河東五一號
徐品義	江蘇	外科	大關橋下河東五五號
徐品元	江蘇	外科	湖墅河塍上後弄一○號
徐卓裳	杭縣	內科	筧橋顯和堂四九號
徐漢煒	江蘇	傷科	艮山門外
徐同鑣	江蘇	傷科	艮山門外
徐資山	江蘇	牙科	湖墅河塍上六三號
徐漢真	江蘇	外科	湖墅河塍上一三號
徐鴻樓	江蘇	外科	湖墅河塍上六三號
徐同生	江蘇	牙科	湖墅河塍上一二號
徐少雲	江蘇	牙科	湖墅大關水芳閣茶店
徐漢勳	江蘇	外科	湖墅大關四九號
徐漢林	江蘇	外科	湖墅大關一九號
徐曉山	金華	兒科	江干美政橋
徐鈺卿	慈谿	內科	大井巷九五號
徐子善	杭市	內科	河坊街五四號
徐涵泉	江蘇	傷外科	竹齋街四三三號
徐桂雲	青田	眼科	堂子巷一○號
徐葆英	諸暨	內婦兒科	義井巷四號
徐究仁	諸暨	內婦兒科	義井巷四號
徐學文	慈谿	內科	佑聖觀路一六一號
徐梅卿	諸暨	內科	缸兒巷
徐德芳	江蘇	外科	木場巷
徐德生	清江	外科	木場巷
徐保衡	紹興	外科	木場巷
徐鏡清	江蘇	外科	木場巷
徐品奎	江蘇	外科	木場巷
徐俊亮	江蘇	外科	皇親巷七三號
徐書止	江蘇	外科	大關橋河下五四號
徐漢豐	江蘇	外科	艮山門外河墿上二二號
徐漢初	江蘇	牙科	大關橋下河東五五號
徐個生	江蘇	外科	木場巷
徐光正	杭市	內外科	小學前五四號
徐淑明	東陽	眼科	里仁坊
徐劍泉	江蘇	內婦兒科	仁和路二號
徐達之	杭縣	內科	
高林森	蕭山	婦科	衆安橋嘉樹巷一號
高秀峯	江蘇	傷外科	東街路黃肉巷一號
高錫英	杭縣	牙科	豐不巷德潤里四七號
高正和	蕭山	傷科	南星橋三廟廟後
高鵬飛	江蘇	傷外科	東街路黃肉巷一號
翁培榮	福建	內科	百歲坊巷三三號
翁成甫	杭市	內外喉眼科	仙林橋直街二七號
翁雲鑑	杭市	內外喉眼科	仙林橋直街二七號
倪復甦	紹興	內科	里仁坊
倪慶字	東陽	眼科	孩兒巷五八號
倪尚益	蕭山	內外科	萬壽亭一二號
倪青泉	清江	傷科	木場巷
倪鴻高	江蘇	傷科	木場巷
耿亦安	江蘇	內婦科	舊藩署一四號
梁燦崢	湖南	內科	白衙巷一五號
馮庚伯	諸暨	花柳科	木場巷二七號
馮隱先	杭市	針灸科	祖廟巷六號
馮娥	杭市	傷外科	佑聖觀路
馮俊	杭市	傷外科	佑聖觀路
馮標	安徽	傷科	柴垜橋一三號
陳鏡泉	杭市	內科	善賢坊
陳梅軒	杭縣	外科	陳家角
陳文楳	杭市	內科	清波門直街
陳士市	平陽	內婦科	扇子巷花園弄四號
陳頁卿	杭縣	內科	筧橋蔣生堂一八二號
陳栽春	杭縣	內婦科	筧橋顯和堂
陳希賢	杭縣	傷外科	湖墅甘露茶亭三○號
陳錦章	杭縣	針灸科	湖墅鹽後廠巷六四號
陳杏生	餘姚	內外科	望仙橋弄二號
陳星伯	杭縣	內科	火藥局街三三號
陳筱姿	杭市	內外科	信餘里一八號
陳壽椿	蕭山	婦科	裏塘巷二二號
陳繼橋	紹興	內外科	新民路九八號
陳愛民	紹興	內外科	大塔兒巷正則學校
陳壽松	慈谿	內外科	銀洞巷二號
陳炳燕	紹興	傷外科	東街路新橋橫街

陳常品	紹興	針灸科	南大樹巷一九七號
陳相封	杭市	內科	菜市橋直街一二八號
陳祖安	杭市	傷外科	二聖廟前六四號
陳楚術	杭縣	內外科	林司後六號
陳家雲	杭市	喉科	敦仁路二號
陳瑞謨	上虞	內科	里仁坊六九號
陳曾森	紹興	內外科	東街路包龍橋巷三號
張清山	江蘇	傷外科	蔡院前巷三二號
張敏之	杭市	內婦科	青年路六三號
張願甫	杭市	內科	貫橋全德里
張文淵	杭市	內科	楚妃巷一四號
張菊卿	蕭山	內外科	東街路九二二號
張明禮	紹興	針外科	湖☆米市巷九一號
張至善	江蘇	外科	湖☆仁和倉六九號
張金民	餘杭	內科	忠孝巷一九號
張復生	安徽	內科	民生路三一號
張嘉因	杭市	婦科	清泰路一〇〇號
張妙修	山東	外科	金波廟
張爵一	杭縣	內科	直箭道巷一七號
張瑞坤	紹興	傷科	南星橋三郎廟後
張國華	杭縣	傷外科	艮山門外河☆上二二號
張維耀	杭縣	外科	彭家埠九六號
張杰人	杭縣	外科	彭家埠直街
張一泉	江蘇	外科	寬橋頤和堂四九號
章士雄	杭縣	喉外科	彭家埠
章承啓	紹興	內外科	望仙橋河下三六號
章繼森	杭市	傷外科	東街路七五六號
章順福	杭縣	兒科	拱宸橋仁德堂藥店轉康家橋
章文田	杭縣	兒科	拱宸橋仁德堂藥店轉康家橋
章濟蒼	桐廬	內外科	延齡路興華公寓
張丹初		兒婦科	柳翠巷布業公會
陶春岩	杭縣	內科	康家橋
陶炎生	紹興	眼科	東街路
陶金標	江蘇	傷外科	青年路八號
許鐵笙	紹興	內科	貫橋直街六九號
許仲☆	諸暨	內科	木場巷二五號
許景山	長興	內外科婦	西浣紗路六弄七號
許繼侯	杭縣	內科	中太平巷九號
許印儂	杭縣	內科	開口小橋裏街周王廟前仁濟藥店
[illegible]	[illegible]	[illegible]科	[illegible]二三號
曹贊揚	杭縣	婦科	清波門直街九九號
曹錫康	吳縣	外科	南星橋
曹文亮	諸暨	外科	南星橋三郎廟後
曹敬平	蕭山	內科	佑聖觀路三益里八號
曹雲☆	江蘇	牙科	木場巷口八三號
曹湛順	杭市	外科	木場巷口
曹光正	江蘇	牙科	木場巷口
陸壽平	紹興	針灸科	下倉橋六號
陸一飛	吳興	傷科	東街路二七號
陸堯英	杭市	內科	清泰三七二號
陸碧峯	杭縣	兒婦科	元寶街一二號
盛衡☆	餘杭	內科	直飲馬井巷一三號
楊雨田	杭市	花柳外科	延齡路二五八號
郭競志	杭市	花柳外科	龍翔橋河下
郭濟人	嘉興	外科	青年路四六號
都笙甫	杭縣	內外科	中太平巷九號
戚世昌	諸暨	內婦花柳科	清泰路忠孝巷口世昌藥店
夏鳳鳴	江蘇	外科	木場巷
黃健華	杭縣	外科	拱宸橋如意里三號
黃文奎	紹興	內科	望江門外三多園二九號
黃曉庵	杭市	內科	祖廟巷四一號
黃西爽	吳興	內科	長生橋☆九星里九號
黃明齋	杭縣	耳科	方圓谷慎德里七號
黃月春	紹興	針外科	寶極觀巷一六六號
黃雪亭	蕭山	婦科	柴安橋嘉樹巷一三號
湯士泰	杭市	內外兒婦科	惠興路仁和里六號
湯頌廷	上海	內婦兒科	延齡路大升藥號
華鈞璟	蕭山	內科	平遠里一五號
葉季高	杭市	內科	板兒巷
葉歡君	慈谿	內科	五柳巷一一七號
葉補南	杭市	內婦兒科	裏龍舌嘴六三號
葉步洲	杭市	眼科	飲海巷七二號
葉培榮	寧波	內外科	望江門直街八〇號
葉啓祥	慈谿	內外兒婦科	牛羊司巷二六號
葉瑚標	杭縣	針科	湖墅米市巷七一號
傅☆昌	安徽	外科	柴垛橋一二號
傅乃棠	杭市	內科	裏龍舌嘴一〇一號
賀蒼洞	杭市	推拿科	照華巷三七號
董[illegible]	杭市	傷外科	皇誥巷七三號

二五六

[illegible]	杭市	內婦兒科	清泰路三七二號
[illegible]	安徽	外科	鳳山門外梵天寺內
蔣際雲	江蘇	傷外科	湖墅一九號
楊繼昌	杭市	內外科	下羊市街一四四號
楊傳法	寧波	傷科	延齡路九二號
楊瑞兆	江蘇	瘋科	木場巷口
楊步高	江蘇	牙科	木場巷口
楊步嶽	江蘇	傷科	木場巷口
楊景芳	江蘇	外科	大關橋河下西五六號
楊桂友	江蘇	外科	頭髮巷七六號
楊濟羣	杭市	眼科	鬭富一橋西河下一三號
楊有光	杭市	內科	佑聖觀路一五九號
楊秦甫	杭市	內科	茅廊巷四號
楊少山	餘杭	內科	橫飲馬井巷一四號
楊耀春	杭縣	內科	小河康家橋大生堂藥店
楊景奎	江蘇	外科	艮山門外西俞家橋二三號
楊德喜	江蘇	傷外科	艮山門外西俞家橋二〇號
楊貴友	江蘇	外科	艮山門外西俞家橋二六號
楊雲進	諸暨	傷外科	七堡松茂堂
楊順芳	杭縣	內外科	筧橋春生堂一二六號
楊耀文	杭縣	內外兒科	南星橋大街烏龍廟前一號
諸國亮	紹興	推拿科	上珠寶巷三七號
輔雲芳	江蘇	牙科	大東門直街八號
輔鳳鳴	江蘇	外科	南大樹巷六六號
輔月良	江蘇	牙科	大關橋下河東五一號
輔蘅香	江蘇	牙科	湖墅五三號
輔榮賢	江蘇	牙外科	東街路八三號
董超然	杭市	內外科	頭髮巷一號
董永清	紹興	眼科	南星橋
董志仁	紹興	內外科	孩兒巷
董福華	江蘇	內科	湖墅河塍上六五號
萬金美	江蘇	傷外科	東街路黃肉巷一號
萬金佳	江西	傷科	武林門外直街一〇八號
詹子翔	杭市	兒科	中正街二〇四號
詹起霖	杭市	兒科	中正街二〇四號
鄔春楊	紹興	內外科	清泰路一九二號
鄔恩奉	紹興	內外科	清泰路一九二號
鄔詩英	杭市	內外科	清泰路一九二號
裘達耀	嵊縣	外科	南星橋
裘天標	紹興	傷外科	湖墅米市巷七一號
裘[illegible]楷	紹興	婦科	東平巷一三號
俞德峯	紹興	針科	燈芯巷祥符寺
俞雙慈	紹興	內外科	三角蕩三四號
俞宏慈	江西	內婦科	下西大街九號
俞一泉	杭縣	內科	西湖白樂橋二五號
管長友	紹興	傷外科	七堡松茂堂
壽偉樵	蕭山	傷外科	七堡一〇七號
趙鴻鑒	江蘇	傷外科	艮山門外西俞家橋三二號
趙季和	富陽	內婦兒科	皮市巷一三一號
趙蕙芳	杭市	針灸瘋科	板兒巷一九六號
趙少林	蕭山	傷科	南星橋
趙惠民	諸暨	針內科	中正街二三四
戚佩珍	江蘇	內外科	中正街二〇八號
劉琢成	杭市	內婦兒科	永福寺巷五號
劉崇賓	安徽	內外科	大福清巷八六號
劉鳴鳴	江蘇	外科	湖墅河塍上後弄六號
劉達珍	上虞	內科	七堡松茂堂
鄭學文	杭市	痔科	五龍堂二一號
鄭亞鳳	杭市	內婦兒針灸科	清泰路四一六號
鄭乃奇	杭縣	推拿兒科	林司後五六號
鄭步雲	杭市	內兒科	貫橋同益堂
鄭雲章	杭縣	內科	國貨路四六號
鄭岐伯	安徽	傷科	龍翔橋廣裕里
潘午印	杭市	外科	青年路見仁里
潘蓮	吳興	內外科	西浣紗路一六號
潘曙雲	吳興	內外科	西浣紗路一六號
潘若卿	杭市	內科	上興忠巷三二號
滕一青	富陽	兒科	上珠寶巷三七號
駱也梅	杭縣	內科	下華光巷
駱少珊	湖南	大麻瘋科	車駕橋直街三二號
蔡鑫培	海寧	內外科	萬安橋北河下三九號
蔡松岩	杭市	內科	青年路尚農里
蔡安甫	寧波	疔科	百歲坊巷一三號
樊嘉文	杭縣	牛痘科	柴木巷二三號
錢中南	江蘇	花柳眼科	延齡路一九號
錢正卿	江蘇	內科	開元路七七號
錢尹濟良	天津	眼科	興華公寓
錢崇仁	杭市	內科	寶極觀巷四九號
蔣文華	紹興	牙科	木場巷

○浙江工商年鉴○

杭州市医师公会会员名单

蔣文連	紹興	外科	木場巷
蔣掄元	諸暨	喉外科	缸兒巷六九號
蔣儒真	杭市	推拿針科	鎮東樓珠寶弄六號
蔣子虬	杭縣	內外科	湖墅口美仁堂藥店
蔣吟倫	杭縣	兒外科	江干海月橋
蔣筱山	江蘇	內外科	開元路治豐里二〇號
歐友林	江蘇	牙科	湖墅一二號
歐鴻賓	江蘇	牙科	湖墅〃二號
應鑑清	慈谿	內外科	東街路九四二號
戴榮標	蕭山	傷科	筧橋直街一六四號
戴季餘	杭市	內外科	麒麟街一九號
戴時亮	杭縣	傷外科	宣家埠七區九保二甲十二戶
謝洪	杭縣	內外科	袁井巷八三八號
鍾養栽	杭縣	內科	彭家埠泰和堂
繆永慶	蕭山	婦科	彭家埠致中和
繆俊安	杭市	內科	法院路仁德里七號
顏鑫泉	長興	內科	延齡路興華公寓
韓子慶	杭市	內婦科	東街路石板巷一六六號
韓志義	杭市	內婦科	東街路石板巷一六六號
韓祖源	紹興	內外科	西牌樓二四號
韓思勉	杭市	內科	臨浦山陰街太和堂
羅鳴岐	紹興	內外科	新宮橋建德藥房
羅潤嘉	安徽	針灸科	城頭巷七〇號
嚴志清	杭縣	內外科	閘口化仙橋寓街
嚴季真	海寧	喉內科	火藥局弄四四號
嚴頌英	杭市	兒科	皋諦巷
譚秉真	杭縣	內外科	瑞石亭三〇號
譚有根	蕭山	針灸科	太平門刀茅巷草屋三號
顏景賢	江蘇	內外科	木場巷口
顧粲真	蕭山	婦科	中山南路四六七號

杭州市醫師公會會員

理監事名單

理事長　馮織芳　理事　毛成　余德蓀　孫道夫　黃凌萃
姚夢濤　徐承偉　徐世綸　趙競初　常務監事　盛佩蔥　監事
丁任生　陳光第

會員名錄

姓名	籍貫	證書字號	住址或通訊處
王相總	金華	七一一〇	耶穌堂弄鏡清里一號
王心原	紹興	通一二七二	迎紫路五號
王松炎	義烏	通九八五	下板兒巷五五號
王爲亮	紹興		皮市巷三五號
毛成	江山	醫六七七	孝女路承德里二號
毛復和	江山		同前
朱內光	紹興	醫一六二	西湖醫院
朱國基	青田	醫一五四七	孝女路承德里六號
朱人偉	南匯		刀茅巷一七四號
朱俊琳	麗水		省衛生事務所
朱展成	杭縣	醫三六三七	五福樓四〇號
朱棋	杭州	醫六八九八	十五奎巷五五號
朱學煥	蕭山	醫七二八七	東街路華藏寺巷二五號
尹葭文	杭州		體育場路六號
包金林	杭縣		下羊市街一〇一號
余靜	杭州		四條巷四十三號
江萊甫	奉化	醫六六七	龍興路一五號
宋元鏈	莆田	醫八七七七	新宮橋會館河下
汪繼頲	杭縣	醫二六二八	杭縣地方法院
汪世彰	宜興	醫二九六五	法院路長康里四號
李長治	海鹽	醫六八三	延齡路泰華藥房
吳祥驥	嘉興	醫一八〇八	學士路一〇號
吳文興	杭州	醫一二八八	三元坊訓練團
沈清海	紹興	醫一二	開元路二三號
林能武	慈谿	醫七六九六	省立醫院
何子科	奉化		中山南路四六七號
周福蒼	紹興	醫二一三六	羊壩頭中法藥房
周重厚	諸暨		衛生處
周厚予	鎮海	醫三二六二	民生路狀元街四號
金兆年	上虞		新民路豐樂橋之江藥房
金善灝	杭州	醫二三	中正街三一七號
房□濂	上海	醫二〇三〇	上板兒巷□三六號
岑□□	慈谿	[illegible]	[illegible]

[illegible]		醫六四九	[illegible]巷九號
阜育森	南通	醫六九四一	十五奎巷五五號
俞樂山	杭州		湧金門昭華巷三八號
祝匡福	杭縣	醫八七七八	學士路四二號
姚善淵	杭縣	醫六三五	岳王路診所
姚繼昌	德清		太平局弄一五號
陸慶平	鄞縣	醫八六九	上午保佑坊華德藥房 下午直紫城巷一三號
徐眞叢	江山	一四六九	省立醫院轉
徐祖鼎	杭縣	醫二一三一	陸官巷三五號
徐承偉	長興	醫一〇一	衛生處
徐永明	杭縣	醫一〇四三	馬市街龍驤里一〇號
徐承陸	餘杭	醫三〇二〇	林司後一〇八號
徐慶誠	杭州		浙江大學
康錦萬			省立醫院
陳宗棠	奉化		省立醫藥學校
陳士曾	奉化		省立醫藥學校轉
陳紹舜	義烏		省立醫院
陳身修	杭縣		棚橋二號
陳光第	杭縣	五〇八三	吳山路三慶里三號
陳延齡	鄞縣	九八一	顧儀巷一六號
程浩	杭縣	四三四	荐橋保善巷一八號
孫道夫	鄞縣	醫二六七二	龍興路一〇號
孫序裳	奉化	醫四三	浙江病院
盛佩葱	鎭海		青年路尙農里二弄四號
盛光遠	杭縣	醫六四三	報仁街一四三號
孫祖堯	杭州	醫八六二	下板兒巷三四號
郭成佐	杭州	醫一九九六	東街路毛竹弄三八號
黃凌萃	遂安	醫八六八	方谷園九號
黃捷秋	漳州	醫二一三三	馬市街龍驤里一〇號
莊桂生	吳縣	醫四〇〇六	刀茅巷仁愛醫院
張壽山	平湖	醫九七三	新民路六二號
張之江	杭縣	醫四七八	六克巷三號
張上山	杭縣	醫四七九五	仁和路三三號
馮繼芳	諸暨	醫六五一	官巷口同春藥房
馮仲輝	紹興	醫一五	浙江病院
裘允先	嵊縣		性存路尙德里二號
裘伯璣	嵊縣	醫一二六九	同前
裘景舟	嵊縣	醫六〇三〇	宿舟河下三八號
詹祖翌	諸暨	醫六九五	四柴木巷二十二號
楊文鑑	吳興	醫六五三	西湖醫院
趙競初	奉化	醫一三三一	環城西路電政街五號
趙懸仙	金華	醫七五七七	同春坊七三號
鄭樹政	杭縣	醫二二八一	省立醫院
蔣善鈞	東陽		開元路三五號
葉潤石	壽昌	醫四五三	惠興路東南醫院
葉熙華	慈谿	醫八三四	東街路北大樹巷一四號
魯介易	餘姚	醫二一〇四	小塔兒巷四號
劉崇燕	鎭海	醫三六	浙江病院
劉仙蹤	義烏		新民路大塔兒巷
劉榮敬	鎭海	醫一八九三	浙江病院
駱志强	嘉興	醫五二四	省立杭高
樓彥則	永康		省立醫藥學校
樓彥衡	永康		省立杭州醫院
鍾更生	紹興	醫九八三	新民路九〇號
韓濬恢	杭縣	醫六四五	中板兒巷一七一號
逸定安	杭縣		太平坊一七號
臧昌霆	杭縣	醫二九〇	觀巷六二號
鮑旭輝	東陽		開元路三五號
黃勝白			清波門外黃莊
丁任生	天台	醫三六六	皇誥巷三二號
丁學敏	天台	醫三一二八	省立杭高
方肖傑	金華		靈壽寺巷三一號
余德森	永嘉	醫六六八	四條巷四三號
李倫	象山		省立杭州醫院
李天助	金華	醫七一六三	長壽路一號
吳義榮	廣東	醫四四七六	仁愛醫院
吳以賡	武進	甄三七一	白傅路星遠里十一號
沈濟民	嘉善	通一三二二	延齡坊一號
周成眞	杭州	醫六三四一	皮市巷一〇〇號
金治平	臨海	甄一八一	中正街中南新村
徐世綸	紹興		寶白路六九號
徐祖毅	杭州	甄三三六四	清泰街四三五號
凌霄	新昌	醫九八六	菩提寺路惠宜村四號
密智瑛			柳翠井巷四一號宏恩醫院
褚夢熊			中正街四四一號新民產科醫院
陳琴玉	鄞縣		省立杭州醫院
黃鷺陸	瑞安	醫六五七	佑聖觀路八六號
黃裕光	瑞安	醫六一七九	同前
黃成桂	金山		仁愛醫院
黃士逸	象山	九三二四	浙江病院

[illegible]		醫六四九	[illegible]巷九號
阜育森	南通	醫六九四一	十五奎巷五五號
俞樂山	杭州		湧金門昭寧巷三八號
祝匡福	杭縣	醫八七七八	學士路四二號
姚養灝	杭縣	醫六三五	岳王路診所
姚樹昌	德清		太平局弄一五號
陸慶平	鄞縣	醫八六九	上午保佑坊華德藥房 下午直紫城巷一三號
徐箕薰	江山	一四六九	省立醫院轉
徐鎮鼎	杭縣	醫二一三一	陸官巷三五號
徐承偉	長興	醫一〇一	衛生處
徐永明	杭縣	醫一〇四三	馬市街龍驤里一〇號
徐承陛	餘杭	醫三〇二〇	林司後一〇八號
徐慶誠	杭州		浙江大學
康錦萬			省立醫院
陳宗棠	奉化		省立醫藥專校
陳士曾	奉化		省立醫藥專校轉
陳紹舜	義烏		省立醫院
陳身修	杭縣		棚橋二號
陳光第	杭縣	五〇八三	吳山路三慶里三號
陳廷齡	鄞縣	九八一	嘉儀巷一六號
程浩	杭縣	四三四	荐橋保善巷一八號
孫道夫	鄞縣	醫二六七二	龍興路一〇號
孫序裳	奉化	醫四三	浙江病院
盛佩慈	鎮海		青年路尙農里二弄四號
盛先遠	杭縣	醫六四三	教仁街一四三號
孫祖堯	杭州	醫八六二	下板兒巷三四號
郭成佐	杭州	醫一九九六	東街路毛竹弄三八號
黃凌苹	遂安	醫八六八	方谷園九號
黃捷秋	漳州	醫二一三三	馬市街龍驤里一〇號
莊桂生	吳縣	醫四〇〇六	刀茅巷仁愛醫院
張壽山	平湖	醫九七三	新民路六二號
張之江	杭縣	醫四七八	六克巷三號
張上山	杭縣	醫四七九五	仁和路三三號
馮繼芳	諸暨	醫六五一	官巷口同春藥房
馮仲輝	紹興	醫一五	浙江病院
裘允先	嵊縣		性存路尙德里二號
裘伯瑤	嵊縣	醫一二六九	同前
裘景舟	嵊縣	醫六〇三〇	宿舟河下三八號
詹雁洲	諸暨	醫六九五	西柴木巷二十二號
楊文鑑	吳興	醫六五三	西湖醫院
趙頤初	奉化	醫一三三一	環城西路電政街五號
趙慈仙	金華	醫七五七七	同春坊七三號
鄭樹政	杭縣	醫二二八一	省立醫院
蔣善鈞	東陽		開元路三五號
葉潤石	壽昌	醫四五三	惠興路東南醫院
葉熙華	慈谿	醫八三四	東街路北大樹巷一四號
魯介易	餘姚	醫二一〇四	小塔兒巷四號
劉崇燕	鎮海	醫三六	浙江病院
劉仙踪	義烏		新民路大塔兒巷
劉榮敬	鎮海	醫一八九三	浙江病院
路志强	嘉興	醫五二四	省立杭高
樓彥則	永康		省立醫藥專校
樓彥衡	永康		省立杭州醫院
鍾更生	紹興	醫九八三	新民路九〇號
韓滄恢	杭縣	醫六四五	中板兒巷一七一號
逸定安	杭縣		太平坊一七號
戴昌霆	杭縣	醫二九〇	親巷六二號
吳旭輝	東陽		開元路三五號
黃勝白			清波門外黃莊
丁任生	天台	醫三六六	皇誥巷三二號
丁學敏	天台	醫三一二八	省立杭高
方育傑	金華		顯寧寺巷三一號
余德霖	永嘉	醫六六八	四條巷四三號
李倫	象山		省立杭州醫院
李天助	金華	醫七一六三	長慶路一號
吳義崇	廣東	醫四四七六	仁愛醫院
吳以廉	武進	甄三七一	白傅路星遠里十一號
沈濟民	嘉善	遥一三二二	延齡坊一號
周成其	杭州	醫六三四一	皮市巷一〇〇號
金治平	臨海	甄一八一	中正街中南新村
徐世綸	紹興		青白路六九號
徐祖藝	杭州	甄三三六四	清泰街四三五號
凌香	新昌	醫九八六	菩提寺路惠宜村四號
宓智僕			柳翠井巷四一號宏恩醫院
褚夢熊			中正街四四一號新民產科醫院
陳琴玉	鄞縣		省立杭州醫院
黃寶陸	瑞安	醫六五七	佑聖觀路八六號
黃裕光	瑞安	醫六一七九	同前
黃成柱	金山		仁愛醫院
黃士逸	象山	九三二四	浙江病院

浙江工商年鑑　二五九

杭州市牙医师公会会员名录
杭州市助产士名录

鄔邦傑	杭縣	甄七〇九	宗安橋河下十一號
童國城	南皮		板橋路五福里二弄九號
樊際春	杭州	醫六一〇四	中正街小塔兒巷四號
秦能浩	杭縣		佑聖觀路七〇號
劉仁義	杭縣	醫六二一〇	中正街二一〇號
劉啓深			勞動路郵局司弄一〇號
錢同豐	杭縣		清吟巷二號
鄭時芳	武義	醫一五一九	婁和里二〇號
繆宇屏	江陰	醫二三〇八	市衛生局
方祿麟	金華		省立醫學專校

臨時會員

江濤	杭縣	山子巷三十六號
江明杭	奉化	龍興路一五〇號
來鴻奐	蕭山	清泰路大東山弄六號
胡亭蓀	杭市	高銀巷二十二號
吳心式	歙縣	橫吉祥巷一四號
高明軒	無錫	龍興路一五號
金廷恪	杭縣	開元路四一號
曹嘉生	杭州	馬子巷六〇號
陳士傑	杭縣	覓橋直街二一四號
陳慶孫	杭市	艮山門外河埠上一三八號
周羣	江甯	開元街四八號
張心夫	杭縣	延齡路二九二號
駱炳章	杭縣	仁和路四五號
葉慕生	杭市	皇誥巷七二號
孫健民	紹興	仁和路二〇號
錢濟時	杭縣	清泰路上石板巷二五號
葉沿光	慈谿	白蓮花寺燕子弄一二號

杭州市牙醫師公會會員名錄

姓名	地址
韓光圭	鎮東樓二一號
王景生	延齡路一二四號
潘其昌	青年路六三號
鄔毅安	開元路六四號
徐吉尼	仁和路七二號
[illegible]	開元街四六號

吳壽彭	中正街一七三號
姚俊卿	竹齋街二五九號
楊永青	中正街九三號
林文培	大方伯十五號
錢少卿	橫河橋二五九號
周澤民	中正街二八八號
陳德銘	仁和路七五號
王子明	湖濱路八〇號
唐超初	延齡路一四一號
王仲賢	延齡路二七四號
洪俠泉	飲馬井巷九號
周本榮	仁和路八〇號
謝浩然	中山北路七號
謝駿真	中山南路二六一號
李士珍	延齡路二一七號
易昭馨	性存路十號
潘德隆	青年里三號
潘士邦	中正街一四號
屠之久	教仁街六七號
張雲卿	開元街四六號
田寶永	中正街四一三號
田于明	同右
李郁文	中正街西華大樓
李培錦	同右
田寶生	英士街三〇號
田志君	同右
陳鳳來	中正街三〇八號
劉祿經	敬業里八號
錢成華	甘露茶亭二二號
梁唯一	中山中路
朱鑫泉	同右
章懸珍	開元路四六號
鄒馨華	中正街一一三號

杭州市助產士名錄

姓名	地址
趙李華	皮市巷新開弄八號
孫祿雲	金錢巷四號
孫靜宜	同上
劉　勤	新民路七九號

○浙江工商年鉴○

杭州市医药类

醫藥類

新藥

杭州市新藥業公會，戰前原稱西藥業公會，嗣該業負責人周師洛氏（即現任理事長）以吾國醫藥界最近頗多新藥發明，上述名稱，深覺未妥，乃建議當局改爲現在名稱。戰時淪陷區及內地人士，頗多罄新藥或西藥之囤積販賣，獲得厚利，故戰後杭市新藥房之復業及創設較戰前約增加一倍。但邇來物價日昂，人民限於消費力量，故各藥房營業均甚平淡，獲利者係占極少數，不過虧蝕者亦不甚多見，最近仍處於溫和狀態中，務鮮知戰時之劇烈變動也。

名稱	經理	地址
民生	周師洛	中山北路五五號
寧德	葉藻卿	中山中路二九六號
中法	丁繼廷	中山中路三六二號
泰寧	丁伯勳	延齡路三五號
中一	中靜泉	中山南路七三八號
大華	施民模	中山中路九二號
中西民記	王秋聲	中山中路三七三號
同濟	徐湛毅	清泰路四五三號
五洲	於曉東	中山中路一五二號
太和	孫芝亭	中山中路三〇六號
同春支店	高天德	中山北路五五號
中外	邵鐵藩	中山中路一七五號
勤康	王威甫	中山中路三四七號
昌明	洪璧芳	中山中路五〇一號
同春總店	徐清榮	中正街一二四號
新亞	盧民銘	中正街四八號
中英	俞承安	中山中路一二〇號
寧美	錢華文	中山中路二六六號
信誼藥廠	劉頌鴻	青年路三九號
太和	孫承啟	慶春街六二〇號
國光	徐文彬	中山中路八七二號
美寧	張世斌	中山北路五八號
健寧	陳金泉	慶春街七三二號
光華	韓國傑	延齡路八八號
中國	吳德鈞	延齡路二一七號
採新	徐永嗣	中正街一三八號
萬康	魯錫帆	清泰路五一四號
東南	徐威卒	中山中路五七九號
老巴藍氏	姜書華	竹齋街營米山六號
老葆合和	鄭竣祿	中山中路三六號
國民	朱國英	中山中路二八八號
世界	鄭鈺德	中山南路五二三號
匯成	童維然	中山中路八三四號
福壽藥廠	張冒仁	中正街四四三號
利民	戚德庸	中山中路三二三號
中興	傅智敏	清泰路二六三號
朱敬記	朱敬文	中山中路二一二號
寧德駐記	葉蓀卿	中正街二一五號
大成	陸慶蘚	延齡路二一九號
美生	徐松嵐	中山南路二二號
中美	朱克明	中山中路四二五號
民國	庚濟卿	中山中路一三號
中央	孫廷年	中正街九八號
採芝堂	張雨亭	吳山路十五號
延齡	陳明源	延齡路一三〇號
福林	舒蔭馨	中山中路一四二號
生化藥廠	吳錫祜	薛衙前
環球	沈炳霖	清泰路四六三號
杭州	錢更生	中正街三二四號
中南	汪桂榮	慶春街三五八號
康樂	金廷愷	中正街一七四號
之江	金緯年	中正街一八二號
惠爾康	陳泉聲	中正街三六三號
太平	孫義章	中山中路一四七號
保太和	舒玉琳	中山中路三號
保和	蔣丙南	中山中路七八號
志成	湯魁陶	中山南路六八五號
福民	傅明鑣	中山中路六九〇號
寧英	陶承鍔	中山中路七二一號
大寧支店	宋寧成	南星橋警署街
永森	楊永森	竹齋街二七四號

浙江工商年鑑　三〇九

杭州市国药业一览

杭州市國藥業一覽

參藥

杭市之國藥及參燕業，向隸於一會，至十九年始分爲兩公會，雖因新藥侵銷，以市民習服國藥丸散膏丹，故營業仍能與新藥抗衡，市內藥材行多設於望仙橋一帶，國藥舖則遍設各地，以胡慶餘堂、葉種德堂、朱養心、方回春數家最負盛譽，參燕號則以參元爲最大，公會理事長國藥業爲俞繡章，參燕業爲陳庭棧。

名稱	經理	地址
廣大	張金楷	望仙橋河下五〇號
五豐	俞子京	會館河下二九號
恆豐	孔續卿	望仙橋河下二三號
元大	陳燮然	望仙橋河下二七號
恆康	賀梓芳	望仙橋河下四五號
洪大	羅輔卿	望仙橋河下四六號
恆大慶	周李慶	望仙橋河下四一號
三慎興	葉家興	望仙橋河下二二號
廣豐	葉滋茂	梳兒河下四號
大豐	張介康	會館河下二五號
廣錦記	吳錦高	望仙橋河下三七號
源記	葉寶元	[illegible]街街二七號
胡慶餘	俞繡章	大井巷九五號
葉種德	柴梅生	中山中路五五號
方回春	盧裕國	竹齋街一一號
張同泰	范湧泉	中山北路九一號
泰山	陳岐根	清泰街三九八號
天德生	葉勤標	中山南路六四六號
太和	王步祥	竹齋街一五五號
保和	孫錫麟	竹齋街一八〇號
延齡	黃體章	塔兒頭一四號
德記	張炎楷	望仙橋河下四八號
陳同春	陳尚志	中山南路二二七號
培德生	葉慈銘 秋	中山南路
洪泰	宋禮澄	會館河下四〇號
大生	沈灝軒	會館河下一六號
廣成	王富堂	會館河下一二號
葉萬春	葉培榮	望江門直街八〇號
泰來	蔣可興	望仙橋街弄一一七號
建德	范飲孚	河坊街八五號
德和	黃志春	河坊街五四號
大元	宓炳燮	清泰街二三一號
寶壽	鄒思華	清泰街二〇六號
敏德	王培仙	清泰街一二七號
延年	施孝行	清泰街一〇七號
惠民	徐學文	佑聖觀路一六一號
慕康	嚴采彝	中正街三八三號
天醫	韓招弟	中板兒巷二七一號
諸山	何樹香	東街路四三號
湯養元	夏寶麟	中山中路五一三號
王大年	王本榮	中山中路三五九號
全香山	楊克儉	中山中路七二三號
成世昌	成世昌	清泰街四五七號
延壽	韓斯鋼	閘口五六號
協和	蔣逸庭	閘口六四號
大生祥	羅仁榮	吳山路四七號
延慶	高寶泉	延齡路一九二號
大升	莊志衡	延齡路二三二號
存仁	陳寶生	慶春街四三三號
惠生	陳芝烜	慶春街六四〇號
孫泰和	蔣貫翔	慶春街四六二號
德生	陳道濟	慶春街四五〇號
俞同春	俞鑑鋅	慶春街三七二號
大德	胡炳熙	慶春街二五四號
春和	徐叔大	中山北路一八七號
德大	阮錢午	中山北路一三七號
同發	朱漢公	中山北路三七〇號
藥廠分號	梅守耕	中山北路四七八號
仁德	熊鑑清	東街路九四二號
培元	朱茂發	東街路九二二號
長生	黃燕堂	東街路一一六〇號
延生	宓俠譽	東街路一一二三號
慶和	應友生	東街路二六五號
僕德	唐鶴年	東街路杵杆巷二六號
德源	阮錫祥	白蓮花寺前四三號
天益	諸九仁	大東門直街七七號
三瑞	楊鶴年	艮山門外河埠上一一四號
天元	俞錦堂	艮山門外河埠上三號
天祿	倪世泉	湖墅茶亭廟前街[illegible]號
慎德	夏達卿	湖墅清湖寺牌樓四號
美成	曾明賢	湖墅清湖寺牌樓[illegible]號
成春	沈緝文	湖墅夾城巷內八一號
天生	朱再發	大兜五八號
源興	徐逢寶	大關廣家橋三十號
頤和	沈廣元	莧橋
春生	馮纜榮	莧橋直街一二六號
公一	鄭金木	莧橋直街一三一號
恆壽	馮聖順	莧橋直街六六號
鄭生	陳真卿	莧橋北街一八二號
培德	金貽春	富家埠一四號
養和	袁子文	富家埠二六號
久和	章士雄	彭家埠橫街
泰和	錢阮氏	彭家埠四街
春和	沈金寶	彭家埠南市
致和	朱鼎榮	彭家埠南市
大中德	張錦初	拱宸橋大同街二五號
仁德	王水滑	拱宸橋四一四六號
天萬寶	韓鑑康	拱宸橋杭州路一三號
松茂	劉達珍	七堡直街
衡山	孫菊莊	七堡橫街
吳壽	吳淞元	七堡橫街
仁壽	吳則民	七堡直街洋橋北
康德	羅正展	中山南路二〇號
天德	陳寬洲	江干南星橋
存德	李芝山	江干海月橋
仁濟	嚴志滑	江干化仙橋
回泰春	傅雛培	太平門外新塘上四圖
慶生	孫陸汎	南屏路八一號
裕恆	毛水鋼	聖塘路五五號
同仁	鄒蟊湖	靈隱[illegible]街九四號
探芝	高實泉	岳坟街二三號
讓仁	陳鎮泉	善賢壩
德生	吳水年	下菩薩二二號
敬恩	屈鑑釜	枕[illegible]街凱旋路二〇三號
回生	楊松濤	武林街二〇六號
問心	宓心沐	閘口崗馬路
孫泰和	蔣貫翔	中山南路三九號
分號		
朱養心	朱麟生	大井巷一三號

后　记

《杭州老字号系列丛书·医药篇》在各方努力下，历经两年的整理编撰，终于面世了。这套从方方面面细致描述了杭州老字号的丛书，诉说的不仅仅是一个个历经岁月沧桑的老字号，也是杭州这个文化古城的悠久历史。她是献给杭州历史文化名城的一份厚礼，有着不同寻常的意义。

杭州医药老字号，曾在杭城历史上有着极为辉煌兴盛的历史，他们秉承“道地”、“诚信”的经营理念，行医济世，名盛一方。许多老字号至今还在百姓的生活中起着重要的作用。在编撰《杭州老字号系列丛书·医药篇》的过程中，我们走访了许多国药号和医院，追寻它们的历史和精神。这些老字号给予了我们大力的支持，为本书提供了充足的史料。

在此衷心感谢中共浙江省委常委、杭州市委书记王国平同志拨冗为《杭州老字号系列丛书》写了序言；感谢杭州老字号企业协会会长冯根生同志对本书的鼎力支持；感谢方回春堂掌门人丁志强先生对本书的关心和支持；感谢朱养心、张同泰、万承志堂、长春药店、天一堂、延庆堂、民生药业、浙二医院、浙江红十字会医院、杭州市一医院等医药老字号单位为本书提供了大量宝贵的历史资料和图片，使本书得以更加充实和完整。编委赵大川先生也为本书提供了部分珍贵照片，在此一并致谢。

本书在编撰过程中，得到了许多朋友和同志的关心，凝聚了各方心血。吴奇和戴伟领等同志在其中也做了部分工作，本书的顺利出版，也含有他们的汗水和功劳。

老字号作为我国传统工商业的精华和代表，融会了历代传人的智慧和创造，其悠久的历史、丰富的文化内涵，远不是凭此书就能全面反映出来的，其中难免有不足之处，敬请读者不吝赐教。

路峰　陈婉丽　徐敏

2007年10月15日

○杭州老字号系列丛书○

编　后　记

《杭州老字号系列丛书》在市政府以及社会各界人士的关心和支持下，历时两年余，终于编辑完成。

在这两年多时间里，《杭州老字号丛书编委会》编辑部人员也随着杭州老字号事业的振兴而共同成长，也深深地感受到了杭州老字号自强不息、奋力拼搏的激情和精神。现在的杭州老字号，它们都经历过历史岁月的洗礼，特别是在全球经济一体化的今天，杭州一些老字号取得了巨大的成功，它们雄风依旧，蜚声四海，还有很多老字号在新的经济形势下，调整整合，取得了良好的经营业绩和奋发向上的态势，我们看到了杭州老字号在改革开放中发生的历史性变化。

这套丛书的编辑出版，它的历史意义是在于对杭州老字号的历史脉络进行较为系统的梳理，得以对以往岁月中发生的人和事，有一个具体形象的描述；发掘鲜为人知的故事和珍贵的历史老照片，使读者有个全面的了解。它的现实意义就是

对弘扬民族品牌，促进经济发展和保护百年金字招牌，传承和保护非物质文化遗产，等等，会起着积极的作用，并且用图文并茂的形式留住杭州老字号物质和精神的财富以及它们的非物质文化遗产。

《杭州老字号系列丛书》共分六个篇章，对杭州老字号作了详细、客观的系统介绍。

在编写这套丛书的两年多时间里，我们看到杭州市人民政府为杭州老字号的振兴和发展提供了一个很好的环境，杭州老字号也在这个环境中茁壮成长，这也是杭州市委、杭州市政府打造“历史文化名城”战略的其中之部分，杭州市政府出台了一系列振兴老字号的政策和举措，在全国率先推出《杭州市中山中路历史街区的保护规划》，为全面恢复保护杭州老字号和传统行业进行了法律形式的保护，各项振兴老字号的政策正在执行之中，并正在建立国家级的刀剪、扇业、伞业博物馆，2007年又在全国省会城市中第一个成立了“杭州市振兴老字号工作协调小组”，对杭州老字号事业的振兴和发展有了统一的认识和具体的领导，这也使杭州老字号坐上了开往春天的地铁。杭州老字号在国家商务部认定的首批“中华老字号”称号单位中的数量也是全国名列前茅。

杭州老字号企业协会为杭州市老字号的振兴和发展付出的巨大心血和努力。

杭州老字号企业协会是全国最早成立的老字号协会，协会成立以来以高度的历史使命感，不断地推动老字号事业的振兴，使杭州老字号工作走在全国的前列，被国家商务部评为全国中华老字号工作先进单位，一年一度的“中国中华老字号精品博览会”，为全国老字号搭建了展示百年风采的大舞台，年年有特色，届届有精彩，成为全国老字号的盛会。在2007年又帮助杭州中华老字号以崭新的姿态，参加日本东京“浙江省中华老字号日本展”，首开老字号走出国门之先河，面向国际展示了中国百年品牌的魅力；抢救杭州老字号的非物质文化遗产，宣传保护振兴老字号事业，为做大做强杭州老字号事业付出了艰辛的努力，也获得了卓越的成效。

改革开放30年以来，中国发生了历史性的巨变，杭州老字号的发展迎来了春天，杭州老字号也更积极地融入到了中华民族伟大复兴的滔滔洪流之中。

在本套丛书出版之际，我们衷心感谢中共浙江省委常委、中共杭州市委书记王国平同志在百忙之中为《杭州老字号系列丛书》作序，并深深地表达了他眷爱杭州、建设杭州之心；感谢世界著名历史地理学家陈桥驿教授为此书写的智慧之语，也感谢胡庆余堂、民生药业、方回春堂等中华老字号的帮助和支持；感谢为

此套丛书提供大量宝贵的历史史料和鲜为人知的历史照片、图片的老字号单位和个人；感谢作者赵大川、仲向平和宋宪章先生为了编写此书的不辞辛苦和无私奉献；感谢各学科的专家学者对丛书出版提供的知识支持；感谢浙江大学出版社的支持。

在《杭州老字号系列丛书》的编辑过程中，也得到了像葛许国这样很多的热心朋友的关心，杭州老字号企业协会和杭州市贸易局从选题策划到编辑出版付出了巨大的心血。

杭州老字号作为杭州工商业的精华和代表，作为浙商的组成部分，作为杭州的城市名片，其悠久的历史，深厚的文化底蕴和诚信立业的经营理念，远不是这套丛书能够全面涵盖和叙述的，其中难免有不足之处，敬请读者赐教。

杭州老字号丛书编辑委员会

2008年3月16日

○杭州老字号系列丛书○

专家感言

在中国，一向“重农轻商”，视商为贱。改革开放以来，在市场经济中，由于道德规范的错位与失落，商业行为的混乱和欺诈，对从商经商，创新产品，开拓市场，利国利己的商海拼搏，还仍然在理念上降格、在品位上看低。为了在今天的社会转型期，尽早改变这种落后的、不合时宜的观念，浙江省老字号企业协会和杭州市老字号企业协会，在省、市经委和杭州市贸易局的领导与策划下，在会长冯根生、秘书长丁惠敏等的积极倡导与艰苦努力下，为继承与弘扬老字号企业的优良传统做了很多工作，特别在组建机构、发展事业、调研立法、举办论坛、精品展览、出版书刊和保护品牌等方面，取得重大的进展和突破。

以前，关于“老字号”的一些书，往往忽视和看轻人物的作用和成就，对于他们的贡献和影响，总是略而不提，或者语焉不详。由于我国的传统向来不注重事物的起源和来历，对它的创始者特别是那些名不见经传的无名氏和小人物，不是忽略不计，便是有意无意地归功于荒古不可知之人，或说“上苍的旨意”，或说“神人、仙人的赐予”，或说“某种意外的巧合或突然的灵感”，等等。许多名、优、特产品，几乎都没有真正的创始者和发明人，人们要向他们学习和效法什么，也都不十分清楚。所以许多前辈先人的宝贵经验和知识积累，便在无形中被湮没和失传了，这是十分可惜的。

编印这套丛书的宗旨，是要抢救这一笔巨大的物质和精神的财富和遗产，让

它们永远在我们这一代人手中“定格”，让我们的后代子孙，一走进我们的“老字号”，便能懂得我们的先辈创业的维艰，守业的不易和拓展的困难，从而学到他们的精神品德，发扬而光大之。

这套丛书的主要特点是：“树人存史保传统，自主创新谋发展”。下面几点应引起我们的高度重视：

一是发掘和彰显创业者和掌门人的“以商兴民”、“以商兴国”的理想。商战是人生的大舞台之一，它最为惊心动魄，也最是波澜壮阔。在商战中也最能表现一个商人的思想、性格、谋略和才干，所以这套老字号丛书与众不同的最突出的特点，就是要表现商人的心灵世界和道德风尚。有不少资料表明，中华老字号之所以百年兴旺，长盛不衰，就因为创始者和掌门人善于驾驭风云变幻的商海竞争。这种竞争不仅出现在商家与商家、商家与家族内部，而且还出现在商家与达官贵人、商家与朝廷官府等极不相称的势力之中，甚至要与土匪、盗贼、兵痞、强人等这些不讲商家规则的势力反复斗争，与那些胆小怕事、见利忘义的胆小股东反复周旋，此外也要与商场中那些司空见惯的恶习譬如欺诈、蒙骗、以邻为壑、互设陷阱、大鱼

吕洪年　教授

1937年2月出生，浙江省新昌县人。现为浙江大学人文学院教授、浙江大学浙江省非物质文化遗产研究基地学术委员会副主任。并应聘任《中华老字号》杂志社学术指导委员、杭州市和浙江省非物质文化遗产保护工作专家库专家。先后出版论著5种、作品集6种。代表作有《江南口碑——从民间文学到民俗文化》、《万物之灵——中国崇拜文化考源》等。有评论称：“文献、考古、口碑互参互证，把口碑引入与考古、文献并列研究的范围，迈出了一条学术新路”。

吃小鱼等等展开既聪敏机智而又有弹性的斗争。一个商人如果不抱有爱国救民的理想，决不可能九死一生地坚持到底，一转念便可放弃这种担惊受怕的日子而“解甲归田”过起“采菊东篱下，悠然见南山”的怡然自得的田园生活来。所以一般老字号的领头人物，不是奇才便是精英。他们有的既是老板，又是慈善家。我们在编纂过程中，以人为本、发掘不同个性、不同经历、不同身世、不同成就的企业家，从而组成了一个前所未有的“人物长廊”，以激励千千万万的后继者。

二是发掘与弘扬儒商的“仁义”品格和“共赢共利” 的观念。中国的商人一般有点文化，不但能识字断文，有的还能赋诗作对，他们受儒家传统道德的教化和熏染，即使在激烈的商战中，也还遵循“过犹不及”和“穷寇勿追”的人生智慧、处世谋略和以“仁义”为代表的浓厚的传统道德意识。例如有的老板，在发迹之后，并不“一阔脸就变”，他们奉行“糟糠之妻不下堂”，对结发妻子的爱情始终不渝。有的老板始终充满仁爱情怀，奉行“滴水之恩涌泉相报”的信条，对自己手下的雇员和工人实行“以人为本”的管理思想；有的老板在竞争中想方设法一定要战胜对方，然后却不把对方逼上死路；有的老板奉行“不打不相识”的江湖义气，即使是自己的对手也能最终宽容大度而成为朋友和合伙人。总之，我们在发掘史料、把握人物特点时，深入他们的心灵，对他们所作所为的思想文化背景，入木三分地加以领会和把握，在文字和图片两方面相配合加以简洁而形象地表现。

三是发掘、弘扬与推广“以德经商”、“团结经商”的理念和作风。以德经商所包含的内容很丰富，但其中的核心思想仍然是中国传统的“勤劳致富，正道赚钱”。无论过去和今天，有多少人由于生活在穷乡僻壤，一时难以改变贫穷落后的面貌，便只好背井离乡，外出打工和经商，走南闯北，凭着自己的聪明才智和勤劳节俭，养家糊口，并日积月累，才慢慢地发家致富。所以过去的很多商人，并非在

左倾时代所称一概都是“奸商”，相反，他们中不乏诚实忠厚者，受过“仁义礼智信”的熏陶而具有一定的儒者气质。以德经商，还有一项重要的内容就是团结经商，特别注重同乡、同行、同业的团结互助，而不互相倾轧，力做“霸盘”。俗云：“一株独放不是春，万紫千红春满园”。个人的发展往往是与群体的发展密切相关的，中国商人注重危难时的互相扶持，更注重孤立与铲除害群之马。此外，以德经商还有一项重要内容就是“诚信经商”。过去在旧社会有句老话，就是“在家靠父母，出门靠朋友”，抱着“诚信为人，正道成事”的信念，才能在闯荡江湖时不受或少受挫折。所以成功的老板，往往都有健全的人格，不论遇到何种情况，即使身陷绝境，也都不会做出有损人格的行为。有许多资料表明，不论京商、晋商、闽商、徽商和杭帮、宁波帮，都有大仁、大义的典范人物，他们有的外形狂放而心地宽阔，而有的更重主仆之义和朋友之道，有过不少以“义”相待和以“诚”相待的动人故事。这些，都是我们这套丛书所重点展示而富有传统商业文化特色的内容。

我相信这套老字号系列丛书，一定会在继承与弘扬中华老字号优良传统、发展与创新新时期商业文化的过程中，起到积极的作用。

2008年1月　于浙江大学人文学院

图书在版编目（CIP）数据

杭州老字号系列丛书. 医药篇 / 路峰等编. —杭州：浙江大学出版社，2008.3

ISBN 978-7-308-05815-5

I. 杭… II. 路… III. ①工商企业—简介—杭州市②医学史—杭州市 IV. F279.275.51 R-092

中国版本图书馆CIP数据核字（2008）第023090号

责任编辑 李　晶　钟仲南

封面设计 路　峰

美术编辑 清　风　张中强

图片编辑 张中强　戴伟领

杭州老字号系列丛书·医药篇

路峰　陈婉丽　徐敏　编

出版发行 浙江大学出版社

（杭州天目山路148号　邮政编码 310028）

（E-mail：zupress@mail.hz.zj.cn）

（网址：http://www.zjupress.com

http://www.press.zju.edu.cn）

印　　刷 杭州杭新印务有限公司

版　　次 2008年5月第1版

印　　次 2008年5月第1次印刷

开　　本 787mm×1092mm　1/16

印　　张 22.25

字　　数 450千

书　　号 ISBN 978-7-308-05815-5

定　　价 88.00元